오정근의 감정 코칭

영혼을 담은 책 '북소울'은 (주)거북이북스의 더 나은 삶을 위한 출판 브랜드입니다.

오정근의 감정 코칭

왜 감정은 롤러코스터처럼
출렁이는가?

오정근 지음

북소울

감정은 단순한 반응이 아니다.
우리가 무엇을 생각하고, 어떻게 선택할지를 이끄는
내면의 나침반이다.

시작하며

AI가 넘볼 수 없는 것, 진정한 감정을 다루는 힘

이제 AI는 삶의 깊은 곳까지 스며들었습니다
불과 몇 해 전만 해도 사람만이 할 수 있다고 여긴 일들을 AI는 놀라울 만큼 매끄럽게 해냅니다. 때로는 사람보다 더 능숙하게, 더 빠르게 말이지요. AI는 분명 우리가 살아가는 방식을 바꾸고 삶의 질을 높여 주는 든든한 도구입니다. 복잡한 문제 앞에서도 우리는 이제 조금 더 쉽게 길을 찾을 수 있습니다.

하지만 편리함 뒤에 숨어 있는 중요한 물음을 놓쳐서는 안 됩니다. 바로 '나는 누구인가?', '어떻게 살아갈 것인가?' 하는 주체적 질문입니다. AI가 아무리 발전해도 내 생각과 감정, 삶의 방향까지 대신해 줄 수는 없습니다. 그래서 우리는 더욱더 의식적으로 나 자신을 중심에 두고, 흔들리지 않기 위한 노력을 해야 합니다.

AI 시대에 우리가 길러야 할 진짜 능력은 무엇일까요? 기계가 쉽게 따라올 수 없는, 인간만의 고유한 힘은 무엇일까요? 많은 이가 말합니다. "AI를 흉내 내려 하지 말고, AI가 어려워하는 것을 더 잘해야 한다."라고. 그렇다면 AI가 가장 어려워하는 것은 무엇일까요? 바로 사람의 마음입니다. 정서적 연결, 공감, 진정한 감정을 느끼고 나누는 능력. 그건 오직 사람만이 할 수 있는 일입니다.

지금 이 시대를 살아가는 우리에게 필요한 건 서로를 이해하려는 마음, 감정을 섬세하게 다루는 감각, 그리고 나 자신을 지키는 내면의 힘입니다. 기계가 대신할 수 없는 이 능력이야말로 AI 시대를 살아가는 인간의 진짜 경쟁력이 될 것입니다.

AI 시대, 이제는 지식보다 지혜가 더 중요합니다
조직에서도 똑똑한 사람보다 지혜롭고 성숙한 사람이 살아남는 시대입니다. '지혜로운 사람'이란 어떤 사람일까요? 말을 많이 하는 사람보다는 진심으로 잘 듣고 맥을 짚는 질문을 던지는 사람, 복잡한 문제 속에서도 방향을 찾아내는 사람입니다. '성숙한 사람'은 그 안에 담긴 자신과 타인의 감정까지 돌볼 줄 아는 사람입니다.

AI는 방대한 정보를 눈 깜짝할 사이에 분석하고, 복잡한 패턴도 정확하게 찾아냅니다. 하지만 그 답은 결국 '인간이 던지는 질문'에 기반을 둡니다. 우리가 어떤 질문을 하느냐에 따라 AI의 답은 달라지고, 그 질문의 깊이가 곧 답의 깊이를 결정합니다. 예를 들어, "이 문제 어떻게 해결하죠?"라는 질문과 "이 문제를 기회로 바꾸려면 어떻게 접근해야 할까요?"라는 질문은 전혀 다른 통찰을 끌어냅니다.

좋은 질문은 그냥 생기지 않습니다. 문제를 바라보는 시선, 감정을 읽는 감각, 관계의 맥락을 이해하는 깊이에서 비롯됩니다. 이 정교한 질문을 만드는 능력은 오직 사람만이 가진 고유한 지혜입니다. AI는 감정을 데이터로 읽고 분석할 수는 있습니다. 하지만 상처받은 마음을 진심으로 보듬고, 눈빛 하나에 담긴 미세한 감정을 알아차리는 것은 여전히 인간만의 몫입니다. 감정은 단순한 반응이 아닙니다. 우리가 무엇을 생각하고, 어떻게 선택할지를 이끄는 내면의 나침반입니다. 그런데 우리는 정작 감정을 어떻게 이해하고, 어떻게 다뤄야 하는지를 제대로 배운 적이 없습니다.

AI와 함께 살아가는 이 시대에 진짜 중요한 경쟁력은 좋은 질문을 던지는 힘, 그리고 감정을 깊이 이해하고 따뜻하게 다루는 능력입니다. 그것이 바로 인간만이 할 수 있는 일이고, 지혜롭고 성숙한 사람이 갖춰야 할 진짜 힘입니다.

"문제를 일으킨 당시와 같은 방식으로는 그 문제를 해결할 수 없다."
아인슈타인은 이렇게 말했습니다. 그렇다면 문제를 해결하는 새로운 방식은 어디서 시작될까요? 바로 질문입니다. 인류의 위대한 혁신과 발견은 늘 한 사람의 깊은 질문에서 시작되었습니다. 질문은 단지 정보를 얻기 위한 도구가 아닙니다. 질문은 세상을 새롭게 바라보게 하고, 무심코 지나쳤던 나 자신을 다시 들여다보게 합니다. 철학은 그런 질문들로 인간의 사고의 폭을 넓혀 왔습니다.

코칭은 그 질문을 통해 삶의 방향을 다시 세우게 만듭니다. 서로 다른 길을 걷는 듯 보이는 철학과 코칭은 사실 '좋은 질문'이라는 같은 중심축을 공유합니다. 철학은 존재의 본질을 묻고, 코칭은 삶의 방향을 묻습니다. 철학은 생각의 높이를 키워 주고, 코칭은 행동의 동력을 만들어 줍니다. 이 책은 그 두 세계가 만나는 지점에서 출발합니다. 깊이 있는 사유가 일상의 언어로 녹아들고, 삶의 문제들이 철학적 통찰과 만나 조금씩 다른 결을 띠게 되는 자리입니다. 사실 철학을 공부하다 보면 누구나 한 번쯤은 벽에 부딪힙니다. 너무 어렵기도 하고, 삶과 너무 멀게 느껴지기도 합니다. 번역 철학서는 낯선 개념들로 가득하고, 고전 유학은 한자어로 둘러싸여 이해의 문턱을 높입니다. 나 역시 박사 과정에서 철학을 공부하며 이런 고민에 빠졌습니다.

"왜 이렇게 귀한 생각들이 내 삶의 말이 되지 못할까? 일상에서 쓰는 언어로 철학을 이야기할 수는 없을까?"

그때 내게 새로운 길을 비춰 준 것이 코칭이었습니다. 코칭을 통해 나는 철학의 지혜가 단지 머릿속 이론이 아니라 마음을 움직이고, 행동을 이끄는 실천의 언어가 될 수 있음을 알게 되었습니다. 특히 유학 고전 속 짧은 사자성어들은 코칭에서 말하는 핵심 원리들과 놀라울 만큼 닮아 있었습니다.

박사 과정에서 감정과학을 공부할 때도 마찬가지였습니다. 처음 접하는 낯선 학문이었지만, 뜻밖에도 『논어』와 『대학』 같은 유학 고전에는 감정에 대한 깊은 언급이 많았습니다. 그 구절들을 마주하며 이런 확신이 들었습니다. '감정에 대한 철학적 통찰을 삶에 제대로 적용할 수 있다면, 삶의 깊이와 질이 분명 달라지겠구나.' 그래서 저는 어려운 철학 용어를 최대한 걷어 내고 일상적인 언어로 쉽게 풀어 설명하려 애썼습니다. 철학을 머릿속 사념으로만 간직할 것이 아니라, 삶 속에서 살아 움직이게 하고 싶었습니다.

그런 바람은 강의로 이어졌습니다. 국민대학교 대학원에서 '감정 코칭 철학'을 처음 강의하면서, 감정을 중심으로 철학과 코칭을 실용적으로 엮어 보려는 시도를 본격적으로 시작했습니다. 2022년에는 숭실대 교육대학원에서 '커리어 코칭' 과목을 맡아 철학적 기반 위에 코칭의 실제를 정리했고, 그 내용은 『오정근의 커리어 코칭 -커리어 코칭의 탁월한 설계와 완벽한 실행』이라는 책으로 출간되어 한국코치협회 '올해의 도서'로 선정되는 기쁨도 누릴 수 있었습니다.

삶에는 두 가지 방식이 있습니다

그냥 흘러가는 대로 살아가는 삶과, 삶을 스스로 돌아보며 알아가고 다듬어 가는 삶. 철학과 코칭은 바로 그 두 번째 길을 안내하는 지도와도 같습니다. 하지만 이 두 영역이 '감정'을 중심으로 만난 경우는 거의 없습니다. 그렇다면 왜 감정이어야 할까요? 감정은 우리가 세상을 살아가는 방식이며, 우리의 사고를 이끌고 선택의 방향을 결정짓는 내면의 힘이기 때문입니다. 감정을 이해한다는 것은 곧 나 자신을 깊이 이해하는 길입니다. 코칭은 그 감정을 다루는 구체적 방법과 실천을 가능하게 해 줍니다.

이 책 『오정근의 감정 코칭 -감정은 왜 롤러코스터처럼 출렁이는가?』는 퇴계 이황의 감정학과 스피노자의 감정 철학을 중심에 두고, 감정과 인간의 본성, 정신의 구조를 함께 살펴봅니다.

그리고 그 철학적 통찰을 어떻게 코칭과 연결해 우리의 일상과 관계, 성장에 적용할 수 있을지를 이야기합니다.

퇴계를 이 책에 등장시키는 이유는 분명합니다. 그는 단지 이론을 세운 철학자가 아니라 자신의 철학을 치열하게 삶 속에서 실천해 낸 사람이기 때문입니다. 감정을 단지 다스려야 할 대상으로 보지 않고, 깊이 이해하고 조율해야 할 생명의 리듬으로 본 그의 사유는 오늘날 우리가 마주한 감정의 문제에 여전히 유효한 해답이 될 수 있습니다.

퇴계는 27세에 아내를 잃고, 3년 뒤 유배 온 권질의 부탁으로 정신이 불안한 여인을 두 번째 아내로 맞습니다. 아내는 돌발적인 행동이 잦았지만 퇴계는 언제나 따뜻한 시선으로 품었습니다. 어느 날 조부의 제삿날, 아내가 제사상 밤이 먹고 싶다고 했습니다.

"몇 개면 좋겠소?"

퇴계는 이렇게 묻고는 밤을 한 움큼 건넸습니다. 사람들이 예의를 문제 삼자 그는 웃으며 말했습니다.

"조상께서 손자며느리를 귀여워하실 텐데, 어찌 노하시겠소?"

또 한 번은 아내가 그의 흰 두루마기를 태우고 붉은 천으로 기워 놓자 그대로 입고 외출했습니다. 주위의 시선에도 그는 이렇게 말했습니다.

"붉은색은 복을 부르는 색이라네. 우리 부인이 좋은 일이 생기라고 한 것이니 이상할 것 없지."

퇴계는 예법보다 마음, 행동보다 존재를 귀히 여겼습니다. 아내의 부족함을 탓하기보다 그 마음을 깊이 이해하고 품으려 했던 그의 태도는 그가 실천한 감정 철학의 참모습이었습니다.

이 책에는 퇴계와 더불어 또 한 명의 감정 철학자, 스피노자가 등장합니다. 왜 하필 스피노자일까요? 스피노자는 유대 사회로부터 파문당하고 세상과 단절되었지만 진리를 향한 사유를 멈추지 않았습니다.

"인간은 지속적인 최고의 기쁨을 누릴 수 있는 존재인가?"
스피노자는 평생 이 질문을 붙들고 살았습니다. 하이델베르크 대학의 교수직 제안도 학문의 자유를 지키기 위해 거절했고, '명예'나 '부'보다 자기 본성과 진리를 따라 사는 삶을 택했습니다. 소유보다 존재를, 외면보다 내면을, 한때보다 영원을 택한 철학자입니다. 심리학자 매슬로는 그를 '자기실현을 이룬 유일한 철학자'로 꼽았습니다.

스피노자는 『지성개선론』에서 이렇게 말합니다. "나의 행복은 다른 이들도 나처럼 이해하게 하는 것이다."라고. 스피노자는 무엇을 이해하기 바란 것일까요? 바로 사람은 감정에 휘둘리는 존재가 아니라, 감정의 원인을 이해하고 조절할 수 있는 존재라는 사실입니다. 감정의 원인을 이해하면 그 감정에 끌려가지 않고 스스로 반응을 선택할 수 있는 자유가 생긴다고 본 것입니다. 인간은 신(또는 자연)의 일부분이며, 그 법칙을 이해하고 조화를 이룰 때 진정한 기쁨을 누릴 수 있다는 사유입니다.

그러나 지금도 많은 사람이 감정에 휘둘린 채 살아갑니다. 퇴계와 스피노자, 시대도 문화도 달랐지만 두 사람은 같은 믿음을 공유했습니다. 감정은 억눌러야 할 것이 아니라 이해하고 길들여야 할 삶의 일부입니다. 장애가 아니라 자유로 가는 문이지요. 이제 우리도 그 여정을 함께 떠나 보려 합니다. 감정을 이해할수록 마음은 가벼워지고, 타인과의 대화는 더 깊어집니다.

질문은 길이 되고 감정은 방향이 됩니다. 『오정근의 감정 코칭 -감정은 왜 롤러코스터처럼 출렁이는가?』를 통해 여러분이 철학과 코칭의 따뜻한 숨결로 살아 숨쉬기를 바랍니다. 출렁이던 감정 위에 잔잔한 평온이 머물기를 바랍니다.

오정근

차례

시작하며 AI가 넘볼 수 없는 것, 진정한 감정을 다루는 힘 6
마치며 연결이 만든 배움과 성장에 감사하며 376

PART 1 철학과 코칭
앎을 어떻게 삶으로 가져올까?

Chapter 1 철학과 코칭, 왜 만났을까? 24
질문이 바꾸는 인생
철학과 코칭은 찰떡궁합

Chapter 2 철학, 코칭을 만나 실용성을 입다 27
합리주의와 경험주의

Chapter 3 질문의 힘, 끝없이 던질수록 강해진다 35
본말과 종시 원칙

Chapter 4 정신은 어떻게 작동하나? 40
내 정신은 어디와 연결되어 있을까?
우리는 무엇을 어떻게 알고 있는가?
내 생각은 정말 맞는 걸까?
우리는 왜 속는가?
더 명확하게 인식하는 법
단어 하나가 사고방식을 바꾼다
착각을 만드는 잘못된 관념들

| Chapter 5 | **지각과 인식** | 91 |

    감각에만 의존하면 위험하다

    보고 듣는 것과 아는 것의 차이

| Chapter 6 | **관념 차이와 인식의 차이** | 105 |

    나는 어떤 나로 살아가고 있는가?(자아관)

    인생을 바라보는 프레임(인생관)

    사람을 보는 관점이 관계를 결정한다(인간관)

    세상은 내가 보는 만큼만 보인다(세계관)

    직업이 나의 정체성일까? (직업관)

| Chapter 7 | **진짜 코치는 어떤 가치를 따르는가?** | 126 |

    바람직한 코칭 방향

| Chapter 8 | **한마디가 사고를 깨운다** | 132 |

    인식을 흔드는 키워드들

| Chapter 9 | **성장하는 인간 vs. 변하지 않는 인간** | 152 |

    사람은 변할 필요가 없다

PART 2   **감정 철학**
          감정을 어떻게 이해할까?

Chapter 10 **감정이란 무엇인가?**   160
            철학이 말하는 감정의 진실

Chapter 11 **감정은 왜 롤러코스터처럼 출렁이는가?**   179
            공자의 유학에서 바라본 감정

Chapter 12 **감정에도 지능이 있다**   186
            철학이 알려 주는 감정 읽는 법

Chapter 13 **감정은 어떻게 만들어지는가?**   192
            감정의 프로세스는 자극-인식-반응이다

            감정에도 논리가 있다

            감정만큼 오해받기 쉬운 것도 없다

Chapter 14 **감정은 외부가 아니라 내 안에서 시작된다**   203
            우리는 어떤 욕망을 지니고 사는가?

Chapter 15 **감정은 어떻게 확장되는가?**   215
            감정은 욕망에서 시작된다

Chapter 16 　감정의 노예 vs. 감정의 주인　　　　　　　　　　219

　　　　　　감정의 예속과 정신의 자유

Chapter 17 　감정에 관한 오해와 진실　　　　　　　　　　　224

　　　　　　나쁜 감정은 없다

　　　　　　감정은 억제하는 것이 아니라 이해하는 것

PART 3 　　**감정 코칭**

　　　　　감정을 어떻게 다룰 것인가?

Chapter 18 　감정을 흘려보낼 것인가? 다룰 것인가?　　　　238

　　　　　　감정 중심 코칭 역량

Chapter 19 　감정을 조율하는 법　　　　　　　　　　　　　240

　　　　　　변화에는 에너지가 필요하다

　　　　　　삶은 깨달음의 연속이다

Chapter 20 　반복되는 문제의 패턴을 끊자　　　　　　　　　249

　　　　　　감정 패턴에서 벗어나기

　　　　　　실전 코칭 대화

| Chapter 21 | **감정을 다루는 대화 기술** | 271 |

        코칭 대화 기본 모델

        감정 코칭 대화 모델

| Chapter 22 | **감정에서 자유로워지는 자기 관리법** | 284 |

        몸을 움직이면 감정도 바뀐다

        주의를 돌리면 감정이 가벼워진다

        생각의 틀을 바꾸면 감정도 바뀐다

| Chapter 23 | **에너지를 높이는 경청 기술** | 295 |

        마음으로 경청

        거리 두기 vs. 공감

| Chapter 24 | **인식 전환을 돕는 질문 기술** | 309 |

        생각을 바꾸는 힘

        인식 전환, 감정의 흐름을 바꾼다

        답보다 강력한 질문

PART 4   **감정 코칭 사례**
                    철학이 살아 있는 감정 대화 실전

Chapter 25	'끝'이라는 극단적 생각 바꾸기	344
Chapter 26	감정의 늪에서 빠져나오기	350
Chapter 27	죽음을 피하려는 마음이 우리를 더 괴롭힐 때	356
Chapter 28	남은 시간이 선물로 바뀌는 순간	361
Chapter 29	무너진 자리에서 발견한 새로운 길	366
Chapter 30	잃어버린 것 속에서 다시 살아갈 힘 찾기	370

표 순서	382
그림 순서	383

PART 1 철학과 코칭

앎을 어떻게 삶으로 가져올까?

질문은 마음의 물살을 가르고 나아가는 배와 같다.

철학은 질문으로 존재를 탐구했고, 코칭은 질문으로 변화와 성장을 이끌었다. 철학과 코칭은 전혀 다른 영역처럼 보인다. 철학은 존재와 도덕, 앎과 삶의 의미를 묻는 깊은 사유의 학문으로, 코칭은 실용적인 목표 달성과 자기 성장을 돕는 실천의 기술로 여겨진다. 철학은 개념적이고 이론적이며 코칭은 경험적이고 실제적이다. 하지만 두 영역은 앎과 지혜를 다룬다는 공통점을 지닌다.

철학과 코칭 모두 질문을 통해 사고를 확장하고, 자기 안의 답을 찾고 성찰하게 이끈다. 삶의 방향을 찾고 더 나은 선택을 돕는다. 그 중심에는 '감정'이라는 인간의 내면 작동 원리가 놓여 있다. 철학이 사유를 통해 감정을 이해하고 코칭이 대화를 통해 감정을 다룬다면, 이 둘은 결국 내면의 감정을 돌보고 타인의 마음에 도달하는 길에서 만난다.

그래서 카운슬링을 우리말로 상담이라고 하듯이 코칭을 우리말로 지담(智談)이라고 하고 싶다. 지담의 꽃은 질문이다. 질문을 통해 지혜를 끌어낸 산파술의 태두는 소크라테스다. 그 대화의 원형은 철학이고, 현시대에 맞게 발전시킨 대화법이 바로 코칭이다. 철학은 인간의 본질을 묻고, 코칭은 그 질문을 삶에 실현하게 돕는다. 코칭은 '지혜로운 문제 인식과 감정 회복을 위한 대화 기술'이다.

PART 1에서는 철학과 코칭이 어떻게 만나고, 어떤 차이가 있으며, 이 둘을 연결하는 의미는 무엇인지 단계별로 살펴본다.

Chapter 1 철학과 코칭, 왜 만났을까?

질문이 바꾸는 인생

철학과 코칭은 모두 사유를 중시하고 '질문의 힘'을 핵심 수단으로 삼는다. 철학은 "나는 누구인가?", "진정한 행복이란 무엇인가?", "올바른 삶이란 어떤 것인가?"와 같은 본질적인 질문을 던진다. 고대 철학자 소크라테스는 질문으로 본인의 생각을 돌아보게 하고 스스로 진리를 찾게 했다. 그가 사용한 문답법(소크라테스식 대화법)은 철학적 탐구의 핵심 방식이 되었다.

 삶에서 우리는 수많은 문제와 마주한다. 대부분 답을 찾으려 애쓰지만 피터 드러커는 그보다 먼저 '좋은 질문'을 찾는 것이 중요하다고 강조한다. 실제로 10년 넘게 코칭을 해 오면서 나는 좋은 질문이 좋은 답을 이끈다는 것을 수없이 경험했다. 일상에서도 질문의 힘은 분명히 드러난다.

 코로나 시기에 줌(Zoom)으로 비대면 수업을 진행하던 중 한 제자가 들려준 이야기가 지금도 기억에 남는다. 그는 지방 복지관에서 사회복지사로 일했는데, 어르신들로부터 종종 상처받는 말을 들었다고 했다. "지잡대 출신이라 그렇다."라는 한마디는 특히 큰 상처로 남았다고 했다. 존재감이 점점 사라졌고 자괴감은 깊어졌다. 죽고 싶다는 생각까지 들 정도였다.

 그러던 어느 날, 라디오에서 흘러나온 한 문장이 그의 마음을 붙잡았다. "만일 지금 죽는다면 가장 억울한 것이 무엇인가요?" 그 질문은 머릿속에 오래 남았다. 그는 그 질문을 계기로 삶의 방향을 바꾸기로 했다. '죽더라도 서울에 있는 대학에 한번 입학해 보고 죽자. 그래야 억울하지 않겠다.'라는 생각으로 공부를 시작했고, 3년 만에 편입에 성공했다. 그는 그 경험을 후배들에게 소개하며 질문의 힘을 강조했다. 이처럼 질문은 생각의 방향을 바꾸는 힘을 갖고 있다.

코칭 역시 강력한 질문으로 생각의 전환을 만든다. 코치는 단순히 조언을 주는 사람이 아니다. 코치는 "당신이 진짜 원하는 것은 무엇인가?", "지금 누구의 삶을 살고 있는가?", "더 나은 선택을 위해 어떤 가능성을 고려할 수 있는가?" 같은 질문을 던지며 참가자가 스스로 답을 찾도록 돕는다.

진로 고민을 하는 대학생이 있다. 부모는 공무원이 되길 원하고, 본인은 예술가의 꿈을 갖고 있다. 철학은 "행복한 삶이란 무엇인가?", "좋은 직업이란 무엇인가?"처럼 근본적인 질문으로 대학생의 사고 깊이를 확장한다. 반면 코칭은 "당신은 어떤 사람인가?", "당신이 진정 원하는 것은 무엇이며, 그 의미는 무엇인가?", "그것을 위해 어떤 선택을 할 수 있을까?"와 같은 실천적인 질문으로 이 대학생의 진로 방향을 잡는다.

철학과 코칭은 모두 질문을 통해 사고의 폭을 넓히지만 철학은 본질적이고 개념적인 질문에, 코칭은 실용적이고 해결 중심적인 질문에 초점을 맞춘다.

철학과 코칭은 찰떡궁합

철학적 사유는 본질적인 질문에서 시작된다. 자신은 누구인지, 올바른 삶이란 무엇인지에 대한 탐구를 이끈다. 철학은 사고의 틀을 넓히고, 세상을 바라보는 시선을 바꾼다. 코칭도 크게 다르지 않다. 코칭 참가자가 '더 건강한 삶을 살고 싶다.'라는 바람을 가졌다면, 코치는 참가자가 스스로 실행 가능한 방법을 찾아가도록 돕는다. 이 과정에서 자기 책임과 실행 의지가 강화된다.

철학과 코칭은 다음과 같은 질문을 던진다. "그렇게 느끼는 자신은 어떤 사람인가?", "왜 그것이 중요한가?", "그것은 어떤 의미인가?" 이 질문들은 일상에서 흔히 묻는 "왜 그랬어?", "어떻게 할 건데?"와는 다르다. 코칭이 심리 상담과 다른 점은 과거보다는 참가자의 미래에 집중하고 바라는 모습에 초점을 맞춘다는 데 있다.

철학은 깊은 사유와 질문의 힘을 갖고 있지만, 코칭처럼 구체적인 대화 기술이나 실천 전략은 제시하지 않는다. 이 점에서 철학과 코칭은 상호 보완적이다. 코칭에 철학이 더해지면 코칭의 핵심이라 할 수 있는 인식의 전환, 깨달음, 의식 확장 등의 효과를 더 쉽게 끌어낼 수 있다.

두 영역이 결합하면 코칭 참가자는 자신의 삶을 더 깊이 이해하게 되고, 그 이해를 바탕으로 실천적인 변화를 이뤄 갈 수 있다. 철학의 통찰과 코칭의 실천이 만나는 지점에서 사람은 내면의 힘을 깨닫고 새로운 삶의 방향을 잡게 된다.

Chapter 2 철학, 코칭을 만나 실용성을 입다

합리주의와 경험주의

철학은 크게 두 가지 접근으로 나눌 수 있다. 하나는 개념을 통해 앎을 얻는 합리주의적 접근이고, 다른 하나는 경험을 통해 앎을 쌓는 경험주의적 접근이다.

합리주의(Rationalism)는 인간이 이성적인 사유만으로도 진리를 깨달을 수 있다고 본다. 대표적으로 소크라테스, 플라톤, 데카르트, 스피노자가 이 입장에 속한다.

경험주의(Empiricism)는 인간의 모든 지식은 경험에서 비롯된다고 본다. 즉 직접 보고 듣고 느낀 경험들이 쌓여야 진짜 앎이 형성된다는 것이다. 존 로크, 데이비드 흄 등이 여기에 속한다.

두 철학적 접근 중 코칭은 합리주의와 더 깊은 접점을 가진다. 왜 그런지는 아래에서 자세히 살펴본다.

합리주의 철학과 코칭의 유사성

합리주의는 이성적 사유를 통해 인간이 진리를 깨달을 수 있다고 믿는다. 코칭도 유사한 원리를 따른다.

합리주의의 핵심 원리

플라톤은 '이데아'라는 개념을 통해 진리는 이미 존재하며, 인간이 그것을 깨달으면 된다고 했다. 데카르트는 "나는 생각한다, 고로 존재한다."라는 말로 인간의 사고 능력을 존재의 근거로 삼았다. 인간은 이성만으로 본질에 다가갈 수 있다고 본 것이다.

코칭 적용

코칭에서도 비슷한 방식으로 사람이 자기 삶의 해답을 찾는다고 본다. 코치는 참가자에게 질문을 던짐으로써 참가자가 스스로 내면의 답을 찾도록 돕는다. '자기 안에 답이 있다.'라는 코칭 철학은 합리주의의 정신과 통한다. 코칭은 과거를 깊이 분석하기보다는 현재의 사고방식과 인식을 점검하고, 미래 방향을 함께 정리하는 데 초점을 둔다. 참가자는 질문에 스스로 답하며 자신의 진정한 욕구와 목표를 깨닫게 된다.

코칭 철학

많은 한국 코치가 에노모토 히데타케의 코칭 철학 세 가지를 외운다. 간결하면서도 공감되는 메시지이기 때문이다. 코칭 철학 내용을 깊이 궁리하다 보면, 그만큼 인간관과 인식론을 가다듬을 수 있다.

에노모토 히데타케의 코칭 철학
- 모든 사람은 무한한 가능성을 지니고 있다.
- 그 사람에게 필요한 답은 그 사람 안에 있다.

• 해답을 찾기 위해서는 파트너가 필요하다.

이 철학은 인간에 대한 관점, 인식론, 그리고 실천적 태도를 아우른다.

자기 안의 답 찾기

어린 왕자는 석양을 좋아한다.

"지는 해를 보고 싶어요. 그렇게 해 주세요. 해에게 지라고 명령해 주세요."

왕은 되묻는다.

"만약 내가 어떤 장군에게 나비처럼 꽃에서 꽃으로 날아다니라고 명령하거나 바닷새가 되라고 한다면, 장군이 따르지 못한 것은 누구 책임일까?"

"그건 폐하의 잘못이에요."

"그렇지. 우리는 서로가 해낼 수 있는 명령만 내려야 한다."

왕이 말을 이어 갔다.

"권위는 우선 이치에 합당해야 한다. 네가 백성들한테 바다로 뛰어들라 명한다면, 그들은 폭동을 일으킬 것이다. 나의 명령은 합당하기에 나는 명령을 내릴 수 있는 권리를 가진 거란다."

이 대화는 리더십의 본질을 짚는다. 아무리 권위를 지닌 리더라도 명령이 합당하지 않으면 따르기 어렵다. 합당하다는 기준은 무엇일까? 이치나 논리는 시비가 생기기 마련이다. 즉 맞고 틀림에 대해 서로 다르게 생각하기에 합당 여부가 갈린다. 누가 자신에게 나비가 되어 보라거나 바닷새로 변하라고 요구한다면 달갑지 않다는 걸 처지를 바꿔 생각하라. 리더가 합당하다고 생각해도 구성원은 합당하지 않다고 인식할 수 있다.

유학의 경전 『대학』도 비슷한 메시지를 전한다.

백성들이 싫어하는 것을 명령하면 따르지 않는다(其所令 反其所好而 民不從 －기소명 반기소호이 민불종).

남들이 싫어하는 것을 좋아하고 남들이 좋아하는 것을 싫어하면 사람의 본성을 스스로 거스르는 것이다(好人之所惡 惡人之所好 是謂 拂人之性 －호인지소오 오인지소호 시위 불인지성).

윗사람의 싫었던 점으로 아랫사람을 부리지 말 것이며 아랫사람이 싫었던 점으로 윗사람을 대하지 말라(所惡於上 毋以使下 所惡於下 毋以事上 －소오어상 무이사하 소오어하 무이사상).

사람은 '느낌'으로 판단하며 살아간다. 위 『대학』의 말처럼 직관적 느낌이 중요한 판단 기준이 된다. 이는 코칭이 가진 '내면의 답' 철학과도 맞닿아 있다. 우리는 영적 능력이 있어서 좋은 느낌인지 싫은 느낌인지 금세 안다.

사람은 자기 안에 있는 자(Ruler)로 세상 모든 것을 헤아리며 살아간다(絜矩之道 －혈구지도).

합리주의적 코칭 사례

사례 이직을 고민하는 직장인

"지금 다니는 직장에 불만이 많은데, 이직한다고 나아질까요?"

한 직장인이 이직에 대한 고민을 털어놓는다. 이는 코칭에서 자주 다루는 주제다. 어떤 질문으로 코칭을 시작할까? 참가자의 과거 경험을 파고들기보다 이성적인 사고를 이끄는 질문을 던진다.

코치 이직을 하면 어떤 점이 달라질 거라고 기대하시나요?
참가자 더 성장할 수 있을 것 같아요.
코치 그렇다면 지금 직장에서는 성장할 기회가 없는 건가요?
참가자 사실 지금도 성장 기회는 있어요. 그런데 제가 불만에만 너무 집중했던 것 같아요.

이처럼 생각을 정리하고 이성적으로 탐색하는 과정만으로도 참가자는 새로운 관점을 얻게 된다. 바로 이것이 코칭이 합리주의와 닮은 점이다.

경험주의 철학과 코칭의 차이

경험주의 철학은 모든 지식은 경험에서 온다고 본다. 인간은 과거 경험을 통해 사고하고 판단한다.

경험주의의 핵심 원리

존 로크는 인간을 '백지 상태(Tabula Rasa)'로 보며, 경험을 통해 모든 것이 채워진다고 주장했다. 데이비드 흄은 "오감을 통해 경험한 것이 없으면 어떤 것도 알 수 없다."라고 했다. 경험주의 철학자들은 과거 경험이 없다면 인간은 어떤 것도 알 수 없었다고 본다.

코칭과 차이점

코칭은 현재의 사고와 미래의 선택에 집중한다. 심리 상담과 달리, 코칭에서는 참가자의 과거 상처나 경험을 분석하는 것에 초점을 두지 않는다. 참가자가 지금 어떤 생각을 하고 있으며, 앞으로 어떻게 나아갈지를 함께 탐색한다.

경험주의적 상담과 코칭 비교

대인 관계에 어려움을 겪는 참가자가 있다. 경험주의적 상담에서는 그 사람의 과거 경험을 분석한다.

"어릴 적 친구들에게 따돌림을 당한 경험이 있었나요?"

"부모님과의 관계는 어땠나요?"

"이전 관계에서 반복된 패턴이 있었나요?"

과거의 원인을 분석해 현재를 설명하려는 접근이다.

하지만 코칭은 접근 방식이 다르다. 만약 참가자 이슈가 심리 치료 영역이라면 전문가에게 넘기는 것이 직업적 윤리다.

"지금 어떤 관계를 원하나요?"

"그 관계를 위해 지금 무엇을 할 수 있나요?"

"지금부터 할 수 있는 첫 번째 행동은 무엇인가요?"

경험주의적 상담과 코칭 질문을 비교해 보자. 코칭은 과거의 경험보다 현재의 인식과 미래의 실천을 더 중시한다. 이 점에서 경험주의보다는 합리주의에 가까운 태도를 보인다.

코칭이 경험주의적 접근을 덜 사용하는 이유는 뭘까? 행동

(How)보다 존재(Who)가 중요하기 때문이다. 경험주의적 접근은 문제 해결과 솔루션에 초점을 맞추며, "어떻게 할 것인가(How to do)?"에 관심을 둔다. 반면 코칭은 "나는 누구인가(Who am I)?"라는 존재론적 질문을 통해 참가자가 자신의 정체성을 확인하고, 자기에게 맞는 해답을 스스로 찾도록 돕는다.

과거보다는 미래가 중요하기 때문이다. 경험주의는 "왜 이런 일이 일어났는가?"를 분석하는 데 중점을 둔다. 그러나 코칭은 "앞으로 어떻게 살아가고 싶은가?"라는 질문에 더 집중한다.

참가자의 자원(Resource)에 집중하기 때문이다. 코칭은 과거의 원인보다 미래의 가능성에 주목한다. 경험주의적 상담은 부족한 점이나 결핍을 보완하는 데 집중한다. 그러나 코칭은 참가자가 이미 지닌 강점과 잠재력을 바탕으로 변화의 실마리를 함께 찾아간다.

철학과 코칭의 관계 요약

철학과 코칭의 관계는 다음과 같이 정리할 수 있다.

합리주의 철학은 코칭과 궁합이 잘 맞는다. 사람이 생각을 통해 스스로 답을 찾을 수 있다는 전제가 코칭과 닮아 있다. 코칭은 참가자가 이성적으로 사고하고 자기 인식을 통해 방향을 정하도록 돕는다. '앎'이 행동을 이끈다는 믿음 아래 지행일치(知行一致)를 강조하며, 문제의 원인과 해결책을 '앎' 속에서 찾는다.

경험주의 철학은 코칭과 거리가 있다. 경험주의는 과거 경험의 분석을 통해 현재 문제를 이해하려 한다. 반면 코칭은 현재와 미래에 초점을 맞춘다. 경험주의는 지행합일(知行合一)을 강조하며, 문제의 원인과 해결책을 '행동' 속에서 찾는다.

결론적으로 코칭은 합리주의적 사고와 유사하다. 코칭은 문제 해결에 앞서 참가자가 자기 인식을 우선하도록 유도하고, 과거보다는 현재와 미래에 집중하게 한다. 스스로 답을 찾고 이를 실천으로 옮기게 돕는 것이 핵심이다.

결국 코칭은 철학적으로 보았을 때 합리주의적 사고 훈련의 한 형태이며, 인간이 자신의 삶을 더 주체적으로 설계하도록 돕는 실천적 철학이라 할 수 있다.

Chapter 3 질문의 힘, 끝없이 던질수록 강해진다

본말과 종시 원칙

유학의 4대 경전 중 하나인 『대학』의 서두에는 물유본말(物有本末), 사유종시(事有終始)라는 문장이 나온다. 만물에는 본과 말이 있고 모든 일에는 시작과 끝이 있다는 뜻이다. 그리고 이어지는 문장에서는 선후를 아는 것은 도(道)에 가깝다고 말한다.

코칭에서도 현재의 이슈(말)보다 존재(본)를 먼저 다루며, 당면한 문제보다 참가자가 바라는 결과(종)를 먼저 살핀다. 이는 철학적 접근과 코칭 접근이 맞닿아 있는 지점이다. 존재 중심의 코칭과, GROW 모델(Goal-Reality-Options-Will)에서 Goal을 가장 먼저 다루는 방식 모두 '본말과 종시' 원칙과 일치한다.

본말(本末) –존재를 먼저, 이슈는 나중

사람들은 보통 자신이 겪는 이슈(문제, 갈등)를 해결하고자 코칭을 찾는다. 하지만 코칭은 문제 자체보다 그 문제를 가진 사람, 즉 존재를 먼저 탐색한다. '이 문제가 왜 생겼는가?'보다 '이 문제를 고민하는 사람은 어떤 존재인가?'라는 생각으로 질문한다.

본(本)은 뿌리를, 질(質)은 바탕을 뜻한다. 이 바탕은 눈에 보이지 않기에 질문(質問)은 결국 보이지 않는 것을 묻는 일이다.

사례 승진을 고민하는 직장인

"이번에 팀장직을 맡아야 할지 말아야 할지 고민이에요."

한 직장인이 팀장 승진 고민을 코치에게 말한다. 이 경우 대부분 승진의 장단점이나 전략을 바탕으로 대화가 진행되기 쉽다. 하지만 코칭은 먼저 존재에 초점을 맞춘다.

코치 자신에게 팀장 역할은 어떤 의미인가요?
참가자 팀을 이끄는 경험이라고 생각해요. 하지만 부담이 되네요.
코치 팀을 이끌고 싶은 마음과 부담을 피하고 싶은 마음이 동시에 있군요?
참가자 네.
코치 두 마음의 공통점은 무엇일까요?
참가자 둘 다 제가 사람들에게 인정받고 싶어 한다는 거예요.
코치 부담이 있음으로써 생기는 이점도 있지 않을까요?
참가자 작은 조직에서 리더 경험을 쌓아야 더 큰 조직도 맡을 수 있을 것 같아요.
코치 모든 것이 가능하다면 어떤 리더로 성장하고 싶은가요?

이 과정에서 참가자는 자기 내면의 기대와 불안을 인식하게 된다. 장단점만 비교했다면 드러나지 않았을 욕구와 정체성의 단서를 찾게 되는 것이다. 바로 이것이 코칭에서 '존재를 먼저 다루는'

본말의 적용이다.

종시(終始) −원하는 결과 먼저, 해결책은 나중
대부분 사람은 지금 당장 해결해야 할 문제에 집중한다. 그러나 코칭에서는 해결책보다 먼저 '원하는 결과(종)'를 설정한다.

사례 진로 고민을 하는 대학생
"어떤 직업을 가져야 할지 모르겠어요."

한 대학생이 진로 고민을 코치에게 말한다. 일반적인 대화에서는 직업 추천이나 성향 분석이 먼저일 것이다. 하지만 코칭은 삶의 방향부터 묻는다.

코치 자신이 원하는 삶은 어떤 모습인가요?
참가자 자유롭게 살고 싶어요.
코치 자유란 무엇인가요?
참가자 남의 눈치 보지 않고 내 뜻대로 사는 거요.
코치 그런 삶에 어울리는 직업에는 무엇이 있을까요?

이 대화는 단기적인 '직업'이라는 문제보다 참가자가 원하는 '삶의 방향'을 먼저 탐색하게 한다. 바로 이것이 종시의 원칙이다.
또 코칭에서는 대화 초반에 "이번 세션을 통해 어떤 결과를 얻고 싶은가요?"라고 묻는다. 이는 참가자의 내면이 원하는 방향을 명확히 하도록 돕기 위함이다.

본말과 종시를 함께 적용하는 코칭 대화

이제 본말(존재가 먼저)과 종시(결과가 먼저)를 함께 적용한 코칭 대화를 살펴보자.

사례 부모와 갈등을 겪는 대학생

"부모님이 제 진로를 이해해 주지 않으세요."

한 대학생이 부모와의 갈등 고민을 코치에게 말한다.

참가자 부모님이 제 진로를 이해해 주지 않으세요. 너무 힘들어요.
코치 그 갈등은 자신에게 어떤 영향을 주나요?
참가자 짜증도 나고, 제 뜻이 무시당하는 느낌이에요.
코치 장차 어떤 사람이 되고 싶나요? (본말 적용)
참가자 제 삶을 주도적으로 살아가는 사람이요.
코치 부모님과의 관계에서 가장 바라는 것은 무엇인가요? (종시 적용)
참가자 제가 스스로 선택할 수 있도록 믿고 지지해 주는 거요.
코치 부모님이 그렇게 반응하시려면, 자신에게 어떤 변화가 필요할까요?

참가자 제가 먼저 주도적으로 살아가는 모습을 부모님께 보여 드려야겠어요.

참가자는 부모와의 갈등을 단순한 문제로 여겼지만, 본말 원칙에 따라 자신의 존재를 탐색하여 정체성을 찾으면서 대화를 풀어간 사례다. 또 원하는 관계의 결과를 먼저 상상하면서 해결의 실마리를 스스로 찾게 되었다.

철학적 원리를 적용한 코칭의 힘 요약
『대학』에서 말하는 본말과 종시의 원리는 단순한 사고방식이 아니라, 삶의 본질적인 구조에 가깝다.

- 본말의 원칙: 문제보다 존재(본)를 먼저 탐색한다.
- 종시의 원칙: 해결책보다 원하는 결과(종)를 먼저 설정한다.

이러한 접근은 단순한 문제 해결에 그치지 않는다. 사람은 자기 자신을 더 깊이 이해하게 되고, 삶의 방향을 주체적으로 설계할 힘을 얻게 된다.

유학의 철학과 코칭은 지향점이 같다. 자신을 깊이 이해하고, 삶을 능동적으로 살아가도록 돕는 것. 본말과 종시의 원리를 적용한 코칭은 단기적인 성과를 넘어, 인간다운 삶에 가까워지도록 안내하는 강력한 도구다.

Chapter 4 정신은 어떻게 작동하나?

내 정신은 어디와 연결되어 있을까?

인간의 정신은 놀라운 힘을 지니고 있다. 우리는 이를 정신력 혹은 이성이라고 부른다. 스피노자는 "인간의 정신은 신의 무한한 지성의 일부이다."라고 말했다. 즉 인간에게도 신과 같은 사유 능력이 있으며, 그것이 곧 정신이라는 말이다.

내가 존재하려면 나를 있게 한 원인이 있어야 한다. 부모가 있고 그 부모도 원인이 있으며, 계속 올라가다 보면 더는 거슬러 올라갈 수 없는 최초의 원인에 도달한다. 우리는 그것을 '제1원인' 혹은 '스스로 존재하는 자'라 부르며, 신이라 이름 붙이기도 한다. 이것이 바로 실체이며, 모든 존재의 근원이다.

예를 들어 밀가루 반죽으로 별 모양, 알파벳 모양, 동물 모양의 과자를 만들었다고 가정하자. 각각의 과자는 형태는 다르지만 모두 하나의 반죽에서 나왔다. 이처럼 실체는 다양한 존재의 바탕이 되는 근원적 본질이다. 나 역시 실체에서 비롯되었기에 실체를 어떻게 이해하느냐에 따라 "나는 누구인가?"라는 질문에 대한 답도 달라진다.

유학에서는 이를 리일분수(理一分殊)라 하여, 하나의 이치에서 나와 각각의 개별 존재로 드러난다고 본다. 불교에서 말하는 '둘이 아니다'라는 뜻의 불이(不二) 사상도 마찬가지이다. 실체라는 관점에서 보면 너와 내가 다르지 않다. 결국 모든 존재는 다르지 않으며, 하나로 연결되어 있다.

그림 1 **인간 정신의 기원**

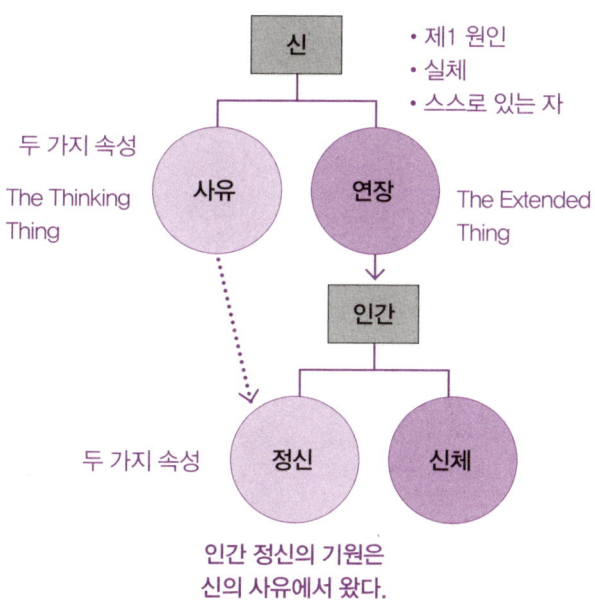

인간 정신의 기원은 신의 사유에서 왔다.

스피노자는 그의 책 『에티카』에서 '관념이란 인간 정신을 구성하는 최초의 것'이며, "관념이 정신의 본질을 구성한다."라고 말하며 강조했다. 신체의 가장 작은 단위가 세포이듯, 정신의 가장 작은 구성 단위는 관념이라 할 수 있다. 관념이 쌓여 인식을 이루며, 인식은 곧 우리의 삶을 결정짓는다. 관념이란 우리가 어떤 대상에 대해 가지는 생각이나 느낌을 말한다.

관념(Idea)은 개인적이고 주관적으로 형성되며, 개념(Concept)

은 객관적으로 체계화된 지식이다. 학교에서는 단어의 '개념'을 배운다. 하지만 사랑이나 자유처럼 추상적인 단어는 각자의 삶의 경험과 해석에 따라 서로 다른 '관념'으로 형성된다. 같은 단어라도 사람마다 의미가 다른 이유다.

어떤 관념을 가지느냐에 따라 인식이 달라진다. 특히 고정관념은 문제를 자주 일으킨다. 상황을 유연하게 보지 못하고 고정된 틀로만 이해하기 때문이다.

스피노자는 "정신은 타당한 관념과 타당하지 않은 관념으로 구성되어 있다."라고 밝혔다. 타당한 관념은 정신을 능동적으로 작용하게 하고, 타당하지 않은 관념은 수동적으로 만들며 불편한 감정에 쉽게 휘둘리게 한다.

그림 2 정신과 관념

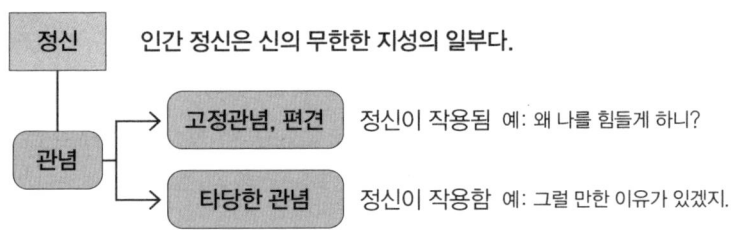

관념이란 인간 정신을 구성하는 최초의 것이다.

> **스피노자의 영향력**
>
> - 철학자들의 왕, 신학으로부터 철학을 구출해 낸 철학의 그리스도. ―질 들뢰즈
> - 그대는 스피노자주의자거나 아예 철학자가 아니다. ―헤겔
> - 그는 선구자, 진정한 선구자! ―니체
> - 모든 철학자에게 두 명의 철학자가 있다. 하나는 자기 자신이고, 다른 하나는 스피노자다. ―베르그송
> - 지적인 면에서 그보다 뛰어난 철학자들은 있지만, 윤리적인 면에서 그를 따라갈 철학자는 없다. ―버트런드 러셀
>
> "신을 믿느냐?"라는 질문에 아인슈타인은 이렇게 답했다. "나는 질서와 조화, 아름다움과 단순함 그리고 고상함의 신을 믿는다. 나는 '스피노자의 신'을 믿는다. 왜냐하면, 이 우주는 너무나 아름답기 때문이다."

우리는 무엇을 어떻게 알고 있는가?

우리는 세상의 모든 것을 알 수는 없다. 아는 것보다 모르는 것이 훨씬 많다. 그런데도 인간은 끊임없이 알고자 한다. 이는 인간 본성이다. 1만 년 전의 인류 역사, 우주의 기원, 미래 사회까지도 알고 싶어 한다.

플라톤은 『국가』에서 앎의 세계를 두 가지로 나누었다. 하나는

'가시계(可視界)'라는 눈으로 볼 수 있는 세계이고, 다른 하나는 '가지계(可知界)'라는 생각으로만 알 수 있는 세계이다.

가시계는 '허상'과 '신념'

'허상'이란 잘못 본 것을 진실로 믿는 것이다. 예를 들어 『햄릿』의 초반 장면에서 보초병이 본 왕의 유령을 실제로 존재한다고 믿는 것이 허상의 예다. 현대 사회에서는 SNS를 통해 보여지는 다른 사람들의 삶이 완벽하다고 믿는 것도 일종의 허상이다. 꾸며진 장면만 보고 자기 인생과 비교하며 괴로워한다.

또 다른 가시계는 '신념'이다. 믿음을 아는 것으로 생각하는 경우다. 경험으로 마주하는 사물, 사람, 사건을 통해 신념을 강화한다. '나는 말을 잘 못해.', '나는 운이 없어.'와 같은 자기 제한적 신념은 반복된 경험과 감정으로 형성된다. 대학 교양수업에서 나는 스피치 관련 강의를 하고 있다. 학생들이 '나는 발표를 못 하는 사람'이라는 자기 제한적 신념을 붙들고 수강 신청을 한다. 자신감이 부족해서 그렇다. 그래서 과목명도 '자신 있게 말하기'이고 절반은 자신감을 높이는 데 주력한다.

우리는 학창 시절 발표를 하면서 실수하거나, 부정적 피드백을 받거나, 주변의 반응이 미적지근했던 경험이 있다. 이럴 때 자신을 과소평가하면서 신념을 정체성처럼 여긴다. '나는 사람들 앞에서 말하면 항상 긴장하고 실수할 거야.'라고 미리 자신을 규정한다. 그러다 보니 발표 기회를 피하고, 리더십 기회도 놓친다. 실수가 성공의 발판인 줄 알면서도 발표를 위험지대의 영역으로 치부한다. 실수하지 않는 사람으로 보이고 싶은 마음이 오히려 자신감을 떨어뜨린다.

가지계는 '참된 앎'

가지계의 첫 번째는 수학이나 논리처럼 추론으로 알 수 있는 대상이다. 정기예금 금리와 예치 기간을 산정하여 1년 후 금융소득이 얼마나 증식할지 계산하는 것도 추론이자 이성의 작용이다. 피타고라스 원리를 증명하는 과정이 바로 추론이다. 예를 들어 '1+1 행사'와 '30% 할인' 중 무엇이 유리한지 비교할 때, 우리는 수학적 추론을 사용한다. 정가 대비 할인 금액을 계산하거나 필요한 양을 고려해 대량 구매가 이득인지 판단한다. 또 할인된 가격이 실제로 가장 저렴한지 다른 매장 가격과 비교하는 과정은 이성 작용이다. 이러한 이성적 사고는 검증할 수 있고 신뢰할 수 있다. 데이터는 어떤 목적을 지닐 때 정보로 전환된다. 정보를 실제 구매 활동에 적용하면서 소비 활동의 지식을 쌓는다.

두 번째는 직관으로 아는 영역이다. 형이상적인 것, 눈에 보이지 않지만 자명하게 아는 것이다. '우리는 하나다.', '모든 것은 마음먹기에 달렸다.'라는 통찰도 여기에 속한다. 직관은 논리로 설명되지 않아도 우리의 내면 깊은 곳에서 알 수 있는 진실이다. 누군가가 살기 힘들다고 도둑질하면 그러면 안 된다는 이유를 논리적으로 설명하기란 어렵다. 하지만 "네 물건을 누가 도둑질해 가면 너는 좋으냐?"와 같은 반론식 질문을 해 보자. 바로 직관의 예이다. 외부 환경이 아무리 불안정해도 내면의 감정을 스스로 조절하면 비로소 자유로워진다고 깨닫게 된다. '모든 것은 마음먹기에 달렸다.'는 깨달음도 직관이다.

이처럼 우리는 감각, 신념, 추론, 직관이라는 네 가지 방식으로 세계를 인식한다. 코칭은 이 네 영역 중 특히 신념과 직관에 주목한다. 내면의 고정관념을 재구성하고, 직관을 회복시켜 더 넓은 인식을 가능하게 하는 것이 코칭의 본질이다.

표 1 앎의 대상과 사유 방법

D	가지계 (可知界)	이데아, 형상, 최고선 (The good)	직관 (Intuition)	우리는 하나다, 감정의 원인은 나 자신	지성에 의한 앎 (Episteme)
C	지성의 대상	수학적 대상 (Mathematics Object)	이성, 추론 (Reasoning)	소비 활동, 금리 계산	
B	가시계 (可視界)	시간적 대상, 실물, 사건 (Things)	신념, 믿음 (Belief)	나는 수학 못해, 실패하면 끝	의견, 속견 (Doxa)
A	감각의 대상	그림자, 허상 (Images)	상상, 짐작 (Imaging)	착시, 첫인상	

플라톤은 이러한 인식의 단계를 선분 ABCD로 표현했다. 선분의 길이는 A보다 B가, B보다 C가, C보다 D가 더 길다는 의미이며,

이는 감각에서 이성, 그리고 직관으로 나아가는 인식의 확장을 뜻한다. 스피노자 역시 가장 참된 인식은 직관에 있다고 보았다.

내 생각은 정말 맞는 걸까?

스피노자는 "정신의 능동은 타당한 관념에서만 생긴다."라고 말했다. 타당한 관념을 많이 가질수록 정신은 더욱 활발히 작용하고, 문제 해결의 주체로서 힘을 얻게 된다.

어떤 단어에 객관적인 설명력을 담을 수 있을 때, 우리는 그것을 개념이라 부른다. 반면 관념은 주관적이며 개인적인 해석이 섞여 있다. 이 관념이나 개념이 많은 사람에게 받아들여질 때 우리는 이를 타당한 것으로 간주한다. '자연 안의 모든 것은 어떤 필연성과 최고의 완전성에서 비롯된다.'라는 관념을 갖고 살아간다면, 스피노자가 말했듯이 우리는 보다 안심하며 살아갈 수 있다. 이 세계는 혼돈이 아니라 질서와 법칙에 따라 움직이고 있으며, 존재하는 모든 것에는 나름의 이유가 있다는 믿음이 생긴다.

반면 '세상은 나쁜 곳이다.', '헬조선이다.'라는 관념을 지닌다면 우리는 세상을 제거해야 할 대상으로 인식하게 되며, 늘 감정적으로 고통스럽게 살아가게 된다. 세상이 나쁘다고 인식하는 한 모든 것이 부정적으로 보이고, 부정은 더욱 강화된다. 결국 '세상은 근본적으로 좋은 곳이다.'라는 관념을 가지면 매사에 감사하고 만족을 느끼며 살아가게 된다. 실제로 나쁜 세상이더라도, 그 관념 덕분에 보다 편안하고 긍정적인 마음으로 인생을 살아갈 수 있다.
 이처럼 관념이 인식을 만들고, 인식은 감정과 삶의 태도를 결정짓는다. 코칭은 이 관념을 재조명하고, 타당한 관념을 형성하여 문제를 바라보는 관점을 전환하도록 돕는 대화의 예술이다.

그림 3 타당한 관념과 타당하지 않은 관념

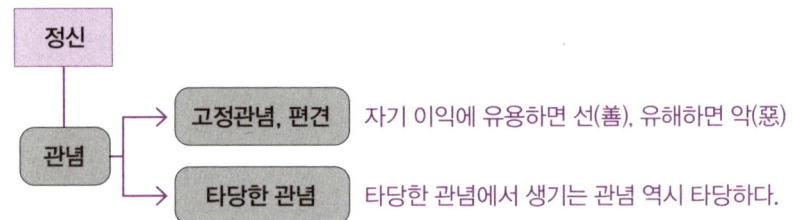

'인간의 감각을 즐겁게 해 주거나 괴롭게 한다고 해서, 혹은 인간의 본성에 알맞거나 반대된다고 해서 그 사물이 더 완전하거나 덜 완전하지 않다.'라는 것이 타당한 관념이다. 사물의 완전성은 그것의 본성과 능력에 따라 평가되어야 한다. 따라서 우리는 사물의 본성과 본질에 관한 탐구가 필요하다.
 어떤 사람이 무능력해 보이거나 부족한 행동을 보였을 때, 우리는 종종 그것을 그 사람의 본성 결함으로 판단한다. 그 결과 상대

를 비웃거나 멸시한다. 그러나 정서 역시 자연의 필연성과 인과의 힘에 따라 생긴다. 증오, 분노, 질투 같은 정서는 본성이 잘못되어 생긴 것이 아니라, 그렇게 드러날 수밖에 없는 특정한 원인이 있을 뿐이다. 생각을 잘못하면 행동이 왜곡되고, 결과도 기대에 어긋난다. 결국 본성의 문제가 아니라 인식의 오류이며, 생각을 놓쳤기 때문이다.

예를 들어 누군가 실수를 했을 때 "그렇게 하지 말라고 했잖아, 내가 너 그럴 줄 알았어."라고 말한다면, 그 사람은 큰 상처를 받을 것이다. 반면 "더 잘 알았다면, 더 잘했을 텐데." 또는 "너는 원래 더 잘할 수 있는 사람인데."라고 말한다면 용기를 얻을 수 있다. 후자의 표현은 평가가 아닌 이해의 언어이며, 인간의 완전성과 변화 가능성을 믿는 철학에서 비롯된다. 행동을 지적하기보다는 질문으로 이어 가는 것이 코칭적인 태도다. "그래서 무엇을 더 잘 알면 좋을까?"라고 물어봄으로써 그 사람의 사고가 열리고, 스스로 인식을 확장할 수 있다.

코칭과 철학은 모두 관념과 인식을 다룬다. 인간은 언어로 사고하기에 언어는 사유의 도구가 된다. 우리가 일상적으로 사용하는 표현 속에는 이미 완전성과 필연성에 대한 전제가 담겨 있다. "사람이 어떻게 그럴 수 있어?"라고 말할 때, 우리는 '사람은 원래 완전해야 한다.'라는 전제를 하고 있다. "세상이 왜 이래?"라고 불만을 토로할 때, '세상은 원래 좋아야 정상이다.'라는 관념이 깔려 있다.

필연성을 담은 말은 공감을 끌어낸다. 예를 들어 "정말 화가 날

만했겠네요."라는 말은 감정의 당위성을 인정해 주는 표현이다. 혹은 "그 사람이 그런 행동을 할 리가 없는데, 뭔가 이유가 있었겠죠."라고 말하는 것은 원인에서 결과를 보는 건강한 인식이다. 반면 "그 정도밖에 못 하다니, 준비성이 없는 사람이네."라고 말하는 것은 결과에서 원인을 추론하며 사람을 평가하는 오류를 범하는 것이다.

코칭은 이러한 오류를 줄이는 언어적 실천이다. "더 잘 알면 더 잘했겠지.", "일부러 그런 결과를 내려고 하진 않았을 거야.", "그 사람도 잘하고 싶었을 텐데, 실망이 크겠지."와 같은 말은 인간의 완전성과 필연성을 인정하는 언어다. 혹은 혼잣말로라도 "그럴 사람이 아닌데, 그럴 수밖에 없었던 이유가 있겠지."라고 해 보는 것도 바람직한 인식 훈련이다.

이처럼 철학적 사고는 코칭적 언어로 이어진다. 사람을 있는 그대로 바라보고, 그 안에 잠재된 힘과 이유를 탐색하려는 태도는 결국 인간에 대한 신뢰에서 비롯된다.

타당한 관념을 지닌 사람

어떤 리더가 구성원 A에게 새로운 업무를 맡기려고 할 때, A가 "이런 일까지 우리 팀에서 해야 하나요?"라고 말한다면, 리더는 순간적으로 'A는 소극적이고 방어적인 사람이다.'라는 생각을 떠올리기 쉽다. 그러나 '타당한 관념'이라는 개념을 의식하는 순간 리더는 생각을 전환할 수 있다. '변화에 저항하는 사람이라 여겼는데, 알고 보니 핵심 과업에 집중하고 팀 성과를 높이려는 의도였구나.'라는 새로운 통찰이 생긴다.

우리는 겉으로 드러난 말이나 태도만으로 상대를 판단하기 쉽다. 이는 감각적 인식의 오류에 해당한다. 하지만 이면에 있는 욕구, 동기, 의도, 본성 등을 탐색하려는 노력을 기울인다면 오해는 이해로 전환될 수 있다. 이처럼 타당한 관념은 상대의 존재를 있는 그대로 받아들이고, 상황에 내재된 필연성과 의미를 발견하게 만든다. 코칭은 바로 이 타당한 관념 위에서 대화를 이끌어 가는 기술이다.

표 2 **타당한 관념으로 이해하기**

상황: A에게 일을 시키니까 물어보는 것이 많다.	
감각으로 이해	타당한 관념으로 이해
(꼬치꼬치 묻는 걸 보니) 저항한다. (그냥 하면 되는데 이유가 많다) 회피한다.	잘 알고서 시작하려 한다. 헛손질을 막고, 시간 생산성을 높이려 한다.

성숙해 보이는 사람은 대체로 타당한 관념을 지닌다. 논리와 감정을 동시에 고려할 줄 알기 때문이다. 이성과 감성, 인정과 사정이라는 양면을 고르게 헤아릴 수 있는 사람은 타인의 말과 행동을 더욱 넓은 관점에서 이해하려 한다. 그는 현명하며, 무지한 사람보다도 유능하다.

정신과 이성의 능력은 곧 정신의 자유와 행복으로 이어진다. 다시 말해, 타당한 관념에서 비롯된 인식이야말로 인간 정신의 행복을 가능하게 하는 출발점이다. 타당한 관념은 감정에 휘둘리지 않고, 본성과 필연성을 이해하며, 자기 자신과 타인을 신뢰하는 태도로 나아가게 한다. 코칭은 이러한 성숙한 태도를 실현해 가는 과정이다.

장미와 가시

어린 왕자에는 다음과 같은 장면이 나온다. 주인공이 불시착한 비행기 엔진을 수리하는 와중에 어린 왕자가 다가와 묻는다.

"장미에 가시가 왜 있는 거죠?"

그러자 주인공은 "그건 장미가 짓궂어서야."라고 대답한다. 주인공은 하던 일에 집중하느라 건성으로 말했지만, 어린 왕자는 그 말에 발끈한다.

"나는 못 믿겠어요. 장미는 순수하다고요. 장미가 자신을 지킬 수 있는 건 가시밖에 없는 거예요."

장미를 소중히 여기고 오랫동안 관찰해 온 어린 왕자에게 장미의 가시는 자기를 보호하려는 순수함 그 자체였다. 양이 장미를 먹어 치울까 걱정했던 그는, 장미가 가진 유일한 방어 수단인 가시가 생존과 자존을 위한 마지막 보루임을 직감하고 있었다.

강의나 그룹 코칭 중에 이 장면을 소개하며 다음과 같은 질문을 던진다.

"만일 여러분이 장미라면, 자신에게는 어떤 가시가 있나요?"

가시란 스스로 취약하게 여기는 특성들이기도 하다. 참가자들은 다음과 같이 답한다.

"저는 너무 다혈질이에요.", "오지랖이 넓어서 문제예요.", "완벽주의가 심해요.", "너무 게을러요.", "고집이 심해요.", "말이 너무 빨라요."

그다음 이어지는 질문은 이것이다.

"가시조차 사랑한다면, 그 가시는 어떤 의미로 다가오나요?"

그러면 관점이 바뀌기 시작한다.

다혈질이라는 것은 의욕이 왕성하다는 의미로 볼 수 있다. 오지랖이 넓다는 것은 잔정이 많고 돕고 싶은 마음이 크다는 뜻이다. 완벽주의는 잘하고 싶은 마음이 크고, 일에 대한 기준이 높다는 의미다. 게으름은 느긋함과 여유, 재충전을 중시한다는 표현일 수 있다. 고집은 뚜렷한 주관과 소중한 가치관을 의미할 수 있다. 말이 빠르다는 것은 전달하고 싶은 정보와 지식이 많다는 뜻일 수 있다.

이처럼 자기 관점을 긍정적으로 보기 시작하면, 자신을 괜찮은 사람으로 인식하게 되고 내면의 강점을 더 쉽게 발견하게 된다. 그런 다음, 동료의 가시도 함께 돌아보는 시간을 갖게 한다. 이때 참가자들은 "그동안 불편했던 마음이 누그러졌어요." 혹은 "제가 고정관념을 갖고 사람을 대했네요."라며 자기 인식을 확장하게 된다.

마지막으로 이렇게 묻는다.

"만일 다른 사람이 여러분의 약점을 직설적으로 들춰낸다면 기분이 어떨까요?"

예상대로 대부분 불편하다고 답한다. 그다음 이어지는 질문은 다음과 같다.

"그렇다면 그렇게 말하는 그 사람은 어떤 강점을 지닌 사람일까요?"

참가자들은 생각 끝에 이렇게 말한다.

"생각해 보니 그 사람은 솔직한 사람이네요. 말을 돌리지 않고, 진심으로 나를 걱정해서 한 말일 수도 있겠어요."

이렇게 마음이 열리고 관점이 바뀌면 세상을 긍정적으로 바라볼 힘이 생긴다. 가시는 단점이 아니라 자기방어이자 존재의 고유한 방식이라는 새로운 인식이 생겨난다. 코칭은 바로 이런 인식의 전환에서 시작된다.

완벽함과 운명을 바라보는 새로운 시선

자신의 관념이 타당한지 아닌지를 판별하는 기본 요소는 필연성과 완전성이다. 필연성은 존재와 현상, 또는 현상과 현상 사이를 인과 관계로 인식하는 기초적인 방법이다. 스피노자는 "관념들이 어떤 대상의 완전성을 더 많이 표현할수록 더욱 완전해진다."라고 말했다. 이처럼 완전성의 기준을 설정하여 문제를 해결하는 사례는 다양한 방식으로 나타난다.

예를 들어, 챗GPT가 등장했던 초기에 한 지인이 자신의 딸 이야기를 들려주었다. 대기업에 입사한 지 얼마 안 된 딸이 챗GPT를 실험할 겸, 회사에서 조퇴하고 싶은데 팀장에게 어떻게 말하면 허락을 받을 수 있을지를 질문했다고 한다. 그런데 챗GPT는 뜻밖에도 직장인의 윤리 규범을 먼저 언급하며, 단순한 변명이 아닌 책임 있는 태도를 강조하는 답변을 주었다고 한다. 이를 보고 놀란 딸은 챗GPT가 생각보다 윤리적 기준에 기반을 둔 판단을 한다는 점에 주목하게 되었다.

나 또한 호기심이 생겨 더욱 완전한 답을 얻기 위해 어떤 방식으로 질문해야 할지를 고민하며 프롬프트를 구성해 보았다. 타당한 관념을 끌어내기 위해서는 질문의 방식 또한 정제되어야 한다. 완전성과 필연성을 고려한 질문은 단순한 정보 획득을 넘어, 생각의 질을 높이고 자기 인식을 확장하는 도구가 된다.

프롬프트 질문
개인적인 집안일이 생겨 부득이 퇴근 시간보다 일찍 퇴근하고 싶습니다. 조직 분위기를 해치지 않고 상사의 입장도 존중하면서 내 감정도 다치지 않으려면 어떻게 말해야 상사로부터 쉽게 허락을 받을 수 있을까요?

챗GPT 대답
이런 경우 상황에 따라 다르지만 아래와 같은 방법을 고려해 볼 수 있습니다.
- 상황 설명: 상황을 적절하게 설명하여 상사에게 이해시켜 주는 것이 중요합니다. 이때 정확하고 명확한 정보를 제공하여 상사

가 상황을 이해할 수 있도록 돕습니다.
- 타협 제안: 일찍 퇴근하는 것이 조직 분위기나 업무에 큰 영향을 미치지 않도록 타협을 제안할 수 있습니다. 다음 날 오전에 일찍 출근하여 지각을 방지하거나, 다른 직원들에게 보탬이 되는 업무를 선발하여 퇴근 시간을 보충할 수 있도록 제안할 수 있습니다.
- 대안 제시: 상사와 함께 대안을 찾아보는 것도 좋은 방법입니다. 예를 들어 다른 직원에게 일부 업무를 맡기거나 퇴근 시간이 빠른 직원들끼리 업무를 조정하여 상호 보탬을 주고받는 방법도 있습니다.
- 긍정적인 태도: 일찍 퇴근을 요청할 때는 긍정적이고 친절한 태도를 유지하는 것이 중요합니다. 상사가 상황을 이해하고 협조하도록 요청할 때, 비난이나 공격적인 태도를 보이지 않도록 주의해야 합니다. 예를 들면, "저녁에 가족이나 가까운 친구의 모임이 있어서 일찍 퇴근하고 싶습니다. 가능하다면 오늘만 일찍 퇴근할 수 있을까요?"처럼 친절하고 이해를 구하는 태도로 요청을 전달하는 것이 좋습니다.

앞서 '사유종시(事有終始)'라는 개념어를 언급했다. 이는 모든 일에는 끝과 시작이 있다는 관념에서 비롯된 것이다. 여기서 '종(終)'은 이상적인 끝의 모습, 즉 누구나 바라는 상태의 완전한 그림(End Picture)을 의미한다. 이를 먼저 설정한 후, 그 상태에 이르기 위한 필연적인 방법, 다시 말해 인과 관계가 성립할 수 있는 이상적인 경로를 찾는 것이 핵심이다.

　이러한 사고방식은 챗GPT에게 질문할 때도 적용된다. 완전성을 담아낸 정제된 질문 덕분에 기대 이상의 답을 얻을 수 있었고, 이는 관념이 타당할수록 결과 또한 성숙하고 유익하다는 사실을 확인시켜 준다.

우리는 왜 속는가?

세상의 객관적 사실과 우리가 지각하는 현실 사이에는 틈이 존재한다. 따라서 우리가 파악하는 정보는 언제나 불완전하다. 그런데도 사람들은 자신이 보고 듣는 것이 진실이라고 믿는다. 하지만 피터 드러커는 "우리는 사실을 모을 수 없다."라고 말했다. 사람은 자신의 주관적 견해에 부합한다고 여기는 정보만을 선택적으로 받아들이기 때문이다.

　결국 우리는 보고 싶은 것만 보고, 듣고 싶은 것만 듣는다. 이러한 보고 듣는 활동은 지각의 단계에 해당하며, 이는 감각에 기반을 둔 판단이다. 감각적으로 파악한 현실만을 근거로 삼아 판단할 경우, 그것은 진실이 아닐 가능성이 크다.

　이러한 이유로 인간의 인식에는 오류가 생기기 쉽다는 점을 우리는 늘 염두에 둘 필요가 있다. 자신의 관념이 얼마나 타당한지를 성찰하고, 감각의 한계를 자각하며, 이성적이고 통합적인 관점을 갖는 것이 중요하다.

그림 4 상호 인식의 갭 발생 원인

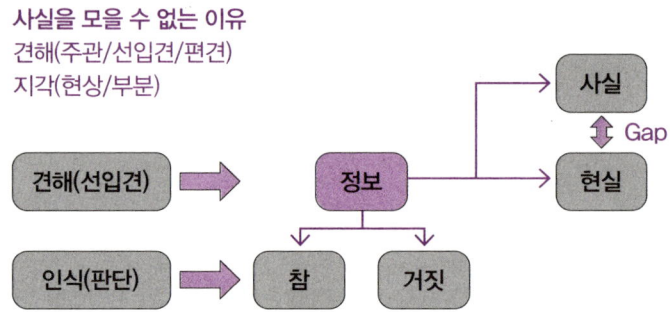

사람과 사람 사이에 갈등이나 마찰이 생기는 것은 흔하고 자연스러운 일이다. 물리적으로 마주 접한 두 물체가 반대 방향으로 움직일 때 마찰이 발생하는 것처럼, 인간관계에서도 서로 다른 견해, 정보, 생각, 가치관, 기대가 충돌할 때 갈등은 불가피하게 발생한다. 특히 가까운 관계일수록 표현에 거리낌이 없으므로 갈등은 더 자주, 더 직접적으로 드러난다.

우리의 정신은 지닌 관념을 바탕으로 예측하고 인식하며, 그 결과로 판단을 내린다. 스피노자는 "정신은 관념으로 구성되어 있으며, 정신의 본질은 인식에 있다."라고 하였다. 이러한 맥락에서 코칭은 참가자의 인식을 다룬다. 일반적으로 인식 전환이 이루어지면 참가자는 만족을 느끼게 되며, 이는 곧 코칭의 효과와 직결된다. 그래서 코칭에서는 인식의 전환, 즉 깨달음이 핵심이다.

이러한 인식 전환을 이끄는 '파워풀 퀘스천(Powerful Question)'이 코칭의 꽃이다. 단순히 정보를 묻는 말이 아니라, 사고를 확장시키고 시야를 넓혀 주는 질문이 바로 그것이다. 강력한 질문은 관념의 경계를 흔들고, 타당하지 않은 관념을 드러내며, 새로운 통찰로 이끄는 도구가 된다.

그림 5 **관념과 인식**

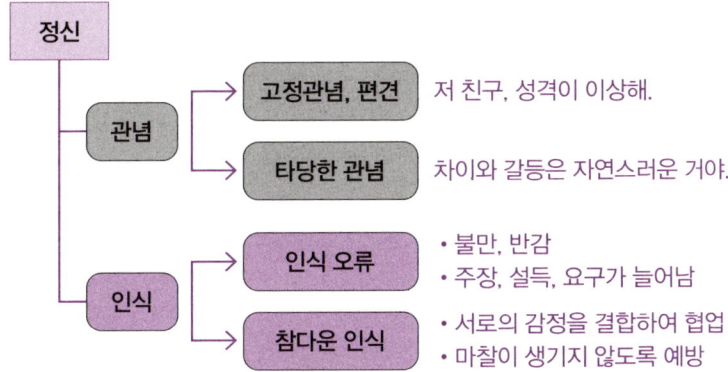

정신은 관념으로 구성되어 있으며, 정신의 본질은 인식에 있다.

관념의 차이에 따른 해결 과정

마찰과 갈등에 대한 관념의 차이는 문제를 바라보는 시각과 해결 과정에서의 인식에 큰 영향을 미친다. 다음 사례를 보자.

사례 직장 내 팀원과의 갈등

상황 A는 팀 프로젝트에서 B와 함께 일하고 있다. B는 꼼꼼하게 모든 것을 확인하며 진행하는 스타일이고, A는 빠르게 결과를 만들어 내는 것을 선호한다. A는 B가 너무 느리고 답답하게 느껴지고, B는 A가 성급하게 결정한다고 생각하며 서로 불만이 쌓여 간다.

문제를 바라보는 기본 시각의 차이

- '자주 접하다 보면 마찰은 자연스러운 것.' 이런 관념이 없다.

  A B는 정말 답답하다. 왜 이렇게 비효율적으로 일하는 걸까? 나랑 안 맞는다.

  B A는 너무 성급하다. 세세한 걸 다 무시하니 같이 일하기 힘들다.

  문제를 '상대방의 문제'로 인식하고, 성격 차이 때문에 해결할 수 없다고 여긴다. 마찰을 불편한 것으로만 받아들이며 감정적으로 반응하게 된다.

- '자주 접하다 보면 마찰은 자연스러운 것.' 이런 관념이 있다.

  A B와 나는 일하는 방식이 달라서 갈등이 생기니 예방책을 염두에 두어야겠다.

  B A와 나는 강점이 다르니 서로의 차이를 조율해 볼 필요가 있겠다.

  갈등 상황을 관계 일부로 받아들이고, 예방과 조율을 위한 태도를 보이게 된다.

문제 해결 과정에서의 인식 차이

- '자주 접하다 보면 마찰은 자연스러운 것.' 이런 관념이 없다.

  A는 B와의 협업을 피하려 하고, 불만을 쌓아 간다. B는 A가 자

기 방식만 고집한다고 생각하며 반감을 갖는다. 결국 팀워크가 약화하고, 결과물의 질이 떨어지며 협업이 무너지게 된다.
- '자주 접하다 보면 마찰은 자연스러운 것.' 이런 관념이 있다.

  A B는 꼼꼼한 스타일이니 내가 놓친 부분을 잘 체크해 주겠구나.

  B A는 빠르게 실행하는 강점이 있으니 내가 너무 지연시키고 있지는 않은지 점검해 봐야겠다.

  서로의 차이를 인정하고 일하는 방식을 조율하게 된다. 예를 들어 A가 초안을 만들고 B가 검토하는 방식으로 협업을 진행한다. 두 사람의 강점이 조화를 이루며 협업의 효과가 높아지고, 마찰을 통해 더 나은 방식으로 발전할 기회를 얻는다.

비효과적 반응 vs. 문제 해결적 접근

- '마찰은 자연스러운 것.' 이런 관념이 없다.

  A는 B가 자신에게 자꾸 태클을 거는 느낌을 받고, B는 A가 자신의 능력을 무시한다고 생각한다. 이러한 비효과적 반응은 서로 방어적으로 행동하며 대화를 피하고 관계는 악화한다.

- '마찰은 자연스러운 것.' 이런 관념이 있다.

  A와 B는 서로의 차이를 인정하고 긍정적으로 활용할 방법은 없을지 고민한다. 문제 해결적으로 접근하자. 서로 강점과 기대를 조율하는 대화를 나누며 해결책을 찾는다. 이렇게 소통하면 문제를 개인적인 감정이 아니라, '차이를 조율하는 과정'으로 받아들이게 된다.

관계의 질과 성장의 차이

- '마찰은 자연스러운 것.' 이런 관념이 없다.
  마찰을 피하려 하거나 상대방을 원망하며 관계가 점점 멀어진다. 반복되는 갈등으로 인해 스트레스가 쌓이고 관계가 깨질 가능성이 커진다.
- '마찰은 자연스러운 것.' 이런 관념이 있다.
  서로의 차이를 이해하고 존중하는 태도가 생긴다. 마찰을 통해 더 나은 관계와 성장의 기회로 삼을 수 있다. 갈등이 증폭되는 대신, 더 깊이 이해하고 발전하는 계기가 된다.

사람과 사람 사이의 마찰은 피할 수 없는 현상이다. 생각이나 성격이 다른 것은 당연하며, 우리가 자연의 일부이듯이 다름도 자연스러운 일이다. 하지만 그것을 부정적으로 바라보며 관계를 피하려 하는지, 자연스러운 과정으로 받아들이고 예방책이나 해결책을 찾으려 하는지에 따라 관계의 질과 협업의 수준이 달라진다. 마찰을 무조건 피하거나 부정적으로 보지 말고, 서로를 이해하고 조율하여 성장의 기회로 삼는 것이 바람직하다.

더 명확하게 인식하는 법

우리는 살면서 상황 판단과 미래 예측을 잘하고자 한다. 이러한 기능이 바로 인식이다. 철학에서는 앎을 다루는 것을 인식론이라

하며, 인식을 매우 중요하게 다룬다. 스피노자는 지성이라는 단어를 즐겨 사용했고, 지성의 과정인 인식을 세 가지로 구분했다.

1종 인식은 감각과 지각을 바탕으로 하는 인식이다. 즉 자기가 보고 듣고 느낀 것을 기초로 판단하는 방식이다. 우리는 일상에서 주로 이 1종 인식에 의존하여 살아간다. 인식의 오류는 대부분 이 감각적 인식에서 발생한다.

2종 인식은 인과 관계에 근거한 인식으로, 논리적 추론과 연역이 여기에 해당한다. 이는 경험과 사고를 통해 사물과 사건의 원인을 파악하려는 시도다. 여기에는 인식 오류가 없다.

3종 인식은 직관에 의한 인식이며, 스피노자는 이것을 가장 참다운 인식이라고 보았다. 그는 "최고의 선(善)은 최고의 인식이며, 가장 참다운 인식은 본질에 대한 인식이다."라고 하였다. 본질은 눈에 보이지 않지만 존재의 핵심을 이루며, 어떤 현상이나 결과가 존재하기 위해 반드시 전제되어야 할 조건이다. 'A가 없으면 B도 없고 A가 있어야 B도 있다면, A는 B의 본질이다.'라는 식의 사고는 본질을 향한 직관적 통찰을 보여 준다.

직관을 활용하기 위해서는 근원적인 질문을 던지는 태도가 필요하다. 또한, 자신의 정신이 단지 개인의 것이 아니라 신의 무한한 지성과 연결되어 있다는 믿음을 지닐수록 의식은 더욱 밝아지며 직관의 활용도 쉬워진다. 인간은 연결을 통해 성장한다. 자신이 최고의 전문가 혹은 절대자와 연결되어 있다고 가정하면, 지성과 영성은 더 큰 빛을 발하게 된다.

그림 6 **인간의 정신과 인식**

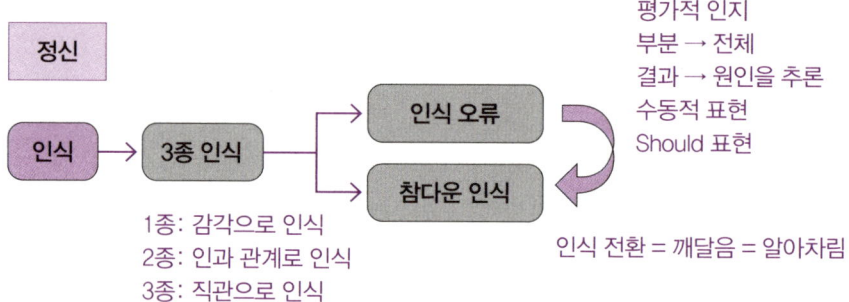

어떤 사람이 힘을 달라고 간절히 기도했는데, 오히려 삶의 어려움이 잔뜩 늘어났다고 하자. 이럴 때 자신의 기도가 응답받았다고 인식하는 사람은 직관이 뛰어난 사람이다. 무거운 것을 들어야 힘이 생기듯이 어려움을 겪어야 지혜가 생기고, 곤경을 마주해야 힘이 생긴다는 것을 직관적으로 이해했기 때문이다.

일반적으로 어떤 문제가 생겨 불편한 감정 상태에 놓이면 사람은 원인을 찾으려 한다. 이때 자기 안에서 원인을 찾으면 자기 안에서 답을 찾게 되고 배움이 일어난다. 그러나 자기감정의 원인을 외부에서 찾으면 남 탓이나 환경 탓으로 귀결되며, 해결책은 외부에 종속된다.

이런 경우, 정신이 능동적으로 작용하지 않고 외부에 의해 작용되며 수동 상태에 빠진다. 이 상태는 인식의 오류가 일어난 경우이며, 대부분 불편한 감정과 연결되어 있다.

신체의 활력을 떨어뜨리는 불편한 감정들은 대개 인식 오류에서 비롯된다. 대다수의 인식 오류는 평가적 인지에서 기인한다. 다음은 그러한 오류의 대표적인 유형이다.

첫째, 자신이나 타인을 과소평가하는 경우이다.
둘째, 사람의 실수를 본질보다 크게 해석하는 경우이다.
셋째, 부분을 보고 전체를 부정적으로 추론하는 경우이다.
넷째, 결과를 보고 원인을 부정적으로 추론하는 경우이다.
다섯째, 감정을 수동적으로 표현하는 경우이다. 예를 들어 '망신당했다.', '무시당했다.', '소외당했다.'와 같이 표현하는 방식을 말한다.
여섯째, '합격해야 해.'처럼 당위(Should)로 표현하는 경우이다.

이러한 당위 표현은 신념이나 가치관에서 비롯된다. 신념은 자신에게 중요하다고 믿는 생각이며, 가치관은 자신만의 가치 선호 체계다. 신념이나 가치관은 자신에게는 의미 있고 좋은 것이지만, 그것을 타인에게 강요하게 되면 압박감을 주고 마찰을 일으킨다.

인식 오류를 알아차릴 수 있는 몇 가지 단서

코치는 참가자의 말 속에서 인식 오류가 감지되면, 참가자가 자신의 인식을 점검할 수 있도록 질문을 던진다. 참가자가 자신의 관념에 대해 관점을 달리하는 질문을 받게 되면 의식이 확장된다.

코치는 참가자가 말하거나 표정이 변할 때 이를 민감하게 포착하고, 인식 오류에 대한 단서를 발견하면 코칭 대화를 보다 유연하게 전개해 나갈 수 있다.

사람에 대한 과소평가

• 자기 자신에 대한 과소평가

어떤 사람이 "저는 뭘 해도 안 되는 사람이에요."라고 말하며 자신을 과소평가하거나 "아무리 해 봐도 안 되네요."라며 자신의 능력을 제한적으로 인식할 때가 있다. 실패한 방법 하나를 더 발견한 것에는 주목하지 않는다. 아직 시도하지 않은 더 효과적인 방법이 있을 수 있다는 전제를 외면한다.

• 타인에 대한 과소평가

어떤 리더가 "A만 유독 시키는 대로 하지 않고 자꾸 엉뚱하게 해 오거든요. 그 사람은 정말 문제가 많은 사람이에요."라고 말할 때가 있다. 이때 문제의 지점은 자신의 소통 방식을 업그레이드할 기회일 수 있다. 그러나 상대방을 문제의 원인으로 고정해 놓고, 같은 방식의 소통을 반복하면 같은 문제에서 벗어나지 못한다. 문제의 원인을 외부에만 두고 사람 자체를 문제시한다면 이는 지성을 충분히 발휘하는 태도가 아니다.

사람에 대한 과소평가와 실수에 대한 과대평가

• 자기 자신에 대한 과소평가와 실수에 대한 과대평가의 결합

참가자 저는 선택하기가 너무 힘들어서 포기했어요. 저는 결정 장애거든요.

이 경우 코치는 다음과 같은 질문으로 참가자가 관점을 전환하도록 도울 수 있다.

코치 결정 장애라고 누가 결정한 건가요?

코치 포기했다는 건 어쩌면 하나를 결정한 것 아닌가요?

코치 선택하기 힘들다는 건, 오히려 싫어하는 것이 적다는 뜻일 수도 있지 않을까요?

• 타인에 대한 과소평가와 실수에 대한 과대평가의 결합

참가자 우리 아이는 집중력도 낮고 참을성이 없어서 문제예요. 책상에 꾸준하게 앉아 있지를 못하네요.

이 경우는 상대에 대한 과소평가와 실수에 대한 과대평가가 함께 나타난 사례다.

코치 호기심이 많고 활동적인 아이로 보이는데, 그런 에너지를 잘 활용하도록 부모로서 어떤 도움을 줄 수 있을까요?

이처럼 인식의 오류인지 아닌지를 판단하려면 그 생각을 자신에게 적용해 보면 알 수 있다.

첫째, 다른 사람이 자신을 과소평가하면 누구든 기분이 좋을 리 없다. 그런데 우리는 자신을 과소평가하거나 자책하는 데 익숙하다. 남들에게 인정받고 싶어 하면서도 정작 자신을 자랑스럽게 여기거나 대견해 하지 않는 경우가 많다.

둘째, 자신의 실수를 누군가가 과대평가하면 역시 기분이 좋지 않다. 분명 상대가 잘못 생각하고 있다고 느끼며 방어적인 반응을 보이기 쉽다. 심지어 상대의 말이 타당하더라도 자존심이 상해 온전히 받아들이지 못한다.

이처럼 사람들은 누구나 인정받고 싶고, 잘하고 싶은 본성을 지닌 존재다. 따라서 좋은 감정에 머물도록 상대의 성품과 본성을 존중해 주는 것이 바람직하다. 『대학』 전 10장에서는 "사람들이 싫어하는 것을 좋아하거나, 사람들이 좋아하는 것을 싫어하는 것은 본성에 역행하는 것이다(好人之所惡 惡人之所好 是謂拂人之性)."라고 하였다. 이는 사람의 본성과 감정이 서로 통하는 방식에 대한 깊은 통찰을 담고 있다.

단지 부분적인 원인에 불과한 어떤 것에 영향을 받을 때

우리의 정신은 작용을 받기도 한다. 예를 들어 '내 제안을 거절하다니 저 사람은 나를 싫어하나 봐.'라고 생각하는 경우가 그러하다. 제안을 거절한 이유는 여러 가지가 있을 수 있음에도 불구하고, 단정적으로 자기를 싫어해서라고 인식하는 것은 부분적 원인에 불과하며 인식의 오류일 가능성이 크다.

결과(현상)에서 원인(본질/본성)을 부정적으로 추론할 때

인식의 오류가 발생한다. 앞의 사례 또한 결과에서 원인을 부정적으로 추론한 예시다. 이는 막연한 경험에만 의존하여 인식한 경우다.

감정을 수동 상태로 표현할 때

수동적인 감정은 혼란된 관념에서 비롯된다. "너 때문에 화가 났다.", "나를 슬프게 만들었다.", "내가 무시당했다.", "참을 수밖에 없었다.", "상처받았다." 등의 표현이 그 예다.

자기감정은 자신의 욕망으로 인해 생겨나는 것이지, 외부로부터 강제로 주입된 것이 아니다. 감정에 대하여 밝은 관념을 형성하는 순간, 감정에 대한 인식은 더는 수동적이지 않다. 감정의 영향을 덜 받으려면 모든 것을 필연성으로 인식하는 것이 중요하다. 왜냐하면, 정신은 모든 것을 필연적으로 인식하는 한 정서에 대하여 더 큰 힘을 가지며 감정의 작용을 덜 받기 때문이다.

예를 들면 "네가 그런 식으로 말하니까 내가 그랬지! 너라면 안 그럴 수 있겠니?" 같은 표현에 우리는 공감할 수 있다. 하지만 이러한 말은 필연성에 기반을 둔 인식이 아니라, 수동적 변명에 가깝다. 이럴 때 '그가 잘못 알고 한 말이니 내가 이해해야지.', '그가 잘못 알고 한 말인데 너무 과민반응할 필요가 없다.', '그가 제대로 이해했다면 그러지 않았을 텐데, 다음에는 내가 설명을 미리 더 해줘야겠다.'라고 인식한다면 자기 인식을 챙기는 보다 현명한 대응이 될 수 있다.

당위 표현에서 나타나는 인식의 오류

'모든 사람에게 인정받아야 해.', '반드시 성공해야 해.', '사람은 거짓말하면 절대 안 돼.'와 같은 신념은 도움이 될 수 있지만 때로는 과잉이 되어 강한 스트레스를 줄 수 있다. 또한 이러한 표현을 타인에게 강요할 경우 갈등을 유발하기 쉽다. 일상생활에서 고정된 시각보다는 사람을 수용하고 포용하는 열린 마음, 그리고 상황에 맞게 유연하게 대응할 수 있는 태도가 필요하다.

그림 7 정신과 감정의 작용

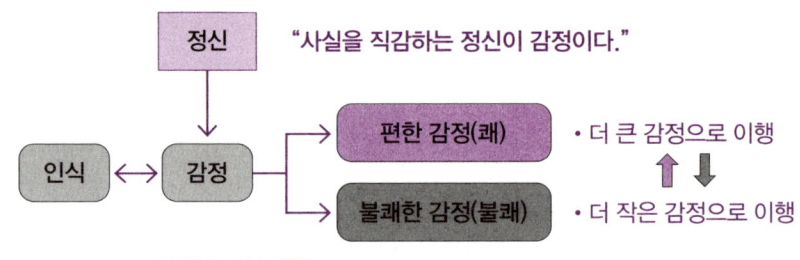

코치는 참가자의 말 속에서 인식의 오류가 느껴지면, 참가자가 자신의 인식을 점검해 볼 수 있도록 질문을 던진다. 참가자가 자신의 관념에 대해 관점을 달리하는 질문을 받게 되면 의식이 확장된다. 코치는 참가자의 말이나 표정 속 변화를 민감하게 알아차리고, 인식의 오류에 대한 단서를 발견한다면 코칭 대화를 더욱 손쉽게 전개해 나갈 수 있다.

앞에서 '자기감정의 원인이 자기 안에 있다.'라는 관념을 지니면 정신이 작용하지만, '자기감정의 원인이 외부에 있다.'라는 관념을 지니면 정신이 작용된다고 했다. 스피노자는 기쁨과 같은 편한 감정 상태는 더 큰 완전성으로 이행하는 중이고, 슬픔과 같은 불편한 감정 상태는 더 작은 완전성으로 이행하는 중이라 표현했다. 이런 식으로 어떤 감정 상태에 있든 우리는 늘 완전성 속에 있다고 보았다. 그 덕분에 불편한 감정을 바라보는 관점이 달라진다.

코칭 대화를 시작하면서 코치는 참가자에게 다루고 싶은 이슈가 무엇인지, 세션 시간을 통해 얻고 싶은 것이 무엇인지 물어본다. 참가자는 그 이슈의 배경 스토리도 말한다. 참가자가 이슈를 표현하면서 감정을 표현하기도 한다. 그러나 자기감정의 원인을 자기 밖으로 두는 경우가 다반사다. 그러곤 불편해한다. 크게 불편할수록 강한 욕망 상태이자 강한 불능 상태이다. 관계에 대한 이슈인 경우, 참가자 자신이 가해자라는 시각으로 말하는 사람은 거의 없다. 참가자는 언제나 피해자이며 수동적 상태에 놓여 있다. 참가자의 말을 들으면서 코치는 참가자의 관념, 신념, 인식, 사고방식 등을 들여다보게 된다. 이런 관찰을 거치면서 단서를 발견하고 관점을 달리할 수 있는 질문을 시도한다.

어떤 때는 강력한 질문 하나에 의해 참가자가 자기 생각을 금세 바로잡기도 한다. 코칭 이슈가 실제 문제여서 문제가 아니라 문제로 삼으니 문제가 되는 경우가 적지 않다. 타당하지 않은 관념으로 인해 인식이 편협해진 경우 또한 문제로 대두된다. 문제를 다루기에 앞서 선제적으로 참가자의 감정 상태가 편안해지면서 긍정 에너지가 커지고 의식이 확장되는 과정으로 이행할 필요가 있다.

단어 하나가 사고방식을 바꾼다

어떤 관념을 지니고 있느냐에 따라 바라보는 관점도 달라진다. 생각을 잘 하려면 관점을 다양하게 바라보는 유연성을 가질 필요가 있다. 자연과학에서는 전제(Presupposition)를 틀리게 갖고 있어도 자연은 객관적 사실과 법칙에 따라 작동한다. 그러나 인문사회과학에서는 전제가 어떻게 설정되느냐에 따라 결과가 완전히 달라진다. 이 또한 인과 관계이긴 하다. 긍정적 전제를 가지고 문제를 바라볼 때와 그렇지 않을 때, 문제 해결 과정에서 큰 차이가 나타난다.

컨설팅이나 티칭의 전제는 상대가 모른다는 것을 전제로 하여 가르친다. 코칭은 상대가 '생각해 보면 알 수 있다.'라는 것을 전제로 한다. '자신에게 필요한 답은 그 사람 안에 있다.'라는 전제를 믿기 때문에 질문이라는 도구를 사용한다. 그 전제 안에는 사람에 대한 소중한 믿음이 담겨 있기도 하다. '전제'에 대한 타당한 관념을 갖는 것이 얼마나 중요한지 사례를 통해 살펴보자.

사람을 바라보는 전제

씨를 뿌려야 좋은 열매를 맺듯이 코칭도 프로세스가 있는 대화이기에 코칭에 돌입하기 전 사람에 대한 건강한 전제를 지니는 것은 매우 중요하다. 내가 15년 전에 코칭 교육을 받으면서 이 부분이 내게 가장 강한 충격을 주었고 오래 기억에 남았다. 내가 간직하고 있는 몇 가지 전제에 대한 예시를 소개하면 다음과 같다.

- 사람들의 행동에는 선한 의도가 있다.
- 사람들은 늘 자기가 좋아하는 것을 택한다.
- 사람들은 자기가 인식하는 대로 살아간다.
- 사람들은 좋아하는 걸 모두 잡기 원한다.
- 사람들은 연결을 통해 성장한다.

위 전제가 항상 옳다는 것은 아니지만, 전제에 따라 결과가 달라진다는 의미를 수용한다면 관계성을 유지하는 데 특히 도움이 된다. 만일 누군가 '이 사람 행동을 보니 나쁜 의도를 가진 것 같다.'라고 부정적 전제를 앞세운다면 그 관계는 어떻게 되겠는가?

이러한 전제를 뒷받침할 수 있는 고전적 근거는 다음과 같다.

- 은악이양선(隱惡而揚善)『중용』
  악(나쁘거나 싫은 것)은 덮고, 선(좋거나 바람직한 것)을 드러내라. 사람의 선한 면을 중심에 두는 태도는 코칭의 출발점이다.
- 택선고집(擇善固執)『중용』
  언제나 좋은 것을 택하고 굳건히 지켜나간다. 코칭은 내담자가

'좋음'에 집중하여 자신의 선택을 지지할 수 있도록 돕는다.
- 부지언, 무이지인(不知言, 無以知人)『논어』
  그 사람의 말을 이해하지 못하면, 그 사람 자체를 알 수 없다. 언어를 통한 이해가 인간 이해의 핵심임을 말한다. 코칭의 질문은 말의 의미를 여는 열쇠다.
- 집기양단(執其兩端)『중용』
  취사선택이 아닌 양쪽 끝 모두를 잡고자 한다. 사람은 하나를 포기하기보다 모두를 품고 싶어 한다. 코칭은 통합적 사고를 돕는다.
- 삼인행, 필유아사(三人行, 必有我師)『논어』
  세 사람이 함께 길을 간다면, 반드시 그중에 나의 스승이 있다. 누구에게든 배울 점이 있다. 코칭은 그 관계의 힘을 자각시킨다.

위 전제를 코칭에서 질문으로 적용해 보자.

- 사람들의 행동에는 선한 의도가 있다. "그럴 수밖에 없었던 이유는 무엇일까요?", "그 행동 뒤에 숨은 좋은 의도를 찾아볼까요?"
- 사람들은 늘 자기가 좋아하는 것을 택한다. "그 상황 속에서 당신이 진짜로 원했던 것은 무엇인가요?", "좋아하는 것을 더 많이 선택하면 어떤 변화가 생길까요?"
- 사람들은 자기가 인식하는 대로 살아간다. "사실인가요? 그것이 왜 중요한가요?", "무엇이 좋아지나요?", "어떤 도움이 되나요?"
- 사람들은 좋아하는 걸 모두 잡기 원한다. "둘 다 만족하는 방법

은 없을까요?", "취사선택이 아닌 둘 다 가질 방법은 뭘까요?"
- 사람들은 연결을 통해 성장한다. "누구에게 도움을 얻을 수 있을까요?", "선물 같은 사람은 누구인가요?", "5년 후의 내가 지금의 내게 무슨 말을 해 줄 것 같나요?"

전제를 적용한 코칭

- 사람들의 행동에는 선한 의도가 있다

  코치 지난 한 주는 어땠나요?

  학생 어제 새벽에 공부하려고 했는데 엄마가 안 깨워 줘서 화났어요.

  코치 많이 화가 났겠어요. 지금 기분은 어때요?

  학생 엄마한테 소리쳤더니 기분이 좋진 않아요.

  코치 엄마가 깨우지 않은 것에 좋은 이유가 있다면, 어떤 점일까요?

  학생 제가 요즘 들어 많이 피곤해하니까 그냥 자게 둔 걸 수도 있겠네요.

- 사람들은 늘 자기가 좋아하는 것을 택한다

  학생 오늘 학원 가기 싫었는데 억지로 다녀왔어요.

  코치 싫었는데도 간 데에는 어떤 이유가 있었을까요?

  학생 엄마가 가라고 해서요.

  코치 평소에도 엄마가 하라는 건 다 하는 편인가요?

  학생 꼭 그런 건 아니에요. 하기 싫은 건 안 해요.

코치 싫었는데도 다녀오기로 마음먹은 데에는, 혹시 스스로 택한 어떤 좋은 이유가 있었을까요?

학생 생각해 보니, 학원에 가면 주말에 축구 클럽 데려다준다고 엄마가 약속했어요.

• 사람들은 자기가 인식하는 대로 살아간다

1단계 – 어린 왕자와의 대화

어린 왕자 왜 술을 마시나요?

술꾼 자꾸 생각나거든요. 그래서 잊으려고요.

어린 왕자 무엇을 잊고 싶으신가요?

술꾼 저 자신이요. 돌아보면 참 부끄럽거든요.

어린 왕자 무엇이 그렇게 부끄럽나요?

술꾼 술을 끊지 못하고 계속 마시는 게요.

2단계 – 코치와의 코칭 대화

코치 왜 술을 마시고 싶으신가요?

술꾼 자꾸 생각나서요. 그래서 잊으려고 마셔요.

코치 잊게 되면 무엇이 좋아질까요?

술꾼 부끄러운 감정이 사라져요.

코치 그 부끄러움이 사라진다면 무엇을 해 보고 싶으신가요?

술꾼 내가 좋아했던 장미 정원 가꾸기를 다시 해 보고 싶어요.

코치 정원을 가꾸면 어떤 점이 좋아질까요?

술꾼 사람들이 장미를 보며 좋아하고 사진도 찍으면 저도 행복해질 것 같아요.

• 사람들은 좋아하는 걸 모두 잡기 원한다

직장인 회사를 계속 다니자니 성과 압박이 심하고, 그만두자니 미래가 불안해요.

코치 계속 다니는 것과 그만두는 것, 각각 어떤 점이 좋을까요?

직장인 계속 다니면 경제적으로 안정되고, 그만두면 커리어에 도움이 될 것 같아요.

코치 그렇다면 회사를 그만두고도 빨리 경제적 안정을 얻는 방법, 또는 회사를 계속 다니면서도 커리어 성장을 이루는 방법, 어느 쪽 이야기를 먼저 나눠 보고 싶으신가요?

직장인 와! 그런 방식으로는 생각해 본 적이 없었어요. 저는 회사를 계속 다니면서도 커리어 성장을 이루는 방법부터 다뤄 보고 싶어요.

코치 그 주제를 먼저 다루고 싶은 이유는 무엇일까요?

• 사람들은 연결을 통해 성장한다

참가자 지난번에 약속한 협상 스킬 실행 과제를 생각만 하고 지키지 못했어요.

코치 그렇군요. 그래도 계속 생각하고 계셨다니 다행입니다.

참가자 실행하지 못한 게 부담이었는데 이해해 주셔서 감사합니

	다. 부족한 부분을 바로 지적하지 않으니 힘이 나네요.
코치	저는 마음만 먹으면 충분히 잘 해낼 수 있다고 믿어요. 한 가지 여쭤봐도 될까요? 3년 후의 자신이 지금의 자신에게 어떤 말을 해 줄 것 같나요?
참가자	지금이야말로 준비할 시기인데, 잘 챙기고 있어서 다행이다. 그렇게 말해 줄 것 같아요.
코치	방금 그 말을 하고 나니 마음이 어떠신가요?
참가자	미래의 나와 연결돼 있다는 생각에 책임감이 더 강하게 느껴져요.

전제에 따른 코칭 대화 사례

상황 한 직장인이 새로운 프로젝트를 맡게 되었다. 그런데 팀장이 세부 사항을 자주 확인하며 잦은 피드백을 준다. 같은 상황이라도 그 피드백을 어떻게 해석하느냐에 따라 결과는 크게 달라진다.

문제를 바라보는 기본 시각의 차이

- 부정적 전제: 팀장은 나를 못 믿고 있다.

"왜 이렇게 자꾸 확인하지? 내 능력을 의심하는 건가?"

"믿지 못하겠으면 차라리 직접 하시지."

문제를 '불신'으로 해석하며 감정적으로 반응한다. 팀장의 의도를 부정적으로 바라보며 방어적인 태도를 보이게 된다.

- 긍정적 전제: 팀장은 프로젝트의 성공을 위해 꼼꼼히 챙긴다.

"팀장이 이렇게 신경 쓰는 건 잘 해내길 바란다는 뜻이겠지."
"기대를 잘 파악해서 더 효과적으로 일할 방법을 찾아보자."
문제를 '성장과 협력'의 기회로 해석하며 열린 태도를 보인다. 피드백을 수용하고 해결책을 모색하는 방향으로 움직인다.

문제 해결 과정에서의 인식 차이

- 부정적 전제: 이건 불신이다.

  피드백을 받을 때마다 스트레스를 느끼고 불편함이 쌓인다. 필요한 정보조차 공유를 꺼리며 거리를 둔다. 결과적으로 신뢰가 무너지고 업무 효율도 떨어진다.

- 긍정적 전제: 이건 성장의 기회이다.

  팀장이 강조하는 포인트를 주의 깊게 분석하고 개선점을 찾는다. 피드백을 능동적으로 받아들이며 해결책을 제안한다. 결과적으로 신뢰가 쌓이고 업무 성과도 향상된다.

비효과적 반응 vs. 문제 해결적 접근

- 부정적 전제: 팀장이 날 못 믿으니 굳이 열심히 할 필요 없다.

  비효과적 반응으로 관계는 악화되고, 방어적이고 냉소적인 태도로 소통이 단절된다.

- 긍정적 전제: 팀장이 중요하게 여기는 게 무엇인지 알고, 기대에 부응하면서 내 스타일도 지킬 수 있을지 생각한다.

  문제 해결적 접근으로 신뢰가 형성되고 열린 소통을 통해 피드백을 효과적으로 반영한다.

관계의 질과 성장의 차이
부정적 전제를 하면 팀장과의 관계가 멀어지고 불신이 쌓인다. 업무 스트레스가 누적되며 성과도 저하된다. 긍정적 전제를 하면 협력 관계가 형성되고 신뢰가 자라난다. 피드백을 능동적으로 활용하면 자기 성장의 기회로 삼을 수 있다.

따라서 감정적인 문제를 마주할 때, 가장 먼저 살펴야 할 것은 내 안의 '전제'다. 어떤 관점으로 이 상황을 바라보고 있는가? 그것이 문제 해결의 출발점이다.

'완전자'임을 믿는 전제
사주팔자 같은 운명은 믿으면서 '천명(天命)'은 믿지 않는다면, 그건 곤란한 이야기다. 하늘의 뜻을 안다는 것을 우리는 '지천명(知天命)'이라 부른다. 공자는 쉰 살에 이르러 비로소 하늘의 명, 곧 자신의 사명을 깨달았다고 했다.

만약 하늘이 나를 이 세상에 태어나게 했다는 이 아름답고 선한 이야기를 진심으로 믿는다면, 우리는 지금의 삶을 다르게 살아갈 수밖에 없다. 하늘을 탓할 일은 없다. 하늘이 내게 맡긴 의미를 먼저 찾고 그 명(命)을 내가 주체적으로 살아가는 것, 그것이 바로 운명이다. 운명은 우연히 주어지는 것이 아니다. 자기의 명을 자기가 '운반(運搬)' 하는 것, 즉 자발적으로 이끌어 가는 것이다. 결국 내가 살아가는 것인지, 그냥 살아지는 것인지는 내가 어떤 전제를 선택하느냐에 달렸다.

하늘은 나를 완전한 존재로 이 땅에 태어나게 했다. 여기서 말하는 완전성은 '존재로서의 완전함'이다. 애플사의 로고는 한 입 베어 먹은 사과이지만, 그것이 사과임에는 변함이 없다. 마찬가지로 우리 안에 부족함이 있더라도 우리는 분명히 사람이다. 사람의 겉모습이나 결함을 보고 그 존재 전체를 판단하는 것이 아니라, 그 안에 있는 본질을 기준으로 존재를 바라보는 것이다.

기독교는 우리 안에 '신성'이 있다고 말하고, 불교는 '불성'이 있다고 말한다. 우리가 종종 듣는 '나마스떼(Namaste)' 역시 '내 안의 신이 당신 안의 신께 인사합니다.'라는 뜻을 담고 있다. 신이 완전하듯이 인간도 존재로서 완전하다. 예를 들어 우리가 배고픔을 느끼지 못한다면, 스스로 영양을 공급하지 못하게 되어 생명이 위태로워질 수 있다. 배고픔을 느낀다는 건 불완전함이 아니라, 오히려 완전성의 증거다.

우리가 부족함을 느낀다는 건 그 너머에 있는 더 큰 완전을 인식할 수 있기 때문이다. 우리는 더 나은 것, 더 큰 의미를 향해 나아가는 본성을 지니고 있다.

그래서 우리는 완전자라고 할 수 있다. 완전자는 '지금 여기(Now and Here)'에 머무는 사람이다. 행복을 찾는다고 하면서 과거나 미래, 다른 곳을 헤매면 정작 지금 여기를 살지 않는 것이다.

내가 가르치는 교양수업에서 "행복의 열쇠는 어디에 있나요?",

"성공의 열쇠는 어디에 있나요?"라고 물으면, 거의 모든 학생이 "자기 안에 있어요."라고 답한다. 삶에서 가장 원하는 것이 자기 안에 있다는 말이다. 그렇다면 우리는 이미 완전자 아닌가?

우리는 때로는 의식하지 못하면서도 자신이 완전자라는 관념을 마음속에 품고 산다. 그래서 누군가 자신을 무시하거나 비하할 때 우리는 불쾌함을 느낀다. 왜 그럴까? 바로 스스로가 존재로서 완전하다는 믿음을 지니고 있기 때문이다.

완전자라는 관점을 지닌 사람은 지금 이 순간에 집중할 수 있고 운명을 탓하지 않는다. 행복과 불행을 우연으로 돌리지 않고, 자신의 선택과 해석의 결과로 받아들인다. 자신의 감정 역시 자기 원인으로 이해한다. 이런 생각(완전자 전제)이 도움이 되는 순간은 언제일까?

존재를 부정하는 피드백

상황 반복적으로 부족한 행동을 보이는 B에게 A가 피드백을 주고 있다. 행동 중심 평가에 머물면서, 존재 자체를 부정하는 언행으로 이어지고 있다.

A 내가 그렇게 하지 말라고 했어, 안 했어! 벌써 몇 번째야?

B (묵묵부답)

A (가정) 넌 도대체 누굴 닮아서 이러니? (직장) 자네 같은 사람이 우리 회사에 어떻게 뽑혔는지 이해가 안 돼! (혹은 더 심하게) 너 같은 애는 태어나지 말았어야 해!

피드백을 받는 사람의 자기 존중감과 주체성이 무너진다. 상호 관계는 깊은 상처를 남기고 악화한다. 피드백을 주는 사람 역시 문제의 원인을 상대에게만 전가하고, 자기 내면의 지혜를 꺼내 쓰지 못한 채 결국 존재 자체를 공격하는 말로 흘러간다. 존재를 부정하는 피드백은 일시적인 분풀이이며 결과적으로 양쪽 모두에게 깊은 부정성을 남긴다. 피드백이 작동되지 않는 가장 큰 이유가 바로 여기에 있다.

존재를 존중하며 구조를 바꾸는 피드백

상황 보고서를 지시한 대로 작성하지 않고 계속 엉뚱하게 가져오는 구성원에게 피드백을 주고 있다. 반복되는 실수 속에서도 사람이 아닌 구조에 문제를 찾는 접근 방법이다.

상사 알아듣게 이야기한 것 같은데, 같은 실수가 또 반복됐네?

구성원 죄송합니다. 저는 지시받은 내용을 여기 이렇게 분명히 적고 작업한 건데요.

상사 (지난번에 "내가 언제 그렇게 말했나? 자네가 잘못 알아들었지!" 하고 화를 낸 기억을 떠올림) 자네가 그런 사람이 아닌데, 이런 일이 반복되는 걸 보면 내가 말하는 스타일과 자네가 이해하는 스타일에 차이가 있는 것 같네. 앞으로는 내가 지시 내용을 종이에 What(과제), Why(배경) 구조로 정리해서 주겠네. 자네는 그 구조대로 보고서에 반영하면 어떻겠나?

구성원 네, 그렇게 하면 저도 실수를 줄일 수 있어 좋습니다.

상사는 문제의 원인을 사람 자체가 아닌 '소통의 방식'에서 찾는다. 구성원의 존재와 의도를 긍정적으로 해석하며 성장할 수 있는 구조를 제안한다. 피드백은 성공적으로 전달되고 신뢰는 강화된다.

착각을 만드는 잘못된 관념들

생각을 잘하려면 무엇이 필요할까? 인식은 요리, 관념은 그 재료다. 좋은 사고를 하기 위해서는 무엇이 필요한가? 생각을 '요리'라고 본다면, 그 생각을 만들어 내는 '관념'은 요리의 재료에 해당한다. 재료가 신선해야 요리가 맛있듯, 관념이 건강하고 타당해야 생각도 건강하게 작동한다. 자신의 관념과 인식 체계를 잘 아는 것은 생각을 잘하는 사람, 즉 지성인에게 필수적인 조건이다.

예를 들어 어떤 사람을 '벽 같다.'라고 표현할 때, 우리는 흔히 답답하고 막힌 사람을 떠올린다. 이는 그 사람이 지닌 관념이 얼마나 제한적인가를 드러내며, 사고의 유연성 부족을 암시한다. 또 어떤 사람을 '독불장군' 같다고 할 때, 우리는 그 사람의 주체성을 인정할 수는 있지만, 함께하고 싶은 사람은 아니라는 거리감을 느끼게 된다. 즉 그에 대한 평가가 감정적으로 분열된 관념에 영향을 미친다. 관념이 유연하면 새로운 관점을 받아들이고 확장된 사고가 가능하다. 관념이 제한적이면 사고도 제한되면서 인식 오류(편견, 고정관념, 선입견 등)가 발생할 수 있다.

이제 인식 오류를 일으키는 대표적인 관념의 사례를 살펴보자.

선악(善惡)의 관념이 만든 인식 오류

'선한 것과 악한 것이 정해져 있다.'라는 고정된 관념은 우리가 세상을 바라보는 방식을 제한하며, 자칫하면 인식 오류를 일으킬 수 있다. 우리가 살아가는 많은 장면에서 갈등은 종종 '선(좋다)' vs. '악(싫다, 나쁘다)'의 구도로 구성된다. 그러나 우리가 '악'이라고 판단하는 것이 타인에게는 '선'일 수 있고, 반대로 타인이 우리를 '악'으로 판단할 때도 우리는 자신의 선한 동기를 기억하기 때문에 타인을 '악'으로 본다. 사람은 누구나 자기 행동을 정당화하는 방식으로 기억하고 사고하는 성향이 있다. 따라서 자신은 항상 선하다는 관념은 생각보다 더 많은 인식 오류를 유발한다.

엄격한 부모의 관점

한 부모는 자녀에 대해 공부를 열심히 하는 것은 선(善), 공부를 게을리하거나 다른 길을 가려는 것은 악(惡)이라는 관념을 갖고 있다.

자녀가 예술계로 진학하겠다고 고집을 부릴 경우, 부모는 이를 '나쁜 것'으로 간주하고, 반대로 부모의 뜻에 따르는 것을 '좋은 것'

이라고 판단한다. 하지만 실제로는 자녀가 독립심을 키우고 자신의 진로를 주체적으로 선택하려는 성장 과정일 수 있다.

- 오류: '공부는 무조건 좋은 것이고, 자녀의 고집은 나쁜 것이다.' 이런 이분법적 선악 관념은 상황을 단순화하고 인식의 유연성을 제한한다. 자녀의 내면과 의도, 성장 맥락을 이해하지 못한다.
- 대안: '모든 선택에는 장단점이 있다.'라는 열린 관점으로 왜 좋아하는지를 질문한다. 이 선택이 자녀에게 어떤 의미가 있을지를 질문하여 생각을 알아본다.

고정관념이 만든 인식 오류

고정관념이란 특정 집단, 성별, 직업 등에 대해 고정된 이미지로 판단하는 것을 말한다. 이는 개인의 고유한 특성보다 사회가 부여한 정형화된 틀로 사람을 바라보게 만든다.

성별에 대한 고정관념

'남자는 강해야 하고, 여자는 감성적이어야 한다.'라는 관념은 남성의 감성적인 면에 '강하지 못하다.'라고 판단한다. 여성이 리더십을 발휘하면 '너무 세서 매력적이지 않다.'라고 평가한다.

- 오류: 개인의 특성과 맥락을 객관적으로 보지 못하고, 고정된 틀에 맞춰 판단하게 된다.

- 대안: '이 사람만의 고유한 특성은 무엇일까?', '지금 떠오른 이미지나 판단이 과연 사실일까?' 하고 점검한다.

편견이 만든 인식 오류

편견은 특정 집단이나 상황에 대해 전체를 보지 않고 일부 정보에 근거한 왜곡된 판단을 말한다. 대개는 과거 경험, 사회적 통념, 감정적 반응으로 형성된다.

직업에 관한 편견

'대기업에 다녀야 성공한 것이다.'라는 관념을 보자. 친구가 회사를 그만뒀을 때 "얼마나 힘들었으면……." 하며 공감부터 하려고 한다. 하지만 실제로는 자기 적성에 맞는 1인 기업가로 전환하면서 더 성공적인 길로 갈 예정이다.

- 오류: '대기업=성공'이라는 단일한 기준이 다양한 가능성을 가로막는다.
- 대안: '이 사람은 왜 이 길을 선택했을까?', '이 사람이 생각하는 성공과 삶의 의미는 무엇일까?' 이렇게 확인해 본다.

선입견이 만든 인식 오류

선입견은 미리 형성된 견해에 따라 타인이나 상황을 판단하는 것이다. 사회 통념이나 외적 요소에 의해 쉽게 만들어진다.

외모에 대한 선입견

'잘생기고 옷을 잘 입은 사람은 똑똑할 것이다.'라는 관념을 가지면, 평범한 외모의 사람을 보고 '유능하지 않을 것 같다.'라고 판단한다. 하지만 실제로는 외모와 능력은 별개일 수 있다.

- 오류: 겉모습이라는 비본질적 요소로 사람의 가치를 판단한다.
- 대안: '내가 이 사람을 평가하는 기준은 객관적인가?', '겉모습이 아니라, 이 사람의 실제 행동과 태도는 어떤가?'

관념의 유연성과 열린 사고의 중요성

과거의 관념은 우리가 세상을 이해하는 틀을 제공하지만, 그 틀이 언제나 옳은 것은 아니다. 그때는 맞았지만 지금은 맞지 않을 수 있다. 특히 변화의 속도가 빠른 오늘날에는 사고의 폭을 유연하게 넓힐 필요가 있다.

열린 사고를 지니면 관점이 넓어지고 선택지도 다양하다. 유연한 사고가 없으면 세상을 좁게 이해하게 된다.

관념을 유연하게 하기 위한 질문들

"이 생각은 내가 배운 것이지, 반드시 진리는 아닐 수도 있지?", "내가 틀릴 가능성은 없을까?", "다른 사람은 이 상황을 어떻게 바라볼까?", "새로운 관점을 받아들인다면 어떤 기회가 열릴까?" 이처럼 관념을 유연하게 만드는 질문을 살펴보자.

사례 코칭 실습 중 한 참가자가 무기력감과 우울감을 호소했다. 몇 차례의 질문에도 그는 반복적으로 "갱년기라서 그렇다."라는 표현을 사용하며 지금의 상태를 정당화했다. '어쩔 수 없는 시기'라는 것을 전제 삼아, 자신에게 변화의 가능성을 닫아 둔 상태였다.

- 질문①

  코치   사람들이 지금의 인생 시기를 '갱년기'라고 표현하는 좋은 이유는 무엇일까요?

  참가자   갱년기는 무기력해지는 시기를 뜻하죠.

- 질문②

  코치   갱년기는 삶의 퇴보라고 생각하시나요, 아니면 진보의 한 과정이라고 생각하시나요? 만약 변화가 없다면, 굳이 '갱년기'라는 말을 사용할 필요가 있을까요?

  참가자   그렇겠네요. 마치 애벌레가 나비로 탈바꿈하듯이, 갱년기 역시 인생의 전환점이 될 수 있겠네요.

- 질문③

  코치   만약 모든 것이 기적처럼 해결되어 마음이 편안해진다면, 어떤 삶을 살고 싶으신가요?

  참가자   의욕적이고 활기찬 삶을 살고 싶어요.

머리로는 이해했지만 마음은 따라가지 않는 거리감을 느꼈다.

• 질문④

코치 그렇다면 '활기찬 삶'은 어떤 모습인가요?
참가자 그러고 보니 그동안 앞뒤 가리지 않고 너무 많은 프로젝트를 맡았네요. 지나친 열정이 제게는 오히려 부담이었어요. 이제는 신체적인 활기보다 정신적으로 성숙해지는 활기가 제게 더 의미 있는 것 같아요.

이 대답을 통해 그는 자신의 현재 시기를 성장과 성찰의 전환점으로 새롭게 인식하게 되었다.

관념을 유연하게 하여 인식 오류를 줄이자. 강한 선악 관념은 타인에 대한 왜곡된 판단을 낳아 관계의 단절을 유발할 수 있다. 고정관념은 사람과 상황을 편협하고 제한적으로 해석하게 만든다. 편견과 선입견은 인식을 왜곡하고, 종종 불필요한 갈등을 유발한다. 그러나 의식적인 질문을 던지고 열린 사고를 적용한다면, 더 넓고 정확한 인식을 통해 자신과 타인을 이해하고 성장할 수 있다.

Chapter 5 지각과 인식

감각에만 의존하면 위험하다

'감각으로 안다.'라는 것을 지각이라 한다.

우리는 시각, 청각, 촉각, 미각, 후각 이 다섯 가지 감각을 통해 세상을 받아들인다. 하지만 감각을 통해 얻는 정보가 항상 정확한 것은 아니다. 감각에 의존한 인식은 때때로 불완전하거나 왜곡되기 쉽고, 잘못된 해석이나 부정확한 판단을 초래할 수 있다. 특히 무언가를 부정적으로 지각했을 때, 자신이 보고 듣고 느낀 것 너머에 무엇이 있는지를 다시 들여다보는 태도가 필요하다. 겉으로 드러난 현상이 전부가 아닐 수 있기 때문이다.

고전 『대학』에는 이를 이렇게 표현한다. 시이불견 청이불문(視而不見 聽而不聞). '보고도 보지 못하고 들어도 듣지 못한다.'라는 말이다. 이는 감각을 통해 정보를 접해도, 마음이 열려 있지 않으면 참된 인식에 이르지 못한다는 뜻이다.

코치에게 요구되는 능력 중 하나는 보이지 않는 것을 보고 말하지 않은 것을 들을 줄 아는, 즉 감각 너머의 의미와 본질을 읽어 내는 능력이 중요하다.

고전에서는 이러한 태도를 다음과 같이 강조한다. '볼 때는 마음을 밝게 하여 분별 있게 본다.'라는 시사명(視思明)과 '들을 때는 귀를 열고 깊이 있게 듣는다.'라는 청사총(聽思聰)이다. 이 두 가지를 잘하는 사람을 총명(聰明)하다고 한다. 총명함은 단순히 똑똑한 것이 아니라, 지각을 넘어서 밝게 듣고 밝게 보고 이해하는 힘이다.

감각에 의존한 지각이 불완전한 이유

감각은 부분적 정보만 제공한다. 감각은 쉽게 착각을 유발한다. 감정, 선입견, 기존의 관념이 감각을 왜곡할 수 있다. 따라서 감각만을 믿고 판단하면 참된 인식(깊이 있는 이해와 통찰)에 도달하기 어렵다. 지각이 인식을 방해하는 사례를 보자.

일부분을 보고 전체를 부정적으로 인식

상황 회사 동료가 나를 보고는 눈을 피하고 급하게 지나간다.

- 감각적 지각: 분명 나를 봤는데 아는 척을 안 하네.
- 잘못된 인식: 내가 뭔가 잘못했나? 혹시 나를 싫어하나?
- 감정 반응: 서운함, 실망감
- 실제 상황: 동료는 급한 회의에 가느라 여유가 없을 뿐이다.
- 피하는 방법: 감각적 단서는 가능한 해석 중 하나일 뿐임을 기억한다. '혹시 바빠서 그랬던 걸까?' 같은 다른 해석의 가능성을 고려해 본다. 감각을 믿고 판단하기보다 행동을 알아본다. 직접 묻거나 맥락을 확인하는 것이 더 정확하다. 오해가 있을 땐 즉각적인 감정 대응보다 상황을 더 살펴본 후 판단하는 것이 좋다.

결과를 보고 원인을 부정적으로 추론

상황 대화 중에 친구가 내 말을 듣고 웃는다.

- 감각적 지각: 내 말에 웃은 걸 보니 내가 이상한 말을 했나?
- 잘못된 인식: 친구가 나를 비웃은 것 같아. 날 무시한 거야.
- 감정 반응: 속상함, 자존심이 상함
- 실제 상황: 친구는 내 말에 공감해서 자연스럽게 웃은 것이었다.
- 피하는 방법: 상대의 반응을 나쁘게 해석하기 전에 자기감정을 먼저 점검해 본다. '혹시 다른 의미일 수도 있지 않을까?' 에너지를 상대에게 보내는 것이 아니라 자기감정을 이해하기 위한 내면 질문을 던져 본다. 상대에게 직접 "내가 한 말이 웃겼어?" 하고 물어보는 것은 오해를 풀 수 있는 좋은 방법이다.

자기감정을 투사한 인식 오류

상황 회의 중에 상사가 팔짱을 끼고 나를 뚫어지게 쳐다본다.

- 감각적 지각: 팀장 눈빛이 좋지 않은데, 뭔가 날 못마땅해하는 것 같아.
- 잘못된 인식: 나도 팀장이 별로야. 사람 편애하는 게 눈에 보이네.
- 감정 반응: 분노, 자존심 상함, 방어적 태도
- 실제 상황: 팀장은 중요한 일이 떠올랐지만 회의에 집중했다.
- 피하는 방법: 표정이나 자세는 항상 특정 감정을 의미하는 것이

아니다. '혹시 집중하고 있는 건 아닐까?'라고 자기 해석을 잠시 멈춰 보자. 이후 상사의 피드백을 직접 확인해 보는 것도 좋다.

감각에 의존한 인식 오류를 예방하는 방법

- 다른 관점으로 자문해 보기

 '이 상황을 긍정적으로 다르게 볼 수 있을까?', '내가 지금 너무 표정이나 목소리 같은 감각적 신호에 집착하고 있는 건 아닐까?'

- 감각과 감정을 분리하기

 감각적 정보는 있는 그대로 받아들이되, 부정적인 해석으로 연결 짓지 않도록 한다. '내가 지금 느끼는 감정이 과거 경험에서 온 왜곡된 반응은 아닐까?'

- 직접 확인하는 습관 기르기

 오해를 줄이려면 해석하지 말고 확인하자. "혹시 제가 한 말이 불편했어요?", "바쁘신 것 같아 걱정됐어요. 괜찮으세요?"

- 사실과 해석을 분리하기

 사실: 동료가 눈을 피하고 지나갔다.

 해석: 나를 싫어하는 것 같다.

 이 생각은 객관적 사실이 아니다. 이건 내가 본 사실인가, 아니면 그 사실에 내가 붙인 해석인가?

- 다른 관점으로 유연하게 생각하기

 '이 감각적 정보가 정말로 그런 뜻일까?', '혹시 다른 해석은 없을까?', '예전에 비슷한 상황에서 혼자 오해하고 상처받았던 경

험은 없었나?'

감각은 믿되, 인식은 넓혀라! 감각은 중요한 단서지만, 항상 정확한 진실은 아니다. 감각에만 의존하면 잘못된 인식을 하게 될 가능성이 크다. 다양한 해석을 시도하고, 직접 확인하며, 감정과 해석을 분리하자. 유연한 사고는 깊고 넓은 인식을 가능하게 한다. 감각은 문이다. 그 너머를 보는 것이 진짜 인식이다.

보고 듣는 것과 아는 것의 차이

'정신 나갔다, 정신 차렸다.'라는 말은 결국 생각을 잘하고 있는지 아닌지를 묻는 표현이다. 우리는 늘 무언가를 생각하며 살아간다. 하지만 이 생각은 감정의 영향을 받기도 하고, 반대로 감정에 영향을 주기도 한다.

그림 8 **지각과 인식**

정신 속에서 일어나는 생각이 어떤 방식으로 작동하고, 감정과는 어떻게 연결되는지를 이해한다면 우리는 말과 행동을 보다 효

과적으로 조절할 수 있다. 이제 우리의 정신이 어떻게 작동하는지 그리고 그것이 지각과 인식이라는 개념과 어떤 관련이 있는지를 살펴보자.

지각이란?

'지각(Perception)'은 정보나 자극을 받아들이는 초기 과정이다.
　우리가 보고, 듣고, 느끼는 것들을 자동으로 감지하는 단계이다.

예시 길을 걷다가 신호등이 빨간 불로 바뀐 것을 알아차리거나, 누군가가 인상을 찌푸리는 표정을 보며 감정의 변화를 감지하는 것이 지각이다.

지각을 제대로 잘하는 방법

지각은 주로 눈(시각)과 귀(청각)를 통해 이루어진다. 공자가 『논어』에서 말한 '시사명(視思明), 청사총(聽思聰)'을 기억하면 좋다. 들을 때 귀 밝게 듣고, 볼 때 밝게 본다는 뜻으로 여기서 공통된 강조점은 바로 '밝게' 보는 태도이다. 하지만 인간의 눈과 귀는 완전하지 않다. 그 때문에 항상 '내가 틀릴 수도 있다.'라는 열린 전제를 갖는 것이 중요하다.

　누군가의 범죄 여부가 확정되기 전까지는 '무죄 추정의 원칙'을 적용하듯, 사람의 행동이나 표정을 볼 때도 밝은 면을 먼저 보려는 자세가 필요하다. 이런 태도가 바로 총명함이다.

　지각은 외부 자극을 빠르고 자동으로 받아들이는 과정이다. 감각 기관이 불완전하다는 점을 인정하고, 항상 밝게 보고 밝게 듣는 자세를 유지하는 것이 바람직하다. 판단보다 먼저 관찰의 태도를 정제하는 것이 중요하다.

인식이란?

앞서 말했듯, 코치는 보이지 않는 것을 보고 말하지 않은 것을 들을 줄 아는 능력이 필요하다. 이러한 능력을 갖추기 위해서는 맹자의 가르침을 마음에 새길 필요가 있다. 어느 날 맹자는 다음과 같은 질문을 받는다. "선생님, 어떤 사람은 대인(大人)처럼 행동하고, 어떤 사람은 소인(小人)처럼 행동합니다. 그 차이는 어디서 오는 건가요?"

맹자는 이렇게 답했다. "대인은 큰 몸(大體)을 사용하고, 소인은 작은 몸(小體)을 사용한다. 그러니 큰 몸을 사용하라." 여기서 말하는 '작은 몸'은 눈과 귀 같은 감각기관이다. 이들은 생각하는 기능이 없고, 외부 자극에 쉽게 노출되어 있어 현상에 휘둘리기 쉽다. 특히 감정이 불편할 때 사람은 눈으로 본 것과 귀로 들은 것을 전부인 양 오해하기 쉽다. 이때 판단을 내리면 인식의 오류에 빠질 위험이 크다.

맹자가 말한 '큰 몸'은 마음이다. 마음은 단순히 느끼는 기관이 아니라, 생각하고 성찰하는 중심이다. 따라서 대인이 되려면 감각이 아니라 마음을 따라야 한다고 맹자는 말한다. "마음을 잘 챙기면 대인이 되고, 마음을 놓치면 스스로 소인이 되는 것이다." 소인이란 따로 존재하는 게 아니다. 스스로 대인이 아니라고 우기는 사람은 어쩔 수 없이 소인이 되고 만다.

그림 9 **대인과 소인의 차이**

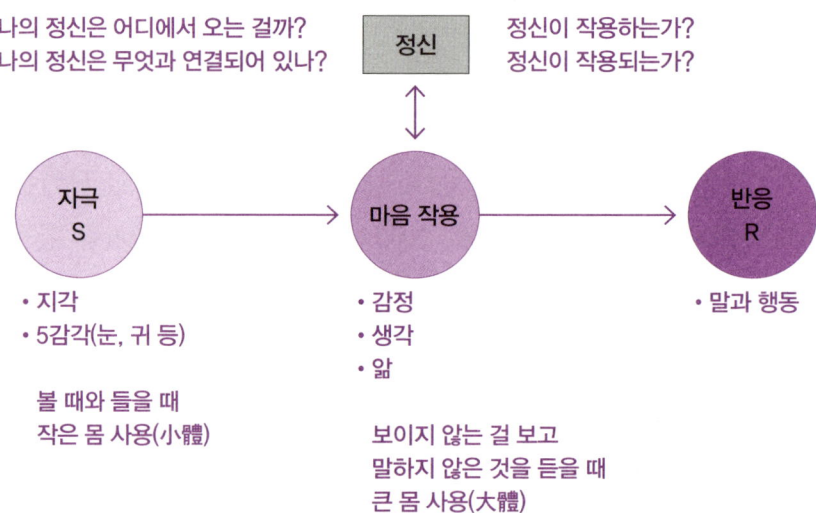

'인식(Recognition, Awareness)'은 지각을 바탕으로 내부의 사고 과정을 거쳐 더 깊이 생각하고 판단하는 과정이다. 쉽게 말해, 감각을 통해 정보를 받아들인 뒤 그 정보를 해석하고 이해하며 '인과 관계'로 사고하는 단계라고 할 수 있다.

예시 신호등이 빨간 불로 바뀐 것을 지각한 뒤, 멈춰야 한다고 상황에 적합한 판단을 하는 것이 인식이다. 누군가가 인상을 찌푸리는 모습을 지각한 뒤, '나를 싫어하나?' 혹은 '피곤해서 그런 걸 수도 있겠다.'라고 해석하고 추론하는

것이 인식이다.

인식을 잘하는 방법

- **좋은 관념 갖기**: 우리는 단어로 생각한다. 그런데 단어 하나하나에는 각자의 관념(개념적 이미지)이 담겨 있다. 관념이 고정되거나 치우쳐 있으면 인식 또한 제한적으로 된다. 따라서 편견이나 고정관념에서 벗어난 유연한 관념을 지니는 것이 필요하다.

'세상에 있는 것 치고 나쁜 것이 없다.'라는 관념으로 뱀을 보자. 대부분 사람은 뱀을 위험하거나 징그러운 동물로 인식한다. 하지만 고대에서는 뱀이 지혜와 의술의 상징이었다. 같은 대상을 어떻게 보는가에 따라 인식이 달라질 수 있다.

- **질문 활용**: 의심이 들거나 문제가 생겼을 때 섣불리 판단하기보다는 "혹시 다르게 볼 수는 없을까?"라는 질문을 해 볼 필요가 있다.

예를 들어 보자. 수업 중 태도가 안 좋아 보여 혼내려던 학생을 불러 보니, 전날 밤 쓰러진 아버지를 간호하느라 밤을 새운 효녀였다는 걸 알게 된다. 질문하지 않았다면 오해로 판단했을 상황이다. 질문은 '보이는 것 너머를 보려는 시도'이며, 문제를 해결하기보다 이해하려는 태도에서 출발한다.

- 감정 이해: 감정은 우리의 욕망(본성)에서 비롯된다. 불편한 감정이 올라올 때는 그 감정이 무엇을 원하고 있는지 먼저 들여다보자.

예를 들면, 한 팀장이 팀원들에게 동기를 부여하던 중 팀원 한 명의 비판적 반응에 속상함을 느꼈다. 하지만 그 감정의 밑바닥에는 '마음을 모아 좋은 결과를 내고 싶다.'라는 팀장의 바람이 있었다.

하지만 팀원의 비판적 의견은 위험 요소를 대비하려는 태도일 수도 있다. 그런 팀원의 태도를 인정하고 "솔직하게 표현해 줘서 고맙다."라고 말하면서 "만일의 사태도 대비하자는 의도였던 거지?"라며 그 마음을 읽어 준다.

이렇게 포용하고 연결하는 방식으로 인식을 전환할 수 있다. 다른 팀원들도 함께 다독이며 "우리 모두 한마음이니 아이디어를 모아 함께 나아가자."라고 당부하는 것도 방법이다.

인식이 잘된 것인지 확인하는 방법

자신의 표정이나 기운이 밝아진다면 인식이 긍정적으로 작동하고 있다는 신호다.

어깨, 허리, 자세가 펴지고 마음이 가벼워진 느낌이 든다면 올바른 인식이 이루어진 것이다.

내 말이나 행동에 대해 상대방의 표정이나 분위기가 밝아진다면 내가 상황을 잘 인식하고 반응했다는 증거다.

인식은 감각을 통해 들어온 정보를 내부의 사고와 해석의 과정을 거쳐 의미를 부여하는 단계이다. 유연한 관념, 질문을 통한 점검, 감정 속 욕망의 이해가 필요하다.

정신 속에서 지각과 인식이 작동하는 원리

우리의 정신 안에서는 무의식적으로 많은 부분이 '지각 → 인식 → 반응'의 흐름으로 작동한다. 이러한 자동화된 흐름은 자동적 사고, 습관화된 반응 패턴, 성격적 행동과 깊이 관련되어 있다. 하지만 이 패턴이 반복적으로 부정적인 결과를 낳는다면, 그 안에 자리한 고정화된 지각과 인식의 방식을 의식적으로 점검하고 수정할 필요가 있다.

상황 친구가 나를 지나치며 인사하지 않았다.

- 지각: 친구가 나를 봤는데 인사하지 않았다. 즉각적으로 '뭔가 느낌이 이상한데?'라는 자동적 반응이 떠오른다. 지각은 빠르고 자동적이며, 감각을 통해 정보를 수신하는 단계다. 그러나 불완전한 정보일 가능성이 크다.
- 인식: '나한테 화가 난 걸까?'(부정적 인식), '바빠서 못 본 걸 수도 있지.'(객관적 인식), '요즘 걱정이 많다더니 정신이 없었나 보다.'(감상적·공감적 인식). 인식은 받은 정보를 해석하고 의미를 부여하는 단계이며, 여기서 우리의 감정과 판단의 방향이

결정된다.

- 반응: '괜히 신경 쓰이네. 나도 다음엔 못 본 체해야지.'(방어적·부정적 반응), '괜찮아, 다음에 물어보자.'(중립적·객관적 반응), '혹시 무슨 일이 있나? 먼저 안부를 건네 볼까?'(공감적·관계 지향 반응). 반응은 선택 가능한 것이다. 인식이 바뀌면 감정도 달라지고 행동도 달라질 수 있다.

지각은 누구에게나 일어나는 즉각적이고 자동적인 정보 수신 과정이다. 하지만 불완전하고 오해의 소지가 많다. 인식은 그 정보를 어떻게 해석하느냐에 따라 감정과 반응의 질을 결정한다. 따라서 인식을 점검하고 조절하면 감정도 다스릴 수 있고, 반응 역시 더 성숙하고 긍정적으로 선택할 수 있다.

코칭에서 인식 전환의 중요성
코칭의 목적은 코치가 직접 문제를 해결하는 것이 아니다. 핵심은 참가자가 스스로 자신의 인식을 돌아보고 전환해 가는 과정을 돕는 데 있다. 코치는 그 전환이 자연스럽게 일어날 수 있도록 질문과 경청으로 안내하는 역할을 한다.

상황 직장 상사가 내 의견을 무시한다.

- 지각: 상사가 내 의견을 듣지 않았다.(관찰된 사실로 보고 앎, 자

동적 감각 정보 수용)
- 기존 인식: 상사는 나를 무시한다.(불편한 감정 발생, 자기 해석을 통한 판단)
- 새로운 인식: '상사는 바빠서 못 들었을 수도 있으니, 내가 더 설득력 있게 말할 방법을 고민해 보자.'
- 결과: 감정이 진정되고, 새로운 접근 방식을 찾을 가능성이 생긴다. 문제를 외부의 탓으로 돌리지 않고 자기 성장의 기회로 전환할 수 있다.

코치의 역할

참가자가 부정적인 인식에 갇히지 않도록 새로운 관점에서 열린 사고를 할 수 있도록 질문을 통해 의식을 확장하는 것이 중요하다. 코칭은 답을 주는 것이 아니라 새로운 관점을 질문으로 여는 것이다.

비평가적으로 인지하고 인식을 밝게 하자! 지각은 빠르고 자동적인 정보 처리 과정이다. 인식은 지각된 정보를 해석하고 의미를 부여하며 판단하는 과정이다.

부정적인 감정과 반응은 종종 인식을 왜곡시킨다. 하지만 인식이 바뀌면 감정도 반응도 달라질 수 있다. 코칭의 힘은 바로 이 인식 전환의 지점을 바꿔 주는 데 있다. 코치의 가장 중요한 역할은 참가자가 문제를 새로운 시각으로 바라보며 스스로 해결할 수 있도록 돕는 것이다.

용어 정리

인식(Epistemology): 철학, 코칭에서 주로 사용

'인식'은 지(智), 즉 앎과 관련된 활동을 지칭하며 사물을 분별하고 판단하는 능력에 집중하는 개념이다. 철학적 맥락에서는 '인식'이란 지식의 본질, 근원, 가능성, 한계 등을 탐구하는 인식론의 핵심 개념이다. 코칭에서는 참가자가 자신의 사고와 감정, 판단의 구조를 인식함으로써 의식적인 선택과 전환을 할 수 있도록 돕는 과정과 밀접하다.

인지(Cognition): 인지과학, 심리학, 뇌과학에서 주로 사용

'인지'는 사고, 감정, 의지(지·정·의)를 포함한 마음의 전체 작용을 다루는 넓은 개념이다. 감각을 통해 들어온 정보를 처리하고 이해하는 과정을 포함하며 기억, 학습, 문제 해결, 언어 사용 등 복합적인 정신 기능을 포괄한다. 인지과학에서는 '인지'를 정보 처리의 관점에서 설명하며, 인간이 외부 세계를 어떻게 지각하고 해석하며 반응하는지를 다룬다.

Chapter 6 관념 차이와 인식의 차이

나는 어떤 나로 살아가고 있는가?(자아관)

자아관이란 '나는 어떤 사람인가?'에 대한 신념과 관점을 말한다. 이 자아관이 어떻게 형성되어 있느냐에 따라, 사람은 문제를 바라보는 방식과 해결하는 과정에서 크게 다른 인식과 반응을 보이게 된다.

특히 '고정형 자아관'과 '성장형 자아관'은 실패나 실수 같은 경험을 정반대의 방식으로 해석하게 만든다.

사례 발표에 실망한 대학생 A의 두 가지 자아관
상황 A는 대학에서 중요한 발표를 했는데 실수가 잦았고, 교수님의 날카로운 피드백까지 받았다. 발표 후 A는 큰 낙담에 빠진다. 하지만 그 반응은 그가 어떤 자아관을 지니고 있는지에 따라 달라진다.

문제를 바라보는 기본 시각의 차이
고정형 자아관

'나는 원래 이런 사람이야.', '역시 난 발표에 소질이 없어.', '다른 애들은 잘하는데, 난 그냥 부족한 사람인가 봐.', '아무리 노력해도 안 될 거야.' 이러한 시각은 자신을 무능하게 여기며 발전 가능성을 보지 못한다. 문제를 '자신의 한계'로 인식하며, 고정된 능력 때

문에 실패했다고 생각한다.

성장형 자아관
'나는 배우면서 성장하는 사람이야.', '발표가 만족스럽지는 않았지만 다음에는 더 잘할 수 있을 거야.', '교수님의 피드백을 활용해서 부족한 부분을 보완하면 성장할 수 있어.', '잘한 점과 부족한 점을 분석해서 발전해 보자.' 이러한 시각은 문제를 '성장의 기회'로 바라보며 개선 가능성을 찾는다. 실패를 자기 능력의 한계가 아니라, 더 나아지는 과정으로 받아들인다. 고정형 자아관은 문제를 한계로 해석하고, 성장형 자아관은 문제를 기회로 바라본다. 우리는 실패를 해석하는 방식에 따라 자신의 감정과 행동을 달리 선택할 수 있다.

비효과적 반응 vs. 문제 해결적 접근
고정형 자아관
- 비효과적 반응: '내가 못나서 그런 거야.'
- 무력감: '난 원래 이런 사람이니 그냥 포기해야겠다.'
- 자기 비난: '내가 멍청해서 이런 실수를 했어.'

성장형 자아관
- 문제 해결적 접근: '내가 부족했던 부분을 채우려면 어떻게 해야 할까?'

- 학습과 성장: '발표 스킬을 키우려면 어떤 연습이 도움이 될까?'
- 자기 격려: '이번 발표는 연습 과정일 뿐, 다음에는 더 나아질 수 있어.'

같은 실수라도 '나는 원래 그런 사람이야.'라고 믿는 사람과 '나는 더 나아질 수 있어.'라고 믿는 사람은 전혀 다른 미래를 살아가게 된다.

장기적인 성장과 관계의 차이

고정형 자아관

발표나 도전에 대한 두려움이 커진다. 자존감이 낮아지고 반복적인 회피 행동이 나타난다. 성장의 기회를 놓치고 자기 자신을 제한하는 삶을 살게 된다.

성장형 자아관

발표 실력이 점점 향상되면서 자신감을 얻게 된다. 실수를 배움의 기회로 전환하며 꾸준히 발전해 나간다. 자기 존중감이 높아지고 새로운 일에 도전하는 적극적인 태도를 유지할 수 있다. 자아관이 고정형이면 실패가 곧 한계가 되고, 자아관이 성장형이면 실패는 곧 성장의 디딤돌이 된다.

자아관이 문제 해결 방식을 결정한다. 우리는 누구나 삶에서 크고 작은 문제에 부딪힌다. 그럴 때마다 '나는 어떤 사람인가?'에 대한 자기 인식(자아관)이 문제를 해석하고 대응하는 방식을 결정한다.

고정형 자아관은 실패를 자신의 한계로 받아들이고, 도전과 변화를 피하려 한다. 성장형 자아관은 실패를 성장의 일부로 받아들이며, 개선 방안을 찾고 계속 나아간다.

결국 자신을 '변화할 수 있는 존재'로 보는 태도가 문제를 해결하고, 더 나은 삶을 만들어 가는 핵심 자산이다.

인생을 바라보는 프레임(인생관)

인생관은 '삶을 어떻게 바라보는가?'에 대한 기본적인 태도와 신념이다. 같은 문제라도 인생관이 어떻게 형성되어 있느냐에 따라, 문제를 바라보는 방식과 해결 과정에서의 인식이 크게 달라진다.

인생관에 따라 문제 해결 방식이 어떻게 달라지는지 살펴보자.

사례 회사에서 좌절을 겪은 직장인 B의 두 가지 인생관
상황 B는 중요한 프로젝트를 맡았지만 예상과 달리 성과가 좋지 않았다. 상사는 실망했고, 동료들은 기대한 결과가 나오지 않아 아쉬움을 드러냈다. B는 '이번 프로젝트는 실패야.'라고 생각하며 크게 낙담했다. 이때 어떤 인생관을 가지고 있느냐에 따라 B의 반응은 달라진다.

문제를 바라보는 기본 시각의 차이

고정된 인생관

'인생은 정해진 대로 흘러간다.', '인생은 어차피 고통의 연속이야.', '왜 나는 어딜 가도 힘든 일만 골라서 맡는지 몰라. 이번 생은 망했어!', '내가 이렇게 실패하면 내 인생도 끝난 거나 다름없어.', '운이 나빴던 거지. 노력해도 어차피 바뀌지 않을 거야.' 이처럼 고정된 인생관을 가진 사람은 문제를 '개인의 한계'나 '운명'으로 인식하고, 실패를 삶의 결정적 패배로 받아들이며 쉽게 포기한다.

유연한 인생관

'인생은 변할 수 있고, 내가 만들어 가는 것이다.', '이번 프로젝트에서 배울 게 많았어. 다음에는 더 잘할 수 있어.', '어떤 점이 부족했는지 분석해서 보완해 보자.', '이 실패가 나를 더 성장시킬 기회일 수도 있어.' 유연한 인생관을 가지면 문제를 '성장의 기회'로 본다. 개선 가능성을 찾으며 실패를 배움의 과정으로 생각한다.

문제 해결 과정에서의 인식 차이

고정된 인생관

'실패는 곧 끝이다.' 이런 인생관을 가진 사람은 실패 경험으로 자존감이 크게 흔들리고, 회복에 오랜 시간이 걸린다. 새로운 도전을 주저하고 위축되며, 문제 해결을 시도하기보다는 책임을 운이나 환경, 타인에게 돌리는 경향이 있다.

유연한 인생관

'실패는 과정이다.' 이런 사람은 실패의 원인을 분석하고, 같은 실수를 반복하지 않도록 대비한다. 동료들과 피드백을 주고받으며 배움을 얻고, 오히려 더 나은 기회를 찾으며 실패를 성장의 발판으로 삼는다.

같은 실수라도 '나는 원래 그런 사람'이라고 생각하느냐, '더 나아질 수 있다.'라고 생각하느냐에 따라 이후 행동은 전혀 달라진다.

비효과적 반응 vs. 문제 해결적 접근

고정된 인생관

- 비효과적 반응: '이 실패 때문에 내 커리어가 끝난 것 같아.'
- 무력감: '나는 중요한 일을 맡을 자격이 없나 봐.'
- 자기 비난: '내가 부족해서 이렇게 된 거야.'

이런 반응은 자기 신뢰를 무너뜨리고, 이후의 새로운 도전 자체도 막을 수 있다.

유연한 인생관

- 문제 해결적 접근: '내가 부족했던 부분을 채우려면 어떻게 해야 할까?'
- 학습과 성장: '다음번에는 어떤 전략을 사용하면 좋을까?'
- 자기 격려: '이번 경험이 나를 더 강하게 만들 거야.'

문제 상황을 어떤 관점으로 받아들이느냐에 따라 결과가 다르다. 문제가 닥쳤을 때 인생관에 따라 그 사람은 비관 속에 무너질 수도 있고, 오히려 그 상황을 성장의 발판으로 삼을 수도 있다.

장기적인 삶의 태도 차이

고정된 인생관

실패 경험이 누적될수록 자존감이 낮아지고 새로운 도전을 피하며 안정적인 길만 선택하려 한다. 결국 성장의 기회를 놓치고, 삶이 정체될 가능성이 커진다.

유연한 인생관

실패를 삶의 일부로 받아들이고 도전을 계속하며 자기 성장과 배움을 지속해서 추구한다. 더 많은 기회를 만나고 삶이 발전하는 방향으로 나아간다. 인생관이 고정형이면 실패를 곧 한계로 받아들이지만, 유연하면 실패를 학습과 성장의 기회로 받아들인다.

 인생관이 문제 해결 방식을 결정한다. 우리는 살아가면서 크고 작은 문제에 부딪히게 된다. 그때마다 '삶이란 고통일까? 아니면 배움의 연속일까?'라는 삶에 대한 기본 관점, 즉 인생관이 문제를 대하는 태도에 직접적인 영향을 미친다.

 고정된 인생관을 가진 사람은 실패를 결정적인 패배로 여기며, 삶을 정해진 운명처럼 받아들이고 쉽게 좌절한다. 반면 유연한 인생관을 가진 사람은 실패를 성장의 일부로 받아들이고, 삶은 변할 수 있으며 스스로 만들어 가는 것이라는 믿음으로 문제를 해결하고 더 나은 미래를 상상할 수 있다.

결국 자기 삶을 '변화할 수 있는 과정'으로 바라보는 것이 문제를 해결하고, 삶을 더 나은 방향으로 이끌어 가는 핵심 열쇠라는 점을 기억하자.

사람을 보는 관점이 관계를 결정한다(인간관)

인간관은 '사람이란 어떤 존재인가?'에 대한 기본적인 믿음과 태도를 말한다. 같은 문제를 마주하더라도 인간관에 따라 문제를 바라보는 시각과 해결 접근 방식은 달라진다. 이번에는 '고정된 인간관'과 '유연한 인간관'을 비교하며, 갈등 상황에서 어떤 차이가 발생하는지 사례를 통해 알아보자.

사례 직장에서 갈등을 경험한 팀장 C의 두 가지 인간관

상황 C는 프로젝트를 진행하며 팀원 D와 여러 차례 갈등을 겪었다. D는 자신의 의견을 강하게 주장하며 C의 제안에 자주 반대했고, 회의 중에도 C의 아이디어를 쉽게 받아들이지 않았다. C는 "도대체 왜 저렇게 까다롭게 구는 걸까?"라는 생각에 점점 불편함을 느낀다. 이때 C가 어떤 인간관을 가졌는지에 따라 문제를 해석하고 대응하는 방식이 달라진다.

인간에 대한 기본 시각 차이

고정된 인간관

'사람은 변하지 않는다.', '원래 성격이 고집스럽고 비협조적인 사람이다.', '회의 때마다 반대하는 걸 보니 나를 존중하지 않는 게 분명해.', '이런 사람과는 좋은 관계를 맺을 수 없어.' 이런 태도는 문제의 원인을 '사람의 본성'으로 돌리며 변화 가능성을 부정한다. 상대방을 부정적으로 규정하고 관계 개선을 위한 시도 자체를 하지 않게 된다.

유연한 인간관

'사람은 상황과 관계 속에서 변화한다.', '왜 저렇게 강하게 주장할까? 자신의 의견이 충분히 반영되지 않았다고 느끼는 걸지도 모르겠다.', '이 프로젝트를 성공적으로 마무리하고 싶어서 적극적으로 의견을 내는 것일 수도 있어.', '내가 먼저 대화를 시도하면 관계가 달라질 수도 있지 않을까?' 이러한 시각은 문제를 단순한 성격 문제가 아닌 '상황과 관계의 결과'로 본다. 상대방의 행동 이면에 있는 의도나 배경을 이해하면서 변화의 가능성을 탐색한다.

문제 해결 과정에서의 접근 방식 차이

고정된 인간관

'사람은 원래 변하지 않는다.'라는 관점을 가진 사람은 D를 '문제가 있는 사람'으로 인식하고 관계를 개선하려 하지 않는다. 갈등이 생기면 대립하거나 최소한의 소통만 유지하려 한다. 결국 팀워크는 약화하고, 서로를 불편해하는 관계가 지속된다.

유연한 인간관
'사람은 관계 속에서 달라질 수 있다.'라는 관점을 가지면 D의 행동 이유를 탐색하고 소통의 기회를 찾는다. 'D는 어떤 점에서 답답함을 느끼고 있을까?'를 고민하며 대화를 시도하고, 회의 전에 의견을 미리 조율하거나 D의 주장 중 유용한 부분을 활용하려는 태도를 보인다.

같은 갈등 상황이라도 '원래 그런 성격'으로 단정하느냐 아니면 '어떤 이유에서 그런 반응을 보일까?'라고 질문하느냐에 따라 해결 방식은 달라진다. 아래 사례를 참고하자.

사례 아내와 갈등을 겪는 남편의 해결 방식

아내 (실망한 듯) 당신은 원래 그런 사람이야?

나 믿음직하지 못해 미안하네. 그런데 그 말은 내가 결혼 초기부터 지금까지 계속 똑같았다는 뜻인가?

아내 그게 무슨 말이야?

나 '원래 그런 사람'이라고 하면 내가 돌아갈 자리가 없어지거든. 만약 당신이 "원래 안 그러던 사람이 왜 오늘은 그래?"라고 했다면 내가 스스로 돌아보고 반성했을 것 같아.

아내 (잠시 생각한 후) 그렇기는 하네.

나	그렇게 생각해 주니 고마워. 그러니까 당신 말은 내가 스스로 챙겨야 할 건 잘 챙기라는 거지?

비효과적 반응 vs. 관계 중심적 접근

고정된 인간관

- 비효과적 반응: '나를 무시하는 것 같아. 화가 난다.'
- 방어적 태도: '이 사람과 이야기해 봤자 소용없어.'
- 거리 두기: '필요한 업무만 하고 더는 가까워지지 말아야지.'

이러한 반응은 문제 해결보다 관계 단절로 이어지고, 상호 신뢰를 약화한다.

유연한 인간관

- 관계 중심적 접근: '내 의견에 반대하지만 나름의 이유가 있을 거야.'
- 공감과 탐색: '더 나은 해결책을 찾기 위해 어떤 점을 함께 고민할 수 있을까?'
- 적극적 소통: '회의 전에 D와 미리 이야기해 보면 불필요한 갈등을 줄일 수 있겠지.'

사람을 '고정된 성격'으로 보면 비효과적으로 반응하지만, '관계 속에서 변화 가능한 존재'로 보면 해결책을 찾는 태도가 생긴다.

장기적인 관계 형성에서의 차이

고정된 인간관

갈등이 생길 때마다 상대를 '문제 있는 사람'으로 규정하고 거리를 둔다. 관계 개선을 시도하지 않아 오해가 쌓이고 불편한 관계가 지속된다. 결국 협업은 어려워지고, 조직 내 신뢰도 약화된다.

유연한 인간관

갈등이 있어도 관계 개선의 가능성을 열어두고, 상대의 처지를 이해하려 노력하며 적극적으로 소통한다. 시간이 지날수록 오히려 신뢰가 쌓이고 협력적 관계로 발전할 가능성이 크다. 인간관이 고정되어 있으면 갈등을 회피하지만, 유연하면 관계를 변화시키는 기회를 만들어 낸다.

인간관이 문제 해결 방식을 결정한다. 우리는 인간관에 따라 사람을 어떻게 바라볼지, 또 갈등 상황에서 어떻게 반응할지를 결정한다. 고정된 인간관을 가진 사람은 사람을 '변하지 않는 존재'로 여기기 때문에 문제를 해결하기보다는 피하거나 상대를 단정 짓고 소통을 중단한다. 반면 유연한 인간관을 가진 사람은 사람을 '상황과 관계 속에서 변화하는 존재'로 보기 때문에 문제를 해결하고 관계를 회복하려는 노력을 멈추지 않는다. 결국 인간관이 유연할수록 관계 개선을 위한 관심과 행동이 뒤따르게 되며, 갈등 상황에서도 더 효과적으로 문제를 해결할 수 있다.

세상은 내가 보는 만큼만 보인다(세계관)

세계관은 '세상을 어떻게 바라보는가?'에 대한 근본적인 신념 체계다. 같은 문제라도 어떤 세계관을 가지고 있느냐에 따라 그 문제를 해석하는 방식과 해결 접근법은 달라진다. 이번에는 '닫힌 세계관'과 '열린 세계관'을 비교하며, 같은 상황을 어떻게 다르게 인식하고 반응하는지를 살펴보자.

사례 승진에서 탈락한 직장인 E의 두 가지 세계관
상황 직장인 E는 5년 동안 성실히 일하며 승진을 기대했지만 이번 인사에서 승진하지 못했다. 그동안의 노력과 성과가 인정받지 못한 것 같아 실망했고, 회사를 향한 불신도 점차 커지기 시작했다. 이 상황에서 E가 가진 세계관에 따라 문제를 바라보는 시각과 대응 방식은 달라진다.

세상을 바라보는 기본 시각의 차이
닫힌 세계관

'세상은 불공평하다.', '나는 충분히 노력했는데도 보상받지 못했어. 결국 세상은 공정하지 않군.', '회사에서는 정치가 더 중요하지. 열심히 일한다고 되는 게 아니야.', '이렇게 열심히 해 봐야 다 소용없어. 앞으로는 최소한의 일만 해야겠다.' 이러한 관점은 세상을 고정된 구조로 인식하며, 문제를 외부 탓으로 돌리고 무력감을 느끼게 만든다. 결국 변화와 도전을 포기하게 되고, 자발적인 개선 시도는 줄어든다.

열린 세계관

'세상은 변화할 수 있다.', '승진은 실력만이 아니라 사회성이나 조직 내 평판도 영향을 주는구나.', '이번에 내가 부족했던 점이 있었을 수도 있어. 어떤 부분을 보완하면 다음 기회를 잡을 수 있을까?', '회사에서 더 인정받을 방법을 찾아보자. 이 기회를 내 커리어 발전에 활용해 보자.' 이처럼 열린 세계관을 가진 사람은 세상을 변화 가능성이 있는 구조로 본다. 같은 상황을 도전 과제로 받아들이고, 배울 점을 찾으며 해결 방향을 모색한다.

문제 해결 과정에서의 접근 방식 차이

닫힌 세계관

'세상은 원래 이런 거야.'라는 관점을 가진 사람은 승진 실패의 원인을 전적으로 외부 탓으로 돌린다. 회사를 불공정한 조직으로 단정 짓고, 일에 대한 의욕과 동기를 잃는다. 결국 다음 기회를 준비하기보다는 불만을 품고 소극적인 태도로 일하게 된다.

열린 세계관

'세상은 변화할 수 있다.'라는 관점을 가진 사람은 승진하지 못한 이유를 객관적으로 분석하고, 필요하다면 상사에게 피드백을 요청해 자신의 강점과 약점을 점검한다. 앞으로의 기회를 잡는 데 필요한 역량을 키우고, 인간관계와 네트워크도 확장해 나간다. 같은 실패 상황이라도 '어쩔 수 없는 일이야.'라고 단정하는 사람과 '여기서 내가 배울 점은 무엇일까?'라고 묻는 사람은 전혀 다른 방향으로 나아간다.

비효과적 반응 vs. 성장 중심적 접근
닫힌 세계관

- 비효과적 반응: '이 회사는 희망이 없어. 사람을 제대로 평가하지 않고 있잖아.'
- 피해자 의식: '나는 억울한 피해자야. 운이 나빴던 거지, 내가 부족했던 게 아니야.'
- 수동적 태도: '앞으로는 그냥 대충 일하면서 스트레스 덜 받는 게 낫겠어.'

이러한 태도는 자기 주도성을 약화하고, 발전을 가로막는다.

열린 세계관

- 성장 중심적 접근: '이번 경험을 통해 내가 무엇을 더 배울 수 있을까?'
- 주도적 태도: '부족했던 점을 보완하면 다음 기회는 내 것이 될 수 있어.'
- 적극적 행동: '멘토에게 조언을 구해서 내 역량을 더 강화해 보자.'

세계관이 닫혀 있으면 문제를 운명처럼 받아들이지만, 세계관이 열려 있으면 실패조차 성장의 기회로 전환된다.

장기적인 커리어 발전에서의 차이

닫힌 세계관

승진 실패를 계기로 조직과 거리감을 두고 일에 대한 열정을 잃는다. 불만을 내면화하면서 유사한 상황이 반복될 가능성이 커진다. 시간이 지나도 커리어에 실질적인 변화는 거의 일어나지 않는다.

열린 세계관

승진하지 못한 이유를 점검하고 개선할 수 있는 부분을 찾아 실천한다. 피드백을 반영해 업무 역량과 커뮤니케이션 기술을 함께 발전시키며, 장기적으로 더 나은 기회를 만들고 자신만의 커리어를 구축해 나간다. 세계관이 유연할수록 도전과 성장을 지속할 가능성이 커진다.

세계관이 문제 해결 방식을 결정한다. 우리는 어떤 세계관을 가지느냐에 따라 세상을 어떻게 인식하고, 문제를 어떻게 해석하며 대응할지를 결정한다.

닫힌 세계관은 세상을 정해진 운명처럼 바라보며 문제 해결 가능성을 낮게 본다. 실패를 외부 요인 탓으로 돌리고 변화에 대한 의지를 잃게 된다. 열린 세계관은 세상을 변화 가능성이 열려 있는 환경으로 바라본다. 실패를 학습의 기회로 전환하며 성장하기 위한 행동을 주도적으로 선택한다. 결국 세계관이 유연할수록 더 많은 기회를 만들고 당면한 문제를 효과적으로 해결하며 자신을 발전시킬 가능성이 커진다.

직업이 나의 정체성일까?(직업관)

직업관은 '일을 어떻게 바라보는가?'에 대한 신념 체계다. 같은 문제를 마주하더라도 어떤 직업관을 가지고 있느냐에 따라 문제를 해석하는 방식과 해결에 접근하는 태도는 달라질 수 있다.

이번에는 '생계형 직업관', '성장형 직업관', '기여형 직업관' 관점에서 같은 문제를 어떻게 다르게 인식하고 풀어 가는지 보자.

사례 업무 과부하로 스트레스를 받는 직장인 F의 세 가지 직업관
상황 F는 회사에서 중요한 프로젝트를 맡고 있다. 하지만 연이어 쏟아지는 업무와 긴 근무 시간으로 지쳐 있고, 스트레스가 심해지면서 '내가 이렇게까지 일해야 하나?'라는 회의감이 들기 시작한다. 이 상황에서 F가 어떤 직업관을 갖는지에 따라 문제를 바라보는 시각과 해결 방식이 달라진다.

일을 바라보는 기본 시각의 차이
생계형 직업관
'직업은 단순히 돈을 벌기 위한 수단이다.', '내가 이렇게까지 일해야 하나? 결국 월급 받으려고 일하는 거잖아.', '회사에선 나를 그

냥 일하는 기계처럼 대하는 것 같아.', '스트레스받는데 굳이 더 노력할 필요 있나? 그냥 대충하자.' 이런 시각은 일을 '생존을 위한 의무'로 바라보며 문제를 피하고 싶은 고통으로 해석하게 만든다. 일과 삶을 분리하려 하며 해결책보다는 탈출구를 찾으려는 경향이 강해진다.

성장형 직업관

'직업은 나를 성장시키는 기회다.', '일이 힘들긴 하지만 이 경험을 통해 배울 수 있는 게 있지 않을까?', '이 업무를 잘 해내면 더 큰 기회를 잡을 수도 있겠지.', '지금 부담을 줄일 방법을 찾아보고 좀 더 효율적으로 일해 볼까?' 이는 일을 '성장을 위한 과정'으로 바라보며 문제를 해결해야 할 과제로 인식한다. 단순한 생존이 아닌 커리어 발전의 기회로 접근하는 태도다.

기여형 직업관

'직업은 세상을 더 나아지게 만드는 수단이다.', '이 프로젝트가 회사뿐 아니라 고객이나 사회에 어떤 긍정적인 영향을 줄 수 있을까?', '내가 하는 일이 세상에 어떤 변화를 일으킬 수 있을까?', '지금은 힘들지만 이 과정이 더 많은 사람에게 도움이 되는 방향으로 가고 있을까?' 이는 일을 '사회적 가치 창출'의 기회로 바라보며 문제를 해결해야 할 의미 있는 과제로 해석한다. 개인이나 조직을 넘어, 더 넓은 세상을 위한 자신의 역할을 고민한다.

문제 해결 과정에서의 접근 방식 차이

생계형 직업관

'버티기만 하면 된다.', '이 일도 결국 참아야겠지. 회사 생활이 원래 이런 거잖아.', '시간이 지나면 나아지겠지.', '퇴근하면 회사 일은 잊고 쉬어야겠다.' 이와 같은 태도는 문제를 능동적으로 해결하기보다는 참거나 회피하려는 방식으로 나타난다. 일 자체에 대한 애착이 적고 단순히 생존을 위한 활동으로만 여긴다.

성장형 직업관

'일하는 방식을 바꿔 보자.', '업무량이 많다면 우선순위를 조정하거나 동료와 협업하면 어떨까?', '이 기회를 통해 문제 해결 능력을 키우면 더 큰 일도 감당할 수 있을 거야.', '시간 관리나 효율적인 일 처리 방법을 배워야겠어.' 이러한 태도는 개선 방안을 탐색하며 장기적인 커리어 발전을 위한 투자의 기회로 상황을 재해석한다.

기여형 직업관

'더 큰 목적을 위해 의미를 찾자.', '이 프로젝트를 통해 누군가가 실제로 도움을 받을 수 있을까?', '이 어려움을 극복하면 우리 조직과 사회에 긍정적인 변화를 줄 수 있겠지.', '내 일이 단순한 업무가 아니라, 더 나은 세상을 만드는 과정이라면 나는 어떻게 접근해야 할까?' 문제를 해결하는 과정 자체에서 가치와 의미를 발견하며 내면의 동기를 강화하고 장기적인 관점을 견지한다.

비효과적 반응 vs. 성장 중심적 접근 vs. 가치 중심적 접근

생계형 직업관

- 비효과적 반응: '이 회사는 날 혹사하기만 해.'
- 무력감: '직장 생활이란 원래 이런 거지. 바꿀 수도 없어. 그냥 버티는 수밖에.'
- 소극적 태도: '필요 이상으로 열심히 할 필요는 없어. 최소한만 하자.'

성장형 직업관

- 성장 중심적 접근: '이 상황을 어떻게 더 나은 기회로 바꿀 수 있을까?'
- 주도적 태도: '내 능력을 키우면 더 좋은 직장이나 기회를 찾을 수 있을 거야.'
- 적극적 행동: '일의 효율을 높이고 스트레스를 관리하는 방법도 익혀야겠다.'

기여형 직업관

- 가치 중심적 접근: '이 일이 누군가에게 도움이 될 수 있다는 점에서 의미를 찾자.'
- 사회적 연결: '내가 하는 일이 사회에 어떤 긍정적인 영향을 줄

수 있을까?'
- 장기적 비전: '내 커리어가 단순한 성공이 아니라, 세상을 더 나아지게 하는 여정이라면 지금의 어려움도 의미 있을 수 있지 않을까?'

생계형 직업관은 일에 끌려다니게 하고 불만에 빠지기 쉽다. 성장형 직업관은 문제 속에서 기회를 찾게 하며, 기여형 직업관은 일의 더 큰 의미를 발견하게 하여 내적 동기를 단단히 만든다. 직업관이 문제 해결과 스트레스 대처 방식을 결정한다. 우리는 직업관에 따라 일을 어떻게 바라보고 문제를 어떻게 해석할지를 결정한다.

생계형 직업관은 버티거나 회피하는 경향이 강하다. 성장형 직업관은 문제를 해결하고 자기 계발의 기회로 삼는다. 기여형 직업관은 일에서 더 큰 의미를 찾고 세상을 변화시키려 한다. 결국 직업관이 건강하고 확장될수록 더 많은 기회를 만들고, 문제를 극복하며 성장할 가능성이 크다.

Chapter 7 진짜 코치는 어떤 가치를 따르는가?

바람직한 코칭 방향

우리는 누구나 코치 역할을 한다. 코치는 단순히 기술적인 질문을 던지는 사람이 아니다. 코치는 참가자의 성장과 변화를 돕는 촉진자이며 자신과 타인, 세상을 바라보는 가치관은 코칭 방향에 큰 영향을 미친다. 따라서 코칭다움은 '무엇을 믿고 있는가?'에서 비롯된다고 할 수 있다.

아래는 프로 코치가 참고할 만한 여섯 가지 관점인 자아관, 인생관, 인간관, 세계관, 직업관, 가치관을 코칭과 어떻게 연결 지을 수 있는지를 보여 주는 예시다.

그림 10 관념과 인식의 작용

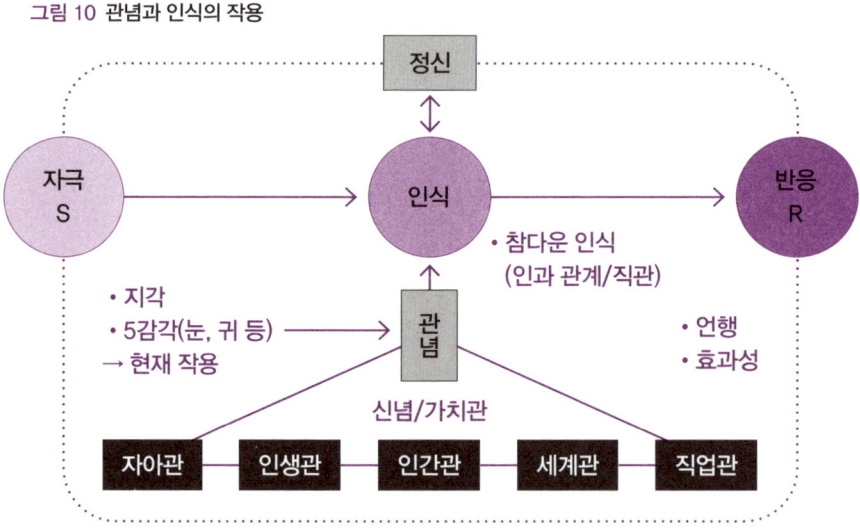

단, 이 내용은 하나의 주관적 프레임일 뿐이므로 각자 자신의 철학과 경험에 기반을 두어 자신만의 관점을 정립해 나가는 것이 바람직하다.

자아관 "나는 어떤 존재인가?"
프로 코치의 바람직한 자아관 –성장 촉진자
코치는 참가자보다 '더 나은 존재'가 아니라, 참가자가 자신의 가능성을 발견하도록 돕는 동반자다. 완벽한 사람이 아니라 함께 배우며 성장하는 존재다.

- 비효과적 자아관: '내가 참가자의 변화를 만들어야 한다.'
  참가자가 자신의 감정을 드러내면 즉시 해결책을 제시하려 한다. 참가자가 원하는 답을 찾지 못하면 코치 스스로 위축되거나 부족하다고 느낀다.
- 효과적 자아관: '나는 참가자의 성장을 돕는 촉진자다.'
  참가자의 내면 탐색을 유도하는 질문을 던진다. 완벽한 해답을 주기보다 스스로 답을 찾도록 도와준다. 코치는 답을 주는 존재도 아니고 해당 분야 전문가도 아니다. 모르는 것에 대해서는 '전문가'가 되려 하지 않고, 직관과 믿음으로 함께한다.
- 바람직한 태도: 코치는 해결의 주인공이 아니라, 참가자가 자신의 해결책을 찾도록 돕는 도우미다.

인생관 "인생은 어떤 의미가 있는가?"
프로 코치의 바람직한 인생관 —성장과 배움의 과정

인생은 완벽해야 하는 것이 아니라, 끊임없는 학습과 성장의 연속이다. 실패는 좌절이 아니라 배움의 기회다.

- 비효과적 인생관: '삶은 성공과 실패로 나뉜다.'
  참가자가 실수를 두려워할 때, 함께 불안해하며 해결책을 강요한다. 목표를 이루지 못하면 실패로 규정해 실망하고 압박한다.
- 효과적 인생관: '삶은 배우고 성장하는 여정이다.'
  실수한 참가자에게 "이 경험에서 어떤 배움을 얻을 수 있었나요?"라고 질문한다. 목표 미달을 새로운 전환점으로 인식하도록 돕는다.
- 바람직한 태도: 참가자가 삶을 성장과 배움의 과정으로 받아들이도록 지원한다.

인간관 "인간은 어떤 존재인가?"
프로 코치의 바람직한 인간관 —모든 사람은 성장할 수 있는 존재

인간은 상황과 관계 속에서 변화할 수 있다. 누구나 고유한 강점을 지니며, 이를 발견하면 성장이 가능하다.

- 비효과적 인간관: '사람은 쉽게 변하지 않는다.'
  참가자가 부정적 패턴을 반복하면 "원래 저런 성격이야."라고 단정 짓는다. 변화 가능성을 의심하며 코칭을 형식적으로 진행한다.
- 효과적 인간관: '모든 사람은 가능성을 지닌다.'
감정을 이야기하는 참가자에게 "그 감정 속에 어떤 메시지가 있을까요?"라고 묻는다. 작은 변화도 인정하고, 강점으로 연결되도록 격려한다.
- 바람직한 태도: 참가자의 성장 가능성을 믿고, 그것이 현실화되도록 진심으로 응원한다.

세계관 "세상은 어떤 곳인가?"
프로 코치의 바람직한 세계관 – 세상은 연결되고 변화할 수 있는 공간
세상은 고정된 구조가 아니라 변화를 만들어 낼 수 있는 곳이다. 개인은 고립된 존재가 아니라 영향을 주고받는 연결된 존재다.

- 비효과적 세계관: '세상은 냉정한 경쟁의 장이다.'
참가자가 직장 내 어려움을 이야기하면 "원래 세상은 그런 거야."라고 말한다. 현실 수용을 유도하고 변화 가능성은 외면한다.
- 효과적 세계관: '세상은 변화할 수 있는 공간이다.'
"이 환경에서 자신이 변화를 만들어 낼 방법은 무엇일까요?"라고 질문한다. 조직이나 사회 안에서 긍정적 변화를 상상하고 시도하도록 도와준다.
- 바람직한 태도: 세상은 변할 수 있으며 참가자 역시 그 변화의

주체가 될 수 있음을 믿는다.

직업관 "일과 직업은 어떤 의미가 있는가?"
프로 코치의 바람직한 직업관 –코칭은 성장과 기여를 위한 일
코칭은 참가자와 함께 성장하는 과정이며, 단순한 기술 제공이 아닌 사람과 세상을 더 나아지게 하는 일이다.

- 자기 중심적 직업관: '코칭은 지적 서비스를 제공하는 거래다.'
  참가자가 쉽게 변화하지 않으면 실망하거나 흥미를 잃는다. 코칭을 '성과 계약'으로 간주하며 인간적 관계를 소홀히 한다.
- 이타적 직업관: '코칭은 기여와 성장의 통로다.'
  단기 성과보다는 "5년 후, 어떤 모습이면 좋을까요?"와 같은 장기적 시각과 내면의 비전을 탐색하도록 질문한다.
- 바람직한 태도: 참가자와 함께 성장하고 코칭을 통해 세상에 기여한다는 마음을 갖는다.

가치관 "어떤 가치를 중요하게 여기는가?"
프로 코치의 바람직한 가치관 –성장을 돕는 촉진자
코치는 자신만의 중요한 가치를 갖고 있다. 프로 코치에게 추천할 만한 보편적 핵심 가치는 다음과 같다.

- 성장: 참가자와 함께 배우고 진화한다.

- 진정성: 가식 없이 진심으로 참가자와 만난다.
- 기여: 개인을 넘어 사회 전체에 긍정적 영향을 미친다.
- 바람직한 태도: 자신의 가치관과 세계관을 바탕으로 참가자의 성장을 돕는 진정한 촉진자가 된다.

우리는 자신의 사고 체계를 프레임, 마인드셋, 멘탈 모델 등 다양한 이름으로 부른다. 이러한 틀은 타당한 관념들이 모인 구조이며, 특정 대상에 대한 관점은 '자아관', '인생관', '세계관'처럼 '○○관'이라는 이름으로 표현된다. ○○관은 신념과 가치관의 묶음이며, 우리가 세상을 바라보는 렌즈이자 행동의 기준이 된다.

프로 코치라면 먼저 자신의 프레임을 점검하고, 동시에 참가자가 가지고 있는 프레임(관념, 해석 구조)을 함께 탐색하는 것이 바람직하다. 이것이야말로 깊이 있는 코칭, 사람을 바꾸는 질문의 출발점이 된다. 아래 표는 앞에 소개했던 여러 가지 ○○관을 정리한 내용이다. 고정되고 닫힌 유형의 사고가 바로 고정관념이다.

표 3 관념에 따른 사고방식과 행동 방식

구분	사고방식		행동 방식	
	유형 (A)	유형 (B)	(A) 유형 반응	(B) 유형 접근
자아관	고정형	성장형	비효과적 반응	문제 해결적 접근
인생관	고정된	유연한	비효과적 반응	문제 해결적 접근
인간관	고정된	유연한	비효과적 반응	관계 중심적 접근
세계관	닫힌	열린	비효과적 반응	성장 중심적 접근
직업관	생계형	성장형/기여형	비효과적 반응	성장/가치 중심적 접근

Chapter 8 한마디가 사고를 깨운다

인식을 흔드는 키워드들

초등학교부터 대학교에 이르기까지 학교 교육의 본질은 결국 '단어'를 배우는 일이다. 우리는 단어 안에 담긴 개념을 익히며 성장하고, 그 단어를 통해 사고하고 관념을 형성해 간다. 그렇기에 한 단어를 받아들이는 방식은 매우 중요하다. 한쪽으로만 해석하거나 부정적으로만 받아들이면 관념이 편향되고, 결국 인식도 왜곡될 수 있다. 반대로 긍정적인 의미로 받아들이고 균형 잡힌 관념을 형성하면, 사고와 판단은 더욱 명료해지고 삶의 방향도 밝아진다.

『어린 왕자』는 바로 그런 메시지를 전한다. 사막은 황량하고 메마른 공간이 여겨지지만, 어린 왕자는 "사막이 아름다운 이유는 그 어딘가에 우물이 숨어 있기 때문이다."라고 말한다. 보이는 것이 전부가 아니며 보이지 않는 의미를 찾아내는 관점이 인식을 전환한다.

예를 들어 누군가를 '덜렁거리는 사람'이라고 표현할 수도 있지만, '실행력이 빠른 사람'이라고 볼 수도 있다. 하나의 특징을 장점과 단점의 양면으로 함께 보는 관점, 이러한 관념이 건전한 사고를 가능하게 한다. 좋은 단어를 많이 지니고 있다는 것은, 결국 좋은 관념을 많이 가지고 있다는 것이며 그만큼 인식 능력도 밝고 명석해질 수 있다. 좋은 인식이란 단순한 정보 해석이 아니라, 자신도 밝아지고 주변도 밝아지는 판단력을 말한다.

이 책에서 '물유본말(物有本末)'이나 '본립도생(本立道生)' 같은 사자성어를 소개하는 이유도 그 때문이다. 사자성어는 하나의 단어이면서도 문장 전체의 뜻을 담고 있어 기억하기 쉽고 간결하다. 사고가 작동할 때 빠르게 인출되며 인터넷 검색에도 효율적이다. 문장 전체를 검색할 경우 단어 순서가 조금만 달라도 검색이 어렵지만, 사자성어는 정확한 형태이기 때문에 찾기 쉽고 활용성도 높다.

사고방식

이제부터는 생각을 정리하고 확장하는 데 실질적으로 도움이 될 효과성 높은 핵심 단어들을 소개하고자 한다.

표 4 사고를 촉진하는 핵심 단어

핵심 단어	의미	예시
본말사고 (本末)	본을 먼저 생각하자. 본=본성, 본질, 본심 존재(Who)가 먼저이고, 이슈(How)는 나중이다.	저 사람 틀림없이 본성은 좋은 사람일 거야.
종시사고 (終始)	끝 그림을 먼저 생각하자. 끝=원하는 모습 되고 싶고, 갖고 싶고, 하고 싶은 모습	코칭 세션을 어떻게 마치면 좋을까? 저 사람이 진짜 원하는 것이 무얼까?
음양사고 (陰陽)	음 속에 양이 있고 양 속에 음이 있다. 장점이 단점이 되기도 한다. 문제가 기회가 된다.	대안마다 득과 실이 있다. 성격의 장단점
양선사고 (揚善)	모든 행동에는 선한 의도가 있다. 그렇게 한/하려는 좋은 이유가 있다.	표현과 의도의 차이
양단사고 (兩端)	취사선택이 아니라 최상의 원하는 것 찾아보자. 일거양득.	임도 보고 뽕도 따고. 빨리 잘하기, 싸고 좋은 것
택선사고 (擇善)	우리 감정은 선택이 아닌 택선이다. 늘 좋아하는 것만 택한다. 사람들은 좋아하는 것을 좋아한다.	택선(좋은 것만 택함)과 선택(골라 택하기)

각 단어에 대한 설명뿐만 아니라, 그 단어를 바탕으로 어떤 질문을 던질 수 있는지도 함께 제시할 예정이다. 이는 코치나 교육자가 바로 현장에서 활용할 수 있도록 돕기 위함이다.

앞서 소개한 여러 사고방식 중 음양사고는 아직 본격적으로 다루지 않았다. 하지만 음과 양은 우리나라 태극기에도 담겨 있듯, 변화의 상징이자 동양 철학의 핵심이다.

음이 극에 달하면 양으로 전환되고, 양도 끝에 이르면 음으로 전환된다. 달이 차면 반드시 기울 듯, 세상은 끊임없이 변한다. 음 속에 양이 있고, 양 속에 음이 있다는 인식이 바로 음양사고다. 때에 따라 음지가 양지가 되고, 높은 자리에 있던 이가 하루아침에 무너지는 일도 있다. 반대로 시련이 전환점이 되어 전화위복이 되는 경우도 많다.

예시 문학 작품 속 사고 분석 –장발장의 변화

한때 '나는 선한 사람인데 세상은 악하고 가혹하다.'라는 전제로 살아가던 사람이 있었다. 그는 바로 『레미제라블』의 장발장이다. 장발장은 미리엘 주교의 집에서 은식기를 훔친 뒤 붙잡혀 왔지만, 정황을 눈치 챈 주교는 오히려 은촛대까지 건네주며 말한다.

"당신이로군! 다시 보게 되어 다행이오. 내가 당신에게 은촛대도 가져가라 하지 않았소?"

이 한마디는 장발장의 인식과 인생을 바꾼 결정적 전환점이 되었다.

- 본말사고: 주교는 장발장의 행동이 아니라 본성을 본 것이다. '이 사람은 본래 선하다.'라는 믿음이 있었기에 그렇게 할 수 있었다.
- 종시사고: 그는 장발장의 현재가 아닌 미래의 모습을 먼저 떠올렸을지도 모른다. '이 사람은 반드시 달라질 수 있다.'라고 믿었기에 새로운 시선을 가질 수 있었다.
- 음양사고: 장발장이 거칠게 살아온 이유도 생존을 위한 절박한 몸부림이었을 수 있다. 주교는 그의 어두운 삶 속에서도 변화의 가능성, 즉 양의 씨앗을 본 것이다.
- 양선사고: 그는 "왜 더 가져가지 않았느냐."고 말함으로써 장발장의 양심을 자극했다. 꾸짖는 대신 존중과 믿음으로 다가간 이 태도는 장발장 안에 숨겨진 선함을 깨웠다.
- 양단사고: 주교는 장발장이 회개하고 믿음을 회복하며 존경받는 존재로 살아가기를 바랐을 것이다. 자신의 언행이 모두에게 유익하길 바라는 의식적인 선택을 했을 가능성도 있다.
- 택선사고: 장발장이 이후 삶을 새롭게 살기로 한 것은 누구의 강요도 아닌, 자신이 좋은 길이라 믿었기 때문이다. '사람은 누구나 좋은 것을 택해 붙들고 살아간다.'라는 택선고집의 실현이다.

장발장은 주교의 선의를 통해 세계관과 자아관이 완전히 뒤바뀐다. '세상은 악하다.'라는 관념이 깨지고, 그는 자신도 세상을 더 나은 방향으로 바꿀 수 있다는 확신을 하게 된다. 그래서 그는 자신의 손해를 감수하면서도 약자를 위해 헌신하며 살아간다. 이러한 장면은 독자에게 깊은 울림을 남긴다.

"내가 만나는 사람들은 본성적으로 선한가, 악한가?"

"내가 사는 세상은 살기 힘든 곳인가, 아니면 충분히 아름다운 곳인가?"

우리는 이 질문을 자신에게 던지며, 자신의 전제가 관계와 삶을 어떻게 바꾸는지 성찰해 보면 좋겠다.

다 좋은 세상

원래라는 것은 좋을 수밖에 없다. '원래부터 나쁜 것'은 없다. 세상이 나쁘게 보일 때는 대개 자신의 욕망과 맞지 않기 때문이다. 한번은 수업 시간에 세상에 나쁜 것은 없다고 말했을 때, 어떤 학생이 조심스레 손을 들고 말했다.

"선생님, 나쁜 게 있는데요."

그래서 무엇이 나쁜지 묻자, 그 학생은 '병', '죽음'을 꼽는다. 다른 학생은 '바퀴벌레', '모기' 등을 꼽았다. 그때 짝과 함께 이야기를 나눠 보게 했더니, 학생들은 놀라울 만큼 깊은 통찰을 내놓았다.

"병이 생기는 건 몸이 위험을 알려 주는 일종의 방어 반응일 수 있어요. 병을 통해 생명의 소중함을 알게 돼요."

"죽음이 없다면 지구는 이미 폭발했을지도 몰라요."

"조상이 너무 많아지면 우리는 평생 어른이 되지 못할 거예요."

"바퀴벌레나 모기는 생태계에서 매우 중요한 역할을 한대요."

세상을 단면적으로 보지 않고 '왜 이게 필요할까?'라는 질문을 던지면, 우리의 관념과 인식은 훨씬 더 유연하고 건강해질 수 있다.

사례 '조개섬 청년'과 낙천의 힘

TV 프로그램 〈세계여행〉을 보던 중 가슴을 울리는 장면을 만났다. 세네갈의 '조개섬'으로 알려진 조알 파디우트에서 리포터가 한 청년에게 물었다.

"이 섬에서 사는 게 왜 좋나요?"

그 청년의 대답은 너무도 단순했지만, 마치 망치로 한 대 얻어맞은 듯한 충격을 주었다.

"여기에 내가 살고 있잖아요? 다른 이유가 필요해요?"

그 말은 "당연한 걸 왜 물어요?"라는 투로 들렸다. 그의 말투는 담백했고, 표정은 태평했고, 눈빛은 따뜻했다. '아, 이 사람은 자기가 머무는 자리를 알고 있는 사람이구나.'라는 생각이 들었다.

"지금 여기, 내가 있는 곳이 천국이다."

이 말이 진심으로 이해되었다.

『대학』에서 말하는 궁극의 학문 목적은 지어지선(止於至善), 즉 '가장 좋은 상태에 머무는 것'이다. '어떻게 저 청년은 이 진리를 알게 되었을까?' 생각하다가 문득 깨달았다. '이들은 태어날 때부터 알고 있었구나.'라고.

아프리카 사람들에게는 낙천(樂天)이 자연스럽게 배어 있다. 낙천이란 하늘을 즐기며 사는 삶이다. '지금 이곳을 즐기면 그곳이

천국이다.' 이것이 바로 청년이 보여 준 삶의 태도다.

『논어』에는 이런 말이 있다. 절문이근사(切問而近思)는 '절실하게 묻되, 가까운 데에서부터 생각하라.'라는 말이다. 가장 가까운 곳은 어디일까? 바로 내 안이다. 행복을 멀리서 찾기보다 내 안의 사랑, 수용, 감사를 떠올리는 것이 먼저다.

『논어』는 이렇게 가르친다. '가까운 곳을 깊이 들여다보면, 그 안에 사랑(仁)이 있다.' 인재기중(仁在其中). 섬 청년 덕분에 알게 된 진리다. 그것은 내가 태어날 때부터 사랑받을 이유가 충분한 존재였고, 내가 속한 공동체 역시 지금 여기에서 충분히 좋은 곳이라는 사실이다.

낙천은 누군가 만들어주는 것이 아니라, 지금 여기에서 스스로 만들어 가는 마음의 상태임을 다시 한번 깊이 깨닫는다.

비평가적 인식

코칭의 탄생에 큰 영향을 준 인물 중 한 명인 티머시 골웨이(Timothy Gallwey)는 외부 자극을 받아들이는 인지 단계에서부터 판단이나 평가를 배제하는 것, 즉 비평가적 인식의 중요성을 강조했다. 이는 단지 기술이 아니라 코치가 가져야 할 인식의 태도다.

고대 그리스 철학에서도 이와 유사한 개념이 등장한다. 에포케(Epoché)는 '판단 중지'를 뜻하며, 스토아학파는 감정이나 욕망에 대한 즉각적인 반응보다는 판단을 유보하고 이성으로 바라보는 삶을 추구했다. 이러한 사고는 지각과 인식의 흐름과도 밀접하게 연결되어 있다.

　인간의 정신은 외부 자극을 지각(Perception)한 뒤, 그 정보를 해석하고 판단하는 인식(Recognition)의 과정을 거친다. 하지만 코칭에서는 이 판단의 자동 반응을 중지하고, 코치가 먼저 중립적인 입장에서 있는 그대로 듣고 바라보는 것이 중요하다. 즉 코치는 참가자의 말이나 감정, 행동을 해석하거나 조언하려 들기 전에 우선 평가를 보류하고 충분히 인식하는 자세를 지녀야 한다. '비평가적 인식' 또는 '판단 중지'는 코칭 대화의 질을 결정짓는 핵심 키워드다.

사례 진로를 고민하는 대학생과의 코칭 대화
상황 졸업을 앞둔 대학생 A는 진로를 두고 깊은 갈등을 겪고 있다. 부모님이 권하는 안정적인 공무원 시험 준비와 자신이 원하지만 불확실한 창업의 길 사이에서 혼란스러워하고 있다.

비평가적 코칭 대화

- 코치의 주안점

　A가 느끼는 감정을 '좋다, 나쁘다'로 판단하지 않고, 있는 그대로 받아들이고 탐색할 수 있도록 돕는다.

- 대화 예시

　A　창업을 하면 망할 수도 있고, 부모님이 실망하실 것 같아요. 그래서 불안해요.

코치 지금 '불안'이라는 감정을 느끼고 계시군요. 그 감정을 판단하지 않고, 그냥 '불안이 있다.'라고 인식해 볼 수 있을까요?

A 네, 그냥 불안이 존재하는 걸 느껴 보려고 해요.

코치 좋아요. 지금 그 불안은 어디에서 느껴지나요? 몸의 어떤 부위에 어떤 감각이 있나요?

A 가슴이 답답하고, 손에 약간 땀이 나요.

코치 그렇군요. 그 감각을 없애려 하지 않고 '이런 감각이 있구나.' 하고 그냥 바라보세요. 어떤 변화가 느껴지나요?

A 신기하네요. 그냥 관찰하고 있으니까 불안이 조금 줄어든 것 같아요.

A가 느끼는 불안을 '나쁜 감정'으로 규정하지 않도록 돕는다. 감정을 분석하거나 해결하려 하기보다는 그저 존재하는 감정으로 조용히 느껴 보도록 한다. 감정과 거리 두기를 하며 감정을 스스로 조율할 수 있게 한다. 코치는 감정을 통제하는 대신, 감정을 알아차릴 수 있는 힘을 키워 주는 질문을 던진다.

비평가적 인식은 문제를 바꾸는 기술이 아니라, 문제를 있는 그대로 통찰할 수 있는 태도다. 이 태도가 자리 잡을 때, 참가자는 문제 그 자체보다 자신 안의 힘과 지혜를 더 명확히 발견한다.

내면 탐색 코칭 대화
- 코치의 주안점

참가자가 기존의 가치관이나 외부 기대를 잠시 내려놓고, 자신의 내면 소리를 탐색할 수 있도록 돕는다.

- 대화 예시

    A   부모님은 공무원이 안정적이라고 하시는데, 저는 창업이 더 끌려요. 하지만 창업은 너무 불안정할 것 같아요.

    코치   잠시 기존의 판단을 내려놓을게요. 공무원과 창업이라는 두 선택지를 '좋다.' 또는 '나쁘다.'로 평가하지 않고 그저 있는 그대로 바라볼 수 있을까요? 각 선택이 당신에게 어떤 감각이나 경험으로 다가오는지 느껴 보세요.

    A   공무원은 안전한 길 같긴 한데 왠지 답답하게 느껴져요. 창업은 불확실하지만 자유롭고 뭔가 흥미로워요.

    코치   좋아요. 지금 우리는 '어느 쪽이 더 옳은가.'라는 판단 대신, 각 선택이 주는 본질적인 느낌을 탐색하고 있어요. 조금 더 들어가서 창업을 떠올릴 때 가장 끌리는 부분은 무엇인가요?

    A   새로운 아이디어를 현실로 만드는 과정이요. 직접 뭔가를 만들어 보고 싶어요.

참가자가 '안정 vs. 불안정'이라는 이분법적 판단 구조에서 벗어나도록 돕는다. 각 선택지를 좋고 나쁨의 프레임이 아닌, 본질적인 경험의 차원에서 바라보게 한다. 이를 통해 참가자가 외부의 기대가 아니라, 자기 내면에서 진짜 원하는 것에 더 가까이 다가갈 수 있도록 돕는다.

사례 커리어 전환을 고민하는 직장인 B

상황 B는 대기업에서 안정적인 직장 생활을 하고 있지만, 자신의 창의적인 열망을 실현하고 싶다는 갈망을 품고 있다. 그러나 직장을 그만두는 데 대한 두려움 때문에 쉽게 결정을 내리지 못한다.

자기 관찰 코칭 대화

- 코치의 주안점

  감정과 잠시 거리를 두고 자기감정과 몸을 관찰하게 한다.

- 대화 예시

  B 새로운 도전을 하고 싶긴 한데 두려움이 너무 커요. 그 생각을 하면 스트레스부터 받아요.

  코치 그 두려움을 없애려 하지 말고 "두려움이 존재하는구나."라고 그냥 있는 그대로 바라볼 수 있을까요?

  B 두려움이 존재하는구나……. 음, 그렇게 생각하니까 조금은 덜 부담스럽네요.

  코치 좋아요. 그 두려움은 지금 몸의 어느 부위에서 느껴지시나요?

  B 배가 묵직하고 가슴이 조여요.

  코치 그 감각을 그대로 느껴 보세요. 그리고 그 감각이 자신에게 어떤 메시지를 주고 있는지 한번 관찰해 볼까요?

  B 두려움이 '안정성을 지키고 싶다.'라는 신호를 주는 것 같아요. 그런데 변화에 대한 기대감도 함께 있어요.

두려움을 없애려 하지 않고 있는 그대로 받아들일 수 있도록 돕는다. 감정에 휘둘리기보다는 감정과의 심리적 거리를 두고 스스로 관찰하게 한다. 감정을 단서 삼아 자신의 내면을 더 깊이 이해할 수 있는 방향으로 유도한다.

욕구 인식 코칭 대화

- 코치의 주안점

  판단을 멈추고 내면의 소리나 느낌을 살피도록 한다.

- 대화 예시

  B　지금 회사를 계속 다녀야 할지, 아니면 내가 원하는 창의적인 일을 찾아야 할지 모르겠어요. 안정적인 직장을 그만두는 게 맞는 선택일까요?

  코치　이 선택이 맞다, 틀리다를 떠나서 두 가지 길이 본질에서 자신에게 어떤 느낌을 주는지 살펴볼 수 있을까요?

  B　현재 직장은 안정적이지만 점점 기계처럼 일하는 느낌이에요. 반면 창의적인 일을 하면 즐거울 것 같지만 경제적인 불안이 걱정돼요.

  코치　고민이 많이 되시겠군요. 이 두 가지 경험을 판단 없이 바라보면, 창의적인 일을 떠올려 볼 때 가장 크게 끌리는 점은 무엇인가요?

  B　가장 큰 이유는 제 아이디어를 직접 실행에 옮겨 볼 수 있다는 점이에요.

코치 아이디어가 풍부하신 분 같아요. 그렇다면 지금 직장에서 혹은 현재의 역할 안에서 창의적인 활동의 비중을 늘리려면 어떤 변화가 필요할까요?

기존의 '안정 vs. 변화' 이분법 구조에서 벗어나게 돕는다. 참가자가 자신의 진짜 욕구를 인식할 수 있도록 질문한다. 선택이 아닌 통합적 관점에서 대안을 확장해 보도록 요청한다.

감정을 억누르거나 극복하려 하지 말고 있는 그대로 바라보도록 돕는다. 즉각적인 해석이나 판단을 유보하고 자기 인식의 여지를 넓히는 질문을 던진다. 이분법적 사고에서 벗어나 경험 그 자체를 탐색하는 대화를 지향한다.

코칭에서 비평가적 인식과 판단 중지를 적절히 활용하면, 참가자는 감정에 휘둘리기보다 감정을 통해 자신의 내면을 더 깊이 들여다보게 된다.

이로써 코치는 참가자가 자기 안의 진실에 가까이 다가가고, 스스로 삶의 방향을 재정립하도록 도울 수 있다.

주체성과 관계성

코칭은 방향성을 지닌 대화다. 참가자가 원하는 주제를 자유롭게 다루되, 그 과정에서 '주체성'과 '관계성'은 코칭의 효과를 결정짓는 핵심 요소로 작용한다. 이 두 개념이 코칭 대화 안에서 어떻게 드러나고, 어떻게 강화될 수 있는지 철학적 맥락과 실제 사례를 통해 살펴보자.

조선의 유학자 퇴계 이황은 선조 임금에게 성군이 되어 주기를 바라는 마음으로, 유학의 핵심 사상을 그림과 글로 정리한 『성학십도(聖學十圖)』를 바쳐 올렸다. 그 가운데 네 번째 그림인 「대학도(大學圖)」에는 이런 내용이 담겨 있다. 자기 자신을 '본(本)'이자 '체(體)'로 보고, 타인과 세상을 '말(末)'이자 '용(用)'으로 본다. 즉 인간은 자기 자신을 근본이자 중심으로 삼아야 하며, 그다음에 타인과의 관계, 사회와의 연결을 확장적 차원에서 바라보아야 한다는 것이다.

이 사유는 오늘날 코칭에서 말하는 '자기 인식(Self-Awareness)'과 '관계 인식(Relational Awareness)'의 중요성과 맞닿아 있다. 주체성을 정립하는 것, 즉 자기감정과 욕구와 사고방식을 들여다보는 것이 먼저이며, 그 위에 타인과 연결되고 사회적 관계망 속에서 상호작용을 도모하는 것이 건강한 성숙의 방향이라는 것이다.

『성경』에서도 이와 비슷한 맥락의 말씀이 있다. '네 이웃을 네 몸과 같이 사랑하라.' 이 구절 역시 단순히 이웃을 사랑하라는 명령으로 끝나는 것이 아니라, '자기 자신을 사랑하는 것'이 먼저라는 전제를 품고 있다.

자기 자신을 돌볼 줄 알고, 존중할 줄 알며, 사랑할 줄 알 때 비로소 타인에게도 건강하고 온전한 방식으로 사랑과 관심을 확장할 수 있다.

그림 11 『성학십도』의 「대학도」에 담긴 주체성과 관계성

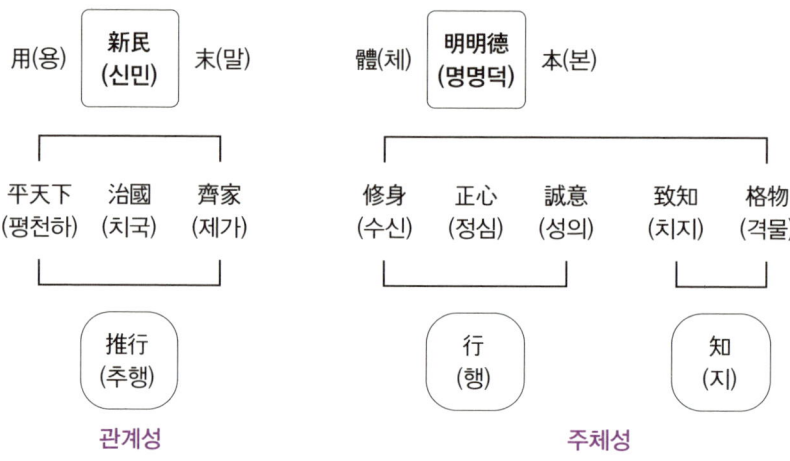

참가자에게 주체성과 관계성이란?

• 주체성

자신이 누구인지, 무엇을 원하는지, 어떤 감정과 생각을 하고 있는지를 정직하게 들여다보는 능력이다. 이는 코칭에서 자기 인식을 기반으로 문제를 명확히 하고, 스스로 선택하고 행동하도록 돕는 핵심 전제다.

• 관계성

자신을 넘어 타인의 입장과 감정을 공감하고 연결되는 능력이다. 코칭은 참가자가 자신의 내면에 집중할 수 있도록 하면서도, 타인과의 연결 속에서 어떤 영향을 주고받는지를 인식하도록 돕는다.

참가자에게 주체성과 관계성이 중요한 이유

- 주체성이 부족하면?

  자신의 삶을 수동적으로 받아들이며 환경에 쉽게 흔들린다. '내가 결정해도 어차피 바뀌지 않을 거야.', '이건 내 선택이 아니라 어쩔 수 없이 하는 일이야.'

- 관계성이 부족하면?

  참가자는 타인과의 연결을 맺지 못하고 고립감을 느낀다. '이건 내 힘으로 혼자 해결해야 해.', '도움을 요청하는 건 나약하다는 뜻이야.'

- 주체성과 관계성이 균형을 이루면?

  자신이 삶의 주체임을 인식하면서도 타인과 의미 있는 관계를 형성하며 성장한다. '나는 내 삶을 스스로 결정할 수 있고, 필요할 때는 도움을 요청할 수도 있어.' '내 선택이 중요하지만 관계 속에서 더 나은 결정을 내릴 수도 있지.'라고 생각한다.

참가자의 주체성 향상을 위한 접근 방법

'선택'에 대해 질문한다. 참가자가 자신의 선택권을 인식할 수 있도록, 코치는 다음과 같은 질문을 활용할 수 있다.

"현재 이 상황에서 자신이 통제할 수 있는 것과 그렇지 않은 것을 구분해 본다면 어떤가요?"

"지금 이 순간, 자신이 선택할 수 있는 것은 무엇인가요?"

"이 결정을 내릴 때, 가장 중요하게 고려하는 요소는 무엇인가요?"

"원하는 방향으로 가기 위해, 지금 할 행동은 무엇일까요?"

- 주체성 향상 코칭 대화

    참가자 상사가 시키는 대로 할 수밖에 없어요. 제 의견을 말해도 어차피 받아들여지지 않거든요.

    코치 그렇군요. 하지만 이런 상황에서도 자신이 선택할 수 있는 것이 정말 하나도 없을까요?

    참가자 최소한 제 생각을 정리해서 전달해 볼 수는 있겠네요.

    코치 그렇다면 어떻게 전달하면 상사가 더 수용적으로 들을 수 있을까요?

    참가자 제 의견이 팀의 목표에 어떻게 기여하는지를 논리적으로 설명하면 도움이 될 것 같아요.

'내가 할 수 있는 일이 없다.'라는 제한된 인식을 "내가 통제할 수 있는 것은 무엇인가?"라는 질문으로 전환한다. 아주 작은 선택이라도 인식할 수 있도록 유도하면 주체성이 강화된다.

참가자의 관계성 향상을 위한 접근 방법

'연결'에 대한 질문을 한다. 참가자가 타인과의 관계를 더 잘 인식하고, 이를 긍정적으로 활용할 수 있도록 다음과 같은 질문을 사용할 수 있다.

"이 문제를 해결하는 데 도움을 줄 수 있는 사람은 누구인가요?"

"지금 자신이 믿고 의지할 수 있는 사람은 누구인가요?"
"이 관계 안에서 자신이 다른 사람에게 기여할 수 있는 부분은 무엇인가요?"

- 관계성 향상 코칭 대화

    참가자 새로운 팀에서 적응하기가 어렵습니다. 다들 이미 친한 것 같고, 저는 좀 어색해요.

    코치 어색함을 느끼고 계시는군요. 팀원 중에서 가장 쉽게 다가갈 수 있을 것 같은 사람이 있다면 누가 떠오르나요?

    참가자 제 옆자리에 앉은 분이요.

    코치 그분과 가까워질 수 있는 쉬운 방법이 있다면 어떤 게 있을까요?

    참가자 점심시간에 혼자 있지 말고 같이 식사하는 자리에 가 볼 수 있을 것 같아요.

    코치 좋습니다. 그 자리에서 자연스럽게 대화를 시작할 수 있는 질문이 있다면 어떤 걸 해 보시겠어요?

    참가자 팀 프로젝트에 대해 궁금한 점을 묻거나, 가볍게 주말 계획을 물어볼 수도 있을 것 같아요.

    코치 훌륭한 생각이네요. 그렇게 했을 때 그분의 반응은 어떨 것 같나요?

    참가자 물론 처음에는 조금 어색할 수도 있겠지만 한번 해 봐야겠어요.

참가자가 관계 안에서 더 적극적인 역할을 하도록 권한다. 작은 행동 변화를 통해 관계 확장을 시도할 수 있도록 돕는다.

주체성과 관계성을 동시에 강화하는 통합적 접근
어떤 상황에서는 주체성과 관계성을 함께 향상하는 접근이 필요하다.

- 주체성과 관계성 통합 적용 코칭 대화

    참가자는 직장에서 새로운 프로젝트 리더가 되었지만, 팀원들과의 소통에 어려움을 느끼고 결정 내리는 것이 부담스럽다.

    참가자 제가 리더 역할을 잘할 수 있을지 모르겠어요. 팀원들도 저를 잘 따라 줄지 걱정됩니다.

    코치 팀원들이 자신을 잘 따를지 걱정이시군요. 먼저 자신이 어떤 리더가 되고 싶은지 생각해 볼까요? (주체성 질문)

    참가자 저는 권위적으로 지시하기보다는 팀원들이 자유롭게 의견을 나눌 수 있도록 하고 싶어요.

    코치 좋습니다. 그렇다면 팀원들과 더 효과적으로 소통하려면 어떤 관계적 접근이 필요할까요? (관계성 질문)

    참가자 제가 먼저 열린 태도를 보여야 할 것 같아요. 회의 때 질문을 많이 하고, 팀원들의 의견을 적극적으로 들어 보려 합니다.

    코치 멋진 생각이에요. 그렇게 하면 자신만의 리더십 스타일도 자연스럽게 자리 잡겠네요.

　주체성과 관계성을 함께 강화하면 참가자는 더욱 균형 잡힌 리더십을 형성할 수 있다. 앞서 말한 본립도생(本立道生)처럼 참가자가 자신의 주체성(본)을 먼저 확립하는 것이 중요하다. 자기 자신을 신뢰하고, 타인과의 소통을 통해 바람직한 관계를 형성해 나가도록 코칭을 전개하는 것이 코칭의 효과성을 높이는 방법이다.

성찰 질문
- 나의 주체성과 관계성은 각각 10점 만점에 몇 점이라고 생각하는가?
- 최근 한 달 안에 몇 점까지 높이면 좋을까?
- 무엇을 보면 그 점수에 도달했음을 알 수 있을까?
- 이 목표를 달성하도록 자신에게 도움을 줄 수 있는 사람 중 가장 적절한 사람은 누구일까?
- 주체성이 잘 드러났던 경험은 언제였는가?
- 그때 내 안에 어떤 강점이 작용했는가?
- 누구와의 관계를 더 향상하고 싶은가?
- 이를 위해 내가 새롭게 시도할 수 있는 것은 무엇인가?
- 주체성과 관계성 면에서 롤모델로 삼을 만한 인물은 누구인가?

Chapter 9 성장하는 인간 vs. 변하지 않는 인간

사람은 변할 필요가 없다

사람들은 이 주제에 대해 모순된 말을 자주 한다. 누군가의 문제점을 보면 교육이 필요하다면서도, 실제 경험에서는 "사람은 변하지 않아.", "사람은 고쳐 쓰는 게 아니야."라고 말한다. 정말 사람이 변하지 않는다면 교육이나 배움, 독서의 의미는 무엇인가?

나는 사람은 변할 필요가 없다고 생각한다. 누구나 본래 선한 덕성과 양심을 지니고 태어나므로 문제 되는 몇 가지 행동만 바꾸면 충분하다. 그러기 위해서는 생각을 바꾸는 것이 중요하다. 앞서 말한 것처럼 사람은 원래부터 가능성을 지닌 존재다. 그러므로 존재 자체를 바꾸는 것이 아니라, 효과적인 행동(예: 주체성, 관계성)을 선택하고 효율적인 방식(예: 집중)으로 실행하면 된다.

사람은 안 변한다는 고정관념

많은 이들이 "사람은 안 변해."라고 말하는 이유는 그런 경험을 많이 해 봤기 때문이다. 그러나 이 말에는 두 가지 문제가 있다.

- 자신의 변화를 부정하는 태도다. '나는 변할 수 없다.'라는 생각을 무의식적으로 강화한다.
- 상대에게만 변화의 책임을 떠넘긴다. 변화의 주체를 자신이 아

닌 타인에게 둔다.

따라서 이런 고정관념을 가진 사람과 대화할 때는 감정을 존중하면서도 자연스럽게 인식을 전환하는 접근이 필요하다.

고정관념을 바꾸는 대화 사례

상황 친구 A는 직장에서 동료의 태도 때문에 스트레스를 받고 있다. 그러나 A는 "사람은 절대 안 변한다."라며 포기하려 한다.

나 A야, 그 동료 때문에 많이 힘들지?

A 응, 진짜 너무 답답해. 몇 번 이야기해도 안 변해. 사람은 원래 안 변하는 것 같아.

나 맞아, 그런 경험이 쌓이면 그렇게 느껴질 수도 있겠다. 그런데 A도 예전보다 많이 변한 부분이 있지 않아? 바로 화를 냈었는데, 요즘은 그래도 한 번 더 이야기해 보려고 노력하잖아.

A 음. 그런가? 예전보다는 참으려고 하긴 하지.

나 그럼 네가 변한 것처럼 그 동료도 어떤 계기가 있으면 조금씩 바뀔 가능성이 있지 않을까?

A 글쎄. 그런데 어떻게 해야 그런 계기를 만들 수 있을까?

나 너도 그런 때가 있었잖아. 변할 수 있었던 계기가 뭐였어?

A 나를 이해해 주고 기다려 준 사람이 있었어. 그 사람에게 미안해서 바뀌어야겠다고 생각했지.

나 그럼 네 동료도 그런 계기를 만나면 바뀔 수 있지 않을까? 완전히는 아니더라도 조금씩 나아질 수는 있겠지.
A 일단 포기하기보다는 한 번 더 다르게 접근해 볼까?

A는 사람의 행동이 변할 수 있다는 가능성을 인정하게 되었고, 동료를 대하는 태도도 유연하게 바뀌었다.

상황 직장 선배 B가 후배들의 태도에 대해 불만을 말하며, "요즘 애들은 고쳐 쓰려 해도 안 변해."라고 한다.

나 선배, 요즘 후배들 때문에 속상하시죠? (공감 먼저)
B 그럼! 내가 몇 번이나 말해도 안 듣고, 요즘 애들은 안 변해.
나 선배가 이렇게까지 신경 써 주는 걸 보니 정말 후배들이 잘되길 바라시는 거네요.
B 그렇지. 관심 없으면 애초에 말도 안 하지.
나 그런데 선배도 예전에는 지금과 다른 점이 있었을 거 아니에요? 혹시 선배도 예전에 잔소리 많이 들었던 기억 있으세요?
B 하하, 당연하지. 우리 때도 말 안 듣는 사람 많았지. 나도 꽤 고집 세게 굴었어.
나 그럼 선배가 지금 후배들보다 더 변하기 어려운 스타일이었을 수도 있겠네요?
B 그런가? (웃음) 그래도 나도 변하긴 했네.

나 그럼 후배들도 시간이 지나면 변할 수 있겠네요. 선배가 변하게 된 계기는 뭐였어요?
B 나를 끝까지 포기하지 않고 챙겨 준 선배가 있었지.
나 그럼 후배들에게도 그런 누군가가 있다면 변할 수 있겠네요?
B 그렇겠네. 내가 너무 쉽게 포기했던 건가?

B는 사람 행동은 변할 수 있다는 가능성을 인정하게 되었고, 후배들을 대하는 태도도 긍정적으로 달라졌다.

인식 전환을 촉진하는 대화법

감정 공감으로 시작한다. "그 동료 때문에 많이 힘들지?" 상대의 경험을 인정한다. "그렇게 느낄 수도 있겠다." 변한 경험을 상기시킨다. "너도 예전엔 그랬잖아?" 자기 경험에서 힌트를 찾게 한다. "그때 네가 변한 계기는 뭐였어?" 스스로 결론을 내리도록 기다려 준다. "그 사람도 바뀔 수 있지 않을까?" 직접적인 조언보다 질문을 통해 자기 인식을 확장하도록 돕는다.

성찰 질문

- 주변에 변해 주기를 바라는 사람은 누구이며, 어떤 점이 변하길 바라는가?
- 그 사람은 나에게 어떤 변화를 기대하고 있을까?
- 변화와 성장을 위해 누구에게 피드백을 요청하면 좋을까?

PART 2 감정 철학

감정을 어떻게 이해할까?

사람들은 흔히 자신이 논리적으로 판단한다고 믿지만, 실제로는 감정이 먼저 작용한다. 여행지를 고르거나 물건을 살 때도 마찬가지다. 누구나 싫은 것보다는 좋은 것을 선택한다. 감정에는 그렇게 느낄 만한 이유가 있어서, 감정은 곧 이성의 일부이기도 하다.

설득에서도 논리보다 감정에 호소하는 방식이 더 효과적이라는 사실은 잘 알려져 있다. 결국 우리는 어떤 판단이나 결정을 할 때 감정을 잘 이해할 필요가 있다. 특히 인간관계에서는 상대의 욕구, 의도, 감정을 읽는 것이 중요하다.

우리는 기쁨, 슬픔, 분노, 불안 등 다양한 감정을 경험한다. 그러나 종종 감정을 제멋대로인 것, 통제되지 않는 것으로 오해하곤 한다. 감정을 단순한 반응이나 충동으로 보는 시각도 있지만, 감정은 인간 존재의 본질적인 요소다. 특히 욕망이 그렇다.

만약 감정을 전혀 느끼지 못한다면 어떻게 될까? 어떤 상황에서는 감정이 생겨야 생존하거나 올바른 판단이 가능하다. 존재가 완전하듯이, 그 완전함을 드러내는 징표 중 하나가 감정이다.

자동문이 사람을 감지하면 열리듯, 감정도 우리 안의 센서처럼 작동한다. 그만큼 감정은 중요한 자원이다. 감정을 잘 알고, 주체성과 관계성을 높이는 데 올바르게 활용하는 일은 꼭 필요하다.

감정은 단순한 개인 경험이 아니다. 철학적으로 탐구하고 분석할 가치가 있는 깊은 주제다.

PART 2에서는 감정이란 무엇이며, 왜 롤러코스터처럼 출렁이는지 그 이유와 논리, 해법을 알아본다.

Chapter 10 감정이란 무엇인가?

철학이 말하는 감정의 진실

감정이란 무엇일까? 철학자들은 감정을 어떻게 바라보았고, 그것이 우리 삶과 정체성에 어떤 영향을 미친다고 보았을까? 이제 그 답을 찾아가는 시간을 가져 보자. 감정의 본질과 역할을 이해하기 위해 서양철학에서는 스피노자의 사상을 중심으로, 동양철학에서는 유학의 관점으로 살펴볼 예정이다.

스피노자의 감정 철학

스피노자는 그의 저서 『에티카』에서 인간의 본성과 정신, 욕망, 정서에 대한 철학적 원리를 설명하며, 인간의 정서를 48가지로 구분해 소개했다. 『에티카』의 한국어 번역본(서광사 출간)에서는 '감정'을 '정서'로 번역하고 있으므로, 이 글에서도 '정서'라는 표현을 그대로 사용한다.

  이 글에서는 스피노자의 핵심 개념 중 코칭에 유의미한 내용을 중심으로 원문과 함께 소개하고자 한다. 또한, 이 개념들을 초등학생에게 설명한다면 어떻게 표현할 수 있을지 쉽게 풀어 보았다.

정서의 기원과 본성에 대하여
- 욕망이란 인간의 본질 자체다.

→ 우리는 늘 무언가를 하고 싶어 하는 마음으로 살아간다. 그 마음이 바로 우리 자신이다. 먹고 싶고, 놀고 싶고, 친구랑 같이 있고 싶은 마음, 이 모든 것이 바로 욕망이다. 욕망이 나를 움직이게 한다.

- 기쁨은 더 작은 완전성에서 더 큰 완전성으로 이행하는 것이다.

→ 기쁨은 내가 더 나아지고 있다고 느낄 때 생기는 감정이다. 자전거를 혼자 탈 수 있게 되었을 때, '와! 나 잘하게 됐어!'라고 생각하면 기쁘다. 그게 더 멋진 자신으로 자라는 순간이다.

- 슬픔은 더 큰 완전성에서 더 작은 완전성으로 이행하는 것이다.

→ 슬픔은 내가 못한다고 느낄 때 생기는 감정이다. 잘 그려 놓은 그림이 실수로 찢어졌을 때, '아, 망했어.'라고 생각하면 슬퍼진다.

- 정서는 혼란된 관념에서 생기며 정신의 수동 상태이다.

→ 감정은 내가 상황을 잘못 이해하거나 헷갈릴 때 생기기도 한다. 이럴 땐 스스로 판단하지 못하고 끌려가는 상태이다. 친구가 인사를 안 해서 '나를 싫어하나?' 하고 화났는데, 알고 보니 친구가 못 본 거였다. 나의 헷갈림에 의해 감정이 생긴 것이다.

- 정서는 신체의 활동 능력을 증대시키거나 감소시키고, 촉진하거나 저해한다.

→ 감정은 몸에 힘을 주기도 하고, 반대로 기운을 빠지게도 한다. 신나면 뛰어다니고 싶다. 반대로 속상하면 기운이 없어진다. 감정이 몸에 영향을 주는 것이다.

- 정신이 타당한 관념을 많이 지닐수록 더 많이 작용하지만, 타당하지 못한 관념을 갖는 경우에는 필연적으로 작용받는다.
  → 정확한 생각이 많을수록 내 마음을 잘 다룰 수 있다. 반대로 헷갈리는 생각만 많으면 감정에 끌려다닌다. '친구가 날 미워해.'라는 생각이 진짜 이유가 아니면 괜히 감정에 휘둘릴 수 있다.
- 선(좋은 것)이라고 판단하기 때문에 욕구하는 것이 아니라, 욕구하기 때문에 선이라고 판단한다.
  → 우리는 어떤 걸 원하기 때문에 그게 좋다고 느낀다. 원래 좋은 거라서 원하는 게 아니다. 사탕을 좋아하면 사탕이 좋은 것처럼 느껴진다. 하지만 모두에게 다 좋은 건 아니다.
- 자기가 좋아하는 것이 파괴되는 것을 떠올리는 사람은 슬퍼할 것이다. 유지되는 것을 떠올리면 기뻐할 것이다.
  → 내가 아끼는 것이 망가지면 슬프고, 그대로 잘 있으면 기쁘다. 좋아하는 장난감이 고장 나면 속상하다. 하지만 그대로 고치면 기분이 좋아진다.
- 자기가 증오하는 것이 파괴되는 것을 떠올리는 사람은 기쁨을 느낄 것이다.
  → 싫어하는 것이 사라지면 기분이 좋아질 수도 있다. 무서운 시험이 끝나면 속이 시원하다.
- 각자는 자기가 사랑하는 것을 모든 사람이 사랑하게끔, 자기가 증오하는 것을 모두가 싫어하게끔 노력한다.
  → 나는 내가 좋아하는 걸 남도 좋아해 주길 바라고, 내가 싫어하

는 걸 남도 싫어하길 바란다. "이 만화 진짜 재밌어! 너도 봐봐!"라고 말하는 건 친구도 즐기고 좋아하게 하고 싶은 마음이다.
- 오직 한 사람만이 소유할 수 있는 것이 있다. 어떤 사람이 갖고자 하다면, 우리는 그것을 소유하지 못하게 노력할 것이다.
→ 어떤 걸 내가 갖고 싶고 단 한 사람만 가질 수 있다면, 다른 사람이 갖는 게 싫을 수도 있다. 반에서 한 명만 받을 수 있는 상을 받고 싶은데, 친구가 받으면 친하더라도 속상하다.
- 슬픔이나 기쁨, 증오나 사랑의 정서가 크면 클수록 그에 대한 욕망도 비례해서 크다.
→ 감정이 클수록 그걸 바라는 마음도 더 크다. 너무 재밌는 영화면 또 보고 싶고, 너무 미운 일이면 절대 다시는 안 하고 싶다.

인간의 예속 또는 정서의 힘에 대하여

- 우리의 모든 노력 또는 욕망은 우리 본성의 필연성에서 생긴다.
→ 우리가 무언가를 하고 싶어 하는 마음은 우리 안에 원래부터 있는 자연스러운 힘에서 나온다. 나무가 햇빛을 향해 자라듯, 사람도 저절로 '이렇게 하고 싶어!' 하는 마음이 생긴다. 그게 자연스러운 성질이다.
- 본성에 의해 생기는 욕망은 정신이 타당한 관념을 형성할 때 능동적 욕망이 되고, 그렇지 않은 관념으로 외부의 힘에 의해 작용이 되면 수동적 욕망이 된다.
→ 욕망은 겉으로 보면 같지만 내가 스스로 생각해서 생긴 욕망

은 '능동적'이고, 남을 따라 하거나 헷갈려서 생긴 욕망은 '수동적'이다. '건강해지고 싶어!' 하고 스스로 운동하는 건 능동적 욕망이다. '친구가 하니까 나도 할까?'라는 것은 수동적 욕망이다. 자신이 정한 게 아니라 끌려간 것이다.

- 삶에서 무엇보다 유익한 것은 가능한 한 지성이나 이성을 완전하게 하는 것이다.

  → 삶에서 가장 좋은 건 머리와 마음을 잘 쓰는 것이다. 문제를 피하지 않고 생각으로 풀고, 감정에 휘둘리지 않고 나답게 사는 게 멋진 것이다.

- 최고의 욕망은 자신과 자신의 인식에 속하는 모든 것을 타당하게 파악하려는 욕망이다.

  → 가장 좋은 욕망은 나 자신과 내 생각을 올바르게 이해하려는 마음이다. '나는 왜 화났지?' 하고 스스로 돌아보는 마음이 멋진 것이다. 그냥 화만 내는 게 아니라 자신을 알고 싶은 마음이다.

- 이성적 삶을 누리는 데 방해되는 것을 우리는 악이라고 한다.

  → 우리가 똑똑하게 살지 못하게 방해하는 것을 '나쁜 것'이라 한다. 거짓말이나 폭력은 내 생각과 감정을 흐리게 하니까 나쁜 것이다.

- 악은 사람들에게 오로지 외적 원인에서만 생긴다.

  → 나쁜 것은 내 안에서 생긴 게 아니라, 밖에서 오는 자극 때문에 생긴다. 누가 놀려서 속상한 건 내가 나빠서가 아니다. 바깥에서 그런 일이 생겼기 때문이다.

- 인간의 본성이 강요받는다고 생각하는 경우에 악이 사람에게 생길 수 있다.

  → 억지로 해야 한다고 느끼면 마음이 힘들어지고 불편한 감정이 생길 수 있다. '이건 꼭 해야 해!'라고 강요받을 때 속상하고 화가 난다. 그런 감정은 자연스럽게 생긴 것이다.

지성의 능력 또는 인간의 자유에 대하여

- 감정은 지각이나 감각 또는 영혼의 격동이며, 이것들은 오직 영혼의 영역에 속하며 어떤 정신적 운동으로 산출되고 보존되고 강화된다.

  → 감정은 우리가 보고 느끼는 것, 또는 마음속에서 크게 움직이는 느낌이다. 이 감정들은 마음 안에서 생기고 자라나거나 더 커지기도 한다. 친구가 놀렸을 때 마음이 깜짝 놀라거나 슬퍼진다. 그게 바로 감정이다. 마음속에서 무언가가 '움직이는' 것이다. 그리고 이 감정은 생각이나 기억 때문에 더 커질 수도 있다.

- 수동적인 정서는 우리가 그것에 대해 명확한 관념을 형성하는 순간 더는 수동적이지 않다.

  → 감정이 막 몰아칠 때 왜 그런 감정이 생겼는지 정확히 알게 되면 감정에 휘둘리지 않게 된다. 갑자기 화가 났을 때 '아, 내가 지금 피곤해서 예민하구나.'라고 스스로 알게 되면, 감정이 날 이끌지 않게 된다. 감정에 끌려다니는 게 아니라, 감정을 바라보게 되는 것이다.

- 정신이 필연적으로 인식하는 한, 정서에 대해 더 큰 힘을 가지거나 정서의 작용을 덜 받는다.

  → 감정이 왜 생겼는지 잘 이해하면 그 감정에 덜 휘둘리고 더 평온해질 수 있다. 시험을 망쳤을 때 '나는 머리가 나빠서야!'라고 속상해하면 감정에 휩쓸리게 된다. 하지만 '이번엔 준비가 부족했구나. 다음엔 더 잘할 수 있어.'라고 생각하면 감정이 더는 괴롭히지 않는다.

- 자신과 자신의 정서를 더 많이 인식하면 할수록 더욱더 신을 사랑한다.

  → 내 마음과 감정을 더 깊이 이해할수록 더 지혜롭고 평화로운 존재(스피노자가 말하는 '신=나의 존재 원인')와 가까워진다. '지금 왜 이런 기분이 들지?' 하고 마음을 천천히 들여다보는 연습을 할수록 더 따뜻하고 현명한 사람이 된다. 스피노자는 그것이 바로 '우주가 만든 나답게 사는 것'이라고 말한다.

욕망은 생명의 본질이다. 모든 존재는 자기 생명을 유지하고자 하는 코나투스(Conatus), 즉 욕망을 지닌다. 이 욕망이 바로 존재의 본질이며, 감정은 그 존재가 얼마나 '완전한 상태'로 나아가고 있는지를 보여 주는 신호다. 감정에 따라 신체의 활력이 증대되거나 약화하며, 감정 반응이 클수록 그에 따른 욕망도 강하다.

감정은 인식의 깊이에 따라 다르게 작용한다. 정신이 타당한 관념을 바탕으로 욕망할 때, 우리는 스스로 움직이는 능동적 존재가 된다. 반면 외부 자극으로 형성된 불분명한 관념에 이끌릴 경우, 우리는 수동적으로 반응하게 된다.

'선'과 '악'은 욕망과 자유의 관점에서 정의된다. 우리는 자신이 욕망하는 것을 '선'이라고 여기며, 자신의 욕망이 방해받거나 강요 당한다고 느낄 때 그 대상을 '악'으로 인식하게 된다. 결국 선과 악의 감정은 자기 욕망과 자유의 조건에 따라 생겨난다.

유학의 감정 철학

유학 전반에 걸쳐 인간의 마음에 대한 사유는 핵심 주제 중 하나지만, 그중에서도 마음과 감정에 대해 가장 명료하게 정리한 인물은 퇴계 이황이다.

그는 『성학십도』에서 인간 내면의 본성과 감정의 관계를 도식적으로 설명했으며, 특히 여섯 번째 그림인 「심통성정도(心統性情圖)」는 마음, 성(性), 정(情)의 구조와 작용을 간결하게 요약했다. 이 책에서는 「심통성정도」의 내용을 중심으로 감정에 대한 유학적 해석을 소개하되, 『유학』에서 이해한 내용을 보완하여 해설했다.

심통성정이란 무엇인가?

'심통성정(心統性情)'이란 말 그대로 마음이 본성(性)과 감정(情)을 거느리고 통합한다는 의미다. 다시 말해, 인간의 마음은 내면의 고요한 본성과 외부 자극에 반응하는 감정을 모두 품고 있으며, 그 두 요소를 통합하여 조화롭게 이끄는 중심이 된다.

성과 정의 구조

- 성(性): 마음이 고요하고 움직이지 않는 상태로, 외부 자극에 반응하기 전의 순수한 본래 상태를 말한다. 퇴계는 이를 '적연부동(寂然不動)', 즉 '고요하고 움직이지 않음'으로 표현했다. 이는 아직 발하지 않은 마음의 본체(未發之性)이며, 마음의 본질적 구조로 간주한다.
- 정(情): 외부 자극을 받아 마음이 움직일 때 발생하는 감정 상태로, '감이수통(感而遂通)', 즉 '느껴서 그 느낌이 마음에 통하게 되는 것'이라 설명된다. 감정은 자극과 인식이 결합해 일어나는 결과다.

예를 들면, 친구가 곁에 조용히 앉아 있을 때 아무런 감정도 느끼지 않는 상태는 '성'의 상태다. 반면 친구가 넘어져서 울고 있는 모습을 보고 안타까움을 느끼는 상태는 '정'의 발현이다.

감정은 성의 작용에서 비롯된다. 성은 '본성', '천성', '인성' 등으로도 불리며, 정은 '감정', '정서', '느낌', '기분' 등 일상적 정서 표현과 연결된다. 이는 유학이 감정을 인간의 자연스러운 표현으로 보되, 그 뿌리는 본래의 성에 있다고 본다는 점을 보여 준다.

허령지각 —본성 안의 인지 능력

유학에서는 성이 단순히 비어 있는 것이 아니라, 보이지 않고 만져지지 않지만 어떤 것이 옳은지 그른지를 '알아채는 능력', 즉 '허령지각(虛靈知覺)'을 지닌 존재로 본다.

예를 들면, '이건 옳지 않은 행동이야.'라고 스스로 판단하고 느낄 수 있는 감각이 바로 허령지각의 작용이다.

우리의 성은 네 가지 덕(인, 의, 예, 지)을 지니고 있다. 사랑함의 이치를 갖춤을 인(仁)이라 말하고, 마땅함의 이치를 갖춤을 의(義)라 말하고, 공경함의 이치를 갖춤을 예(禮)라 말하며, 분별함의 이치를 갖춤을 지(智)라고 한다. 우리 마음속엔 네 가지 착한 씨앗, '인의예지'가 있다.

표 5 인의예지

4덕	사단(착한 마음)	쉽게 말하면	예시
인(仁)	사랑하는 마음	다른 사람을 아끼는 마음	동생이 울면 꼭 안아주는 마음
의(義)	마땅함을 아는 마음	정의로운 마음	친구가 나쁜 짓 할 때 "그건 안 돼!"라고 말하는 것
예(禮)	예의 바른 마음	공손하게 행동하는 것	"고마워요", "미안해요" 잘 말하는 것
지(智)	지혜로운 마음	좋은 걸 알아보는 똑똑한 마음	시험에서 모르면 모른다고 말하는 것

유학에서는 '성이 발하여 정이 된다, 즉 성발위정(性發爲情)'이라 말한다. 이는 인간의 본성이 외부 자극을 받아 마음이 움직일 때 감정으로 드러난다는 뜻이다. 처음에는 마음이 고요하지만 어떤 상황을 마주하면 감정이 생기고, 이는 다시 말이나 행동으로

이어진다.

이미 발현된 본성(已發之性)은 감정, 즉 '정'이라 하며 이는 곧 마음의 작용(爲心之用)이 된다. 유학에서는 이러한 감정의 작용을 도덕적 덕목의 실마리로 보고 이를 네 가지 도덕적 단서, 즉 사단(四端)이라 불렀다.

첫째, 안타까움과 가엾게 여기는 마음인 측은지심(惻隱之心)은 사랑(仁)의 단서이며, 둘째, 부끄러워하거나 미워하는 마음인 수오지심(羞惡之心)은 의로움(義)의 단서다. 셋째, 겸손하고 사양하려는 마음인 사양지심(辭讓之心)은 예의(禮)의 단서이고, 넷째, 옳고 그름을 가리려는 마음인 시비지심(是非之心)은 지혜(智)의 단서가 된다. 이러한 감정의 기초가 되는 네 가지 마음을 통해 인간의 본성 안에 인(仁), 의(義), 예(禮), 지(智)가 내재하여 있음을 확인할 수 있다. 이는 유학이 감정을 도덕적 덕성의 기점으로 이해했음을 보여 준다.

또한 인간의 마음은 일곱 가지 감정으로 나타난다고 보았는데, 이를 칠정(七情)이라 한다. 즉 기쁨, 분노, 슬픔, 두려움, 좋아함, 싫어함, 욕망의 일곱 가지 감정이 마음의 다양한 움직임으로 표현된다는 것이다.

유학에서는 리(理, 본성=이성)가 먼저 있고 그 뒤에 기(氣, 감정)가 따르기 때문에, 사단의 감정은 순수하고 선(純, 善)하며 악함이 없다고 본다. 반대로 리가 제대로 작동하지 못하고 탁한 기에 가려질 경우, 그 감정은 방향을 잃고 불선(不善)으로 흐른다.

표 6 **일곱 가지 감정**

감정 이름	지금 말로 하면	예시
희(喜)	기쁨	친구가 생일 선물을 줘서 신나요.
노(怒)	화남	친구가 약속을 어겨서 짜증 나요.
애(哀)	슬픔	강아지가 아파서 마음이 아파요.
구(懼)	무서움	어두운 밤길이 무서워요.
애(愛)	좋아함	엄마를 많이 사랑해요.
오(惡)	싫어함	쓰레기를 몰래 버리는 게 싫어요.
욕(欲)	욕망	장난감이 너무 갖고 싶어요.

또한 유학은 칠정(七情), 즉 기쁨·분노·슬픔·두려움·좋아함·싫어함·욕망과 같은 자연 감정들도 기가 먼저 발현된 후 그 위에 리가 올라타면 문제가 되지 않지만, 기가 먼저 일어나고 리가 그 위에 제대로 작용하지 못하면 절도(節度)를 잃고 방탕하게 흘러가 불선함에 빠질 수 있다고 보았다.

즉 사단의 감정은 항상 선한 방향을 지니며, 그것은 본래 인간 안에 내재한 착한 마음에서 비롯된다고 본다. 이때의 감정은 리가 먼저 작용하고 기가 뒤따르기 때문에 100% 착한 마음이라고 할 수 있다.

예를 들어, 친구가 넘어졌을 때 안타까운 마음이 들어 도와주고 싶은 것은 사랑의 마음, 인(仁)이다.

누군가가 부도덕한 일을 할 때 '그건 아니야!'라고 느끼는 것은 옳고 그름을 판단하는 마음, 의(義)이다.

이처럼 사단의 감정은 선함만을 품고 있으며, 그 안에는 악함이 섞이지 않는다.

유학은 정(情)이 본래 선하다고 본다. 다시 말해, 본성이 감정으로 드러난 것(성이 발하여 정이 된 것)은 모두 선한 마음으로 이해된다. 인간의 감정은 그 본래의 모습에서 선(善)하다는 전제 위에서 해석된다.

'본연의 성(本然之性)'이란 기에 물들지 않은 순수한 본성을 의미하며, 유학자들은 이를 다음과 같이 다양하게 표현했다. 자사는 이를 천명지성(天命之性), 즉 하늘이 부여한 성품이라 했고, 맹자는 성선지성(性善之性), 즉 인간 본성은 선하다고 말했다. 주자는 즉리지성(卽理之性), 즉 본성 그 자체가 이치이며, 천지지성(天地之性), 즉 천지의 원리에 따라 생겨난 성이라 보았다.

이들은 공통으로 기와 섞이지 않은 순수한 성이 바로 본연의 성이라 주장한다.

감정의 선함에 대해서도 각자의 방식으로 설명하고 있다. 자사는 이를 '중절의 정(中節之情)', 즉 지나치지도 모자라지도 않은 적절한 감정이라 했고, 맹자는 '사단의 정(四端之情)', 즉 착한 마음에서 우러나오는 네 가지 감정이라고 했으며, 정자는 "선하지 않은 감정이라고는 말할 수 없다(不善名之之情)."고 말했고, 주자는 "본성에서 흘러나오는 감정에는 원래부터 선하지 않은 것이 없다(性中流出 元無不善之情)."고 했다.

결국 이들이 공통으로 말한 바는 이렇다. "인간의 본래 마음, 즉 본성과 감정은 선하지 않은 것이 없다." 인간은 본성적으로 선한 존재이며, 그 감정 또한 바르게 인도될 때 모두 선한 방향으로 나아갈 수 있다는 것이다.

표 7 우리들의 천성과 본성

학자 이름	말한 것	의미
자사	천명이 준 성	사람은 하늘이 준 착한 본성을 갖고 태어나요.
맹자	성선설	사람은 태어날 때부터 착해요.
주자	이치에 맞는 성	이치로 움직이는 마음은 선해요.
	천지의 성	하늘과 땅처럼 넓고 깨끗한 마음이에요.

감정은 때때로 부정적인 모습으로 나타나기도 한다. 감정이 먼저 튀어나오고, 그것을 다스릴 이치가 제때 따라오지 못하면, 마음은 절제를 잃고 잘못된 방향으로 흐를 수 있다.

화가 나서 소리 지르고 때리면 불선한 마음이다.

욕심이 너무 커서 거짓말하면 불선한 행동이다.

화가 나지만 "일단 참고 생각을 잘 해 보자!"라고 생각하면 선한 행동으로 바뀐다.

집중과 성찰

결국 중요한 것은 감정을 어떻게 인식하고 조율하느냐는 점이다. 우리 마음은 이성과 감성, 즉 리와 기를 함께 지니고 있으며, 이성과 감성이 조화를 이루는지 아닌지에 따라 감정이 선으로 흐를 수도, 불선으로 흐를 수도 있다.

성이 발현되어 정이 되기까지의 그 미세한 순간이 바로 마음의 '기미(幾微)'이며, 이 순간이야말로 모든 변화의 중추이고, 선과 악이 갈리는 갈림길이 된다. 마음은 우리 몸 전체를 다스리는 '주재자(主宰)'다. 그리고 그런 마음을 온전히 다스리는 힘은 경(敬), 즉 집중과 성찰이다.

퇴계 이황은 "몸의 중심은 마음이며, 마음의 중심은 경이다."라고 했다. 경은 마음이 한곳에 머무르게 하는 힘이며, 주의 깊고 정성스러운 태도를 의미한다.

마음이 친절하면 말이 부드럽고 행동도 다정해진다.

마음이 화나 있으면 말이 거칠어지고 행동도 막 한다.

공부할 때 공부에, 누군가의 말을 들을 때는 그 말에 집중하는 것이 바로 경의 실천이다. 퇴계는 "배움의 시작과 끝은 경에 있다."라고 말하며 강조했다. 이처럼 학문과 수양의 핵심은 '경에 머무는 것'이며, 배우는 사람은 언제나 경을 잃지 않도록 정밀하고 한결같아야 한다. 바로 경심주일(敬心主一), 학지시종(學之始終)이다. 그렇게 할 때만이 이치에 맞는 욕망, 즉 리욕(理欲)과 사욕(私欲)을 분별할 수 있게 된다.

맹자는 마음이 관장하는 일이 곧 생각이라고 했다(심지관즉사 – 心之官則思). 맹자는 마음을 가만히 두면 흩어진다고 했다(방심 –放心). 즉 흩어진 마음 찾기(구방심 –求放心)를 게을리하지 말라.'고 강조했다. 흩어진 마음을 찾는 것은 연습이 필요하다. 공부하려고 앉았는데 갑자기 만화 생각이 난다. 엄마 말 듣다가 딴생각을 한다. 이럴 때가 바로 마음이 흩어진 것이다.

퇴계는 '경'의 실천을 시각적으로 기억하게 하려고 『성학십도』의 아홉 번째 그림으로 「경재잠도(敬齋箴圖)」를 제시했다. 이 도식에는 다음과 같은 교훈이 담겨 있다. 말을 삼가기를 병마개를 막듯 하라(수구여병 –守口如瓶). 잡념을 막기를 성벽을 지키듯 하라(방의여성 –防意如城). 동쪽으로 간다 했으면 서쪽으로 가지 말라(부동이서 –不東以西). 하나의 마음으로 두 가지 일을 나누지 말라(불이이이 –弗貳以二).

"오직 마음을 오롯이 하는 것이 곧 경을 지키는 것이다(유심유일지경 –惟心惟一持敬)." 이 말은 마음이 본성과 감정을 잘 조절하는 중심이 되어야 한다는 뜻이다.

표 8 집중(경)을 챙기는 방법

핵심 단어	비유	의미
수구여병 (守口如瓶)	말을 삼가기를 병마개를 막듯 하라.	말을 함부로 하지 않기. 나쁜 말, 거친 말을 막자.
방의여성 (防意如城)	잡념을 막기를 성벽을 지키듯 하라.	잡생각이 들어오지 않게 막기. 공부할 땐 공부에 집중!
부동이서 (不東以西)	동쪽으로 간다 했으면 서쪽으로 가지 말라.	마음을 정한 대로 움직이기. 계획을 정했으면 딴짓하지 않기!
불이이이 (弗貳以二)	하나의 마음으로 두 가지 일을 나누지 말라.	한 번에 하나에 집중하기. 게임을 하면서 공부하면 다 놓친다.

마음이 본성의 이치를 따르지 못하면, 판단이 흐려지고 불편한 감정에 휘둘린다. 마음이 중심을 잃으면 감정에 끌려다닌다.

표 9 『성학십도』 마음 공부 핵심 정리

내용	의미
마음은 몸의 주인이다.	우리가 뭘 하고 말하는지도 마음이 결정한다.
경은 마음을 집중하게 한다.	마음을 붙잡아 주는 것이 경이다.
경재잠도(敬齋箴圖)는 경을 실천하는 방법이다.	병뚜껑처럼, 성처럼! 딴짓 금지!
마음이 성(본성)과 정(감정)을 다스린다.	마음이 착하게 이끌어 주면 감정도 착해진다.

마음이 감정을 생각하지 않으면 감정이 폭발한다. 그래서 마음

이 중심을 잘 잡는 게 가장 중요하다. 마음이 제자리를 지킬 때, 감정도 그에 따라 조화롭게 흐를 수 있기 때문이다.

감정과 마음에 대한 유학적 통찰을 삶의 철학으로 되새기기
우리는 단순한 육체적 존재를 넘어선 영적인 존재이며, 우리 안에는 마음, 그리고 그 마음 안에는 본성과 감정이 함께 깃들어 있다.

'성'은 누구나 태어날 때부터 지닌 선한 본성이다. 사랑하고 싶어 하는 마음, 올바르게 살고 싶어 하는 마음 등이 여기에 해당한다. 이러한 성은 모든 사람 안에 이미 주어져 있는 착한 마음의 씨앗이다.

'정'은 우리가 일상에서 느끼는 다양한 감정이다. 기쁨, 슬픔, 분노, 부끄러움, 두려움, 욕망 등은 모두 정에 포함된다. 유학은 이 감정들 역시 본래 선한 본성에서 비롯된 것으로 이해한다. 성이 선한 만큼 그로부터 발현된 감정 또한 선하지 않을 수 없다는 것이다. 그러므로 자신이나 타인의 감정을 나쁘다고 단정 지을 이유는 없다. 감정이 불편하거나 복잡하게 느껴질 때는 그 감정을 억누르거나 부정하기보다 그 안에 담긴 이치를 살펴보는 것이 중요하다.

우리 마음속에는 본래 옳고 그름을 분별하는 능력이 있다. 감정이 흔들릴 때일수록 지금 내가 바르게 알고 있는지, 혹은 잘못 알고 있는지를 분별해 내는 힘이 필요하다. 바로 그 지점에서 우리는 감정에 휘둘리는 대신, 감정을 이해하고 조절할 수 있다. 그 중심에 놓인 태도가 바로 '경', 즉 마음을 집중하고 흐트러지지 않게 붙드는 힘이다.

경은 내면을 지키는 정신적 중심축이며, 감정이 요동칠 때 나 자신을 다잡게 해 주는 중요한 수양의 덕목이다. 감정이 혼란스러울 때마다 자신에게 이렇게 되새긴다. "나는 원래 착한 마음을 가진 존재다."

그리고 내 마음속에서 진짜로 원하는 것, 이치에 합당한 욕망(理欲 -리욕)이 무엇인지 살펴보자. 작은 욕심 말고 나다운 큰 욕망 말이다. 그렇게 할 때 우리는 본성과 감정, 욕망과 판단 사이에서 균형을 되찾고, 더 성숙하고 단단한 삶의 태도를 세울 수 있다.

Chapter 11 감정은 왜 롤러코스터처럼 출렁이는가?

공자의 유학에서 바라본 감정

철학에서 인간의 정신만을 따로 떼어내어 심리학을 태동시킨 사람이 제임스 윌리엄(William James, 1842-1910)이다. 그는 인간 정신을 물리적 두뇌로부터 분리해 내어 독립적인 탐구 대상으로 삼았다. 그는 인간의 정신세계를 두뇌 안의 세계, 즉 내면의 세계와 외부 자극으로 구성된 현상 세계로 나누어 보았다.

이때 마음은 생각을 담당하는 중심이며, 생각은 흔들리는 감정과 밀접하게 연결되어 있다고 보았다. 감정이 생각에 영향을 주기도 하고, 반대로 생각이 감정을 만들어 내기도 한다. 마음은 늘 일정하지 않기에 생각도 감정도 함께 요동친다. 감정은 왜 이리 들쑥날쑥할까? 기쁨과 분노, 슬픔과 설렘이 하루에도 몇 번씩 교차하는 감정의 롤러코스터는 도대체 어디서 비롯되는 걸까?

공자의 유학은 감정을 어떻게 보았을까? 공자의 유학 가운데 우리나라에서 특히 발전하여 일본에까지 크게 영향을 미친 것이 성리학이다. 임진왜란 때 왜(일본)가 퇴계의 책들을 훔쳐가면서 본격적으로 성리학이 확산하였으니 역사의 아이러니다. 심리학이 마음의 기능에 집중한다면 동양철학, 특히 성리학은 마음과 감정의 '본래 성질'에 주목한다.

성리학(性理學)은 공자의 유학을 계승한 철학으로, '성(性)은 곧 이치(理)'라는 사상, 즉 성즉리(性卽理)를 핵심 개념으로 삼는다. 이는 인간의 본성 자체가 하늘이 부여한 이치라는 뜻이다. 성리학은 하늘에서 부여된 명령이 곧 인간 존재의 이유이며, 세상 모든 사물에는 저마다의 이치가 깃들어 있다고 본다.

그리고 사람에게는 이 천명과 이치가 깃든 본성이 있으니, 그것이 곧 성(性)이다. 이는 자사의『중용』1장에 잘 드러난다. '하늘이 명한 것을 성이라 하고(천명지위성 −天命之謂性), 성을 따르는 것을 도라 하며(솔성지위도 −率性之謂道), 도를 닦는 것을 교라 한다(수도지위교 −修道之謂敎).'

이 구절은 인간이 가진 본성은 하늘로부터 받은 것이며, 그 본성을 따르는 것이 인간 삶의 길이며, 그 길을 닦고 확장하는 것이 곧 교육이고 수양이라는 것이다. 이러한 관점에서 본다면 감정 역시 성에서 비롯된 것, 즉 하늘이 준 순수한 본성의 발현으로 이해할 수 있다.

감정은 왜 불편할까? −유학의 해석

감정이라는 단어는 '느낄 감(感)'과 '뜻 정(情)'의 합성어이다. 감정이란 뜻을 느끼는 것, 다시 말해 의미가 있어서 생겨나는 마음의 반응이다. 예를 들어 화가 난다면 그 화가 날 만한 뜻을 알아서 화가 올라온다는 말이다.

슬플 만한 이유가 있으니 슬퍼진다. 이 감정의 원천은 어디일까? 유학에서는 이런 감정이 성(性)에서 비롯된다고 본다. 따라서 감정이 격해질 때, 우리가 해야 할 일은 감정을 억누르는 것이 아니라 그 안에 담긴 이치를 살피는 것이다.

한국인의 정(情), 사랑의 또 다른 이름
흔히 우리나라 사람들을 보면 정이 많다고 한다. 아마 누군가에게 인정머리 없는 사람이란 말을 들으면 마음이 편하지 않을 것이다. 정이 많다고 하는 것은 인정이 많다는 말이다. 인정(人情)이란 사람의 정을 말하지만, 다시 보면 인(仁 -사랑)과 정(情 -감정)이 결합한 개념이기도 하다. 인(仁)도 사랑이요, 애(愛)도 사랑이니, 정이 많은 사람은 사랑의 감정이 풍부하다는 말이다. 과연 무얼 보면 알 수 있을까?

예전 조용필이란 가수가 '정'이란 노래를 불러 크게 히트했다. 노래에는 '정이란 무엇일까, 주는 걸까? 받는 걸까? 받을 땐 꿈결 같고, 줄 땐 안타까워'라는 구절이 있다. 이 노랫말을 두고 한 일본 기자는 의문을 품었다. '줄 때는 안타까워' 하는 가사 부분이다. '주고 나면 그만이지 주고서 뭘 안타깝게 생각할까?' 그래서 한국사람인 자기 아내에게 물어보고는 '더 주고 싶은데 더 주지 못해서 안타깝다.'라는 설명을 들었다. 이 기자는 주변의 다른 한국인에게도 물었고, 모두 같은 반응이었다고 한다. 그는 한국인의 감정, 특히 '정'이라는 감정은 단순한 감정 그 이상, 베풀고자 하는 마음, 넘치는 사랑의 표현이라는 것을 실감했다고 한다. 감정은 외부 반응이 아니라 '의미 구성'이다.

현대 심리학에서는 감정을 어떻게 바라볼까?

감정 연구의 선구자인 리사 펠드먼 배럿(Lisa Feldman Barrett)은 『감정은 어떻게 만들어지는가?』에서 이렇게 말한다. "감정은 외부 자극 때문에 자동으로 생기는 것이 아니라, 내부에서 구성되는 의미다.", "당신은 감각을 수동적으로 받아들이는 존재가 아니라, 감정을 능동적으로 구성하는 존재다." 즉 감정은 단지 '반응'이 아니라 '해석'이고, '반사'가 아니라 '의미 만들기'라는 것이다. 예컨대 고통이 심한 감정 상태에서 의미를 발견하면 고통은 작아지게 된다. 『죽음의 수용소에서』라는 책으로 유명한 빅터 프랭클의 의미치료(Logotherapy)도 같은 개념이다. 의미를 부여하면 고통은 견딜 수 있는 것이 되고, 감정은 무의미한 소용돌이가 아니라 성장을 이끄는 힘이 될 수 있다.

예시 톨스토이의 단편소설 『사람은 무엇으로 사는가?』

생계가 빠듯한 제화공 세몬. 세몬의 아내 마트로나는 크리스마스를 앞두고 밀린 외상값이라도 받아오라며 남편을 닦달한다. 구두를 만들어 겨우 생계를 이어 가는 남편은 아쉬운 얼굴로 여러 집을 돌며 외상값을 청하지만, 돌아오는 대답은 대부분 "다음에 줄게."다. 말은 못 하지만 살기 힘든 세상이라는 걸 누구보다 잘 아는 그다. 헛웃음을 삼키며 집으로 향하던 중, 한 집에서 일부라도 갚겠다는 말을 듣자 그제야 조금 마음이 풀린다.

그는 시린 마음과 추위를 달래기 위해 술집에 들러 따뜻한 술 한 잔으로 속을 달랜다. 집으로 돌아가는 길에 교회 앞 계단에서 외투도 없이 벌벌 떨고 있는 한 남자를 발견한다. 측은한 마음이 든 세몬은 말없이 주저앉아 있던 그 낯선 남자에게 자신의 외투를 벗어 주며 이렇게 말한다. "갈 데 없으면 우리 집에 갑시다."

그가 남자를 데리고 집에 도착하자, 아내 마트료나는 눈앞의 광경에 할 말을 잃는다. 남편이 외간 남자를 데리고 오다니. 그것도 부부가 나눠 입던 외투를 입혀서. 남편은 "이분이 몹시 배가 고파 있으니, 저녁을 준비해 줘요."라고 당당하게 말한다. 순간, 마트료나의 감정이 폭발한다. 화가 머리끝까지 차올라 남편에게 거칠게 퍼붓는다. 마치 폭풍우가 몰아치듯 거친 언사가 쏟아진다. 남편은 묵묵히 듣는다. 이미 예상했을 반응일 것이다.

분노는 한바탕 지나가고, 아내는 여전히 구시렁거리며 식사 준비를 하지 않겠다는 기세다. 그때 남편은 조심스럽게 아내에게 다가가 한마디 묻는다.

"당신 마음속에는 하느님이 없소?" 이 짧고 단순한 질문이 아내의 태도를 바꾸어 놓는다. 그녀는 말없이 조용히 움직이며 저녁 준비를 시작한다. 남편은 아마 아내의 신앙심이 충분하단 걸 알고 있었으리라. 이 순간이 인간의 본성과 하늘의 신성이 연결된 지점이라고 생각한다.

위 톨스토이 소설의 예시에서 보았듯이 자신이 어떤 사람인지, 즉 자신의 정체성을 더 깊이 자각할수록 감정에 수동적으로 휘둘리지 않고 능동적으로 전환하는 것이 가능해진다. 그렇게 되기 위해서는 먼저 감정이 어떻게 생겨나는지, 그리고 우리는 어떤 존재인지 이해하는 것이 필요하다.

앞서 말했듯이, 유학에서는 인간 본성(性)의 자기 욕망에 따라 감정(情)으로 드러나는 과정을 성발위정(性發爲情)이라 한다. 또한 본성에 따라 사는 삶을 도(道), 즉 솔성지위도(率性之謂道)라고 한다. 이 도를 따라 감정을 표현하는 것이 곧 삶의 흐름이며, 감정의 자연스러운 작용이다. 그러므로 감정 자체가 잘못되었거나 나쁜 것일 수는 없다.

모든 감정은 '감(感)' 즉 느낌을, '정(情)' 즉 정제된 정보로 알아차리는 과정이며, 이는 생명 유지를 위해 필요한 기능이다. 감정이 상황에 적절하게 반응하고, 조화롭게 발현되는 상태를 유학에서는 '화(和)', 즉 조화의 상태라 한다. 반면 감정이 제 역할을 하지 못하고 어긋날 때, 몸과 마음은 불균형과 불화를 겪게 된다.

따라서 도가 어그러진 감정의 흐름을 다시 바르게 세우는 것, 다시 말해 자기감정을 조화로운 방향으로 고쳐가는 것이 바로 수도(修道)이며, 유학에서는 이를 교(敎)라고 불렀다. 오늘날로 말하면 교육, 상담, 코칭, 종교 등이 그런 역할을 하며 감정 회복과 자기 성찰을 돕는다.

용어 정리

철학과 심리학에서 감정과 유사한 용어가 혼용되어 사용되므로 용어에 대한 개념 차이를 구분하여 이해하면 상황에 적절하게 사용할 수 있다. 다음은 단어 사용 용례이다.

- 감정(Emotion): 그는 친구의 배신에 몹시 분노했다.
- 정서(Emotion): 그녀는 칭찬을 듣고 미소를 지었다.
- 정동(Affect): 갑작스러운 소음에 심장이 두근거리고 불안해졌다.
- 느낌(Feeling): 나는 이곳에서 평온함을 느낀다.

표 10 감정 관련 단어 비교

구분	감정(Emotion)	정서(Emotion)	정동(Affect)	느낌(Feeling)	기분(Mood)
정의	특정 자극에 대한 주관적 심리 상태.	감정의 외부적 표현과 사회적 맥락.	신체적, 무의식적 반응 및 변화.	감정과 감각을 의식적으로 자각한 상태.	비교적 지속적이고 만연한 감정 상태.
특징	순간적이고 강렬함. 주관적 경험. 정신과 신체 모두 관여.	외부에서 관찰 가능. 행동, 언어로 표현. 사회적 요소 포함.	신체 반응 중심. 무의식적. 환경과 상호작용.	의식적으로 느껴짐. 감정을 해석하거나 인지함.	지속적이고 안정적. 특정 사건에 국한되지 않음.
지속성	순간적 또는 단기적.	단기적 또는 표현 중심.	순간적 또는 지속 가능.	지속 가능하며 자각 중심.	장시간 지속 가능.
예시	분노, 슬픔, 기쁨 등.	웃음, 울음 등 표현된 감정.	두근거림, 긴장감 등 신체 반응.	'나는 행복하다.'라고 느끼는 상태.	우울, 들뜬 기분, 차분함 등.

Chapter 12 감정에도 지능이 있다

철학이 알려 주는 감정 읽는 법

감성 지능

'감성 지능'이라는 용어는 1990년 예일대학교의 살로베이(Salovey) 교수와 뉴햄프셔 대학교의 메이어(Mayer) 교수가 처음 사용했다. 감성 지능은 자신과 타인의 감정을 인식하고, 감정 간의 차이를 구별하며, 이를 사고와 행동에 활용하는 능력으로 사회적 지능의 한 유형이다.

이후 다니엘 골먼(Daniel Goleman)이 『감성 지능(EQ: Emotional Quotient)』(1995)을 출간하면서 EQ가 대중적으로 알려졌다. 초등학생들에게 감정 단어를 익히게 하고 이를 활용하는 시간을 매일 20~30분씩 갖게 한 결과, 아이들의 사회적 행동과 학업 성취가 모두 향상되었다.

메이어와 살로베이는 감성 지능(EI: Emotional Intelligence)이란 단어를 애초에 사용했었고, 그들은 감성 지능을 다음 다섯 가지 요소로 구분했다.

- 자기감정 인식: 자신의 감정, 강점과 약점, 충동, 가치관, 목표를 아는 능력
- 자기감정 관리: 파괴적 감정과 충동을 조절하고 진정시키는 능력

- 자기 동기 부여: 원하는 것을 이루기 위해 스스로 동기를 부여하는 능력
- 타인 감정 이입: 타인의 감정을 이해하고 공감하는 능력
- 사회적 기술: 타인과 관계를 형성하고 유지하는 능력

그림 12 **감정 지능 다섯 가지 요소**

그렇다면 유학의 태두인 공자는 감성 지능의 다섯 요소를 어떻게 설명했을까? 다음과 같이 정리해 볼 수 있다.

- 자기감정 인식: 수신(修身)의 핵심 개념으로 '주충신(主忠信)'과 '무우불여기자(無友不如己者)'를 들 수 있다. 이는 자신을 믿고 자신답지 않은 것과는 친구 하지 말라는 뜻으로, 나다움을 지키는 태도를 말한다.
- 자기감정 관리: 감정 조절과 관련해 '징분질욕(懲忿窒慾)'이라는 말이 있다. 분노를 경계하고 욕망을 절제하라는 뜻이다. 퇴계는 '천선개과(遷善改過)'를 강조한다. 이는 잘못을 고쳐야 선해지는 존재가 아니라, 본래 선한 존재임을 자각하면 스스로 허물을 고친다는 의미다. '극기복례(克己復禮)'도 같은 맥락이다. 마치 김 서린 거울을 닦듯, 원래의 나를 되찾는 것이 핵심이다.

- 자기 동기 부여: '임금은 임금답고, 신하는 신하답고, 아버지는 아버지답고, 자식은 자식다워야 한다.'라는 말처럼 자기 정체성을 분명히 하는 것이 내적 동기의 바탕이다. 또한 선사후득(先事後得), 선난후획(先難後獲), 선지노지(先之勞之)처럼, 결과보다 먼저 실천하고 수고하는 자세가 자기 자신과 이웃, 맡은 일에 대한 사랑을 드러낸다.
- 타인 감정 이입: 유학의 황금률인 '기소불욕 물시어인(己所不欲 勿施於人)'은 내가 원하지 않는 일을 남에게도 하지 말라는 뜻이다. '혈구지도(絜矩之道)'는 자신의 감정을 기준으로 타인의 감정을 헤아리라는 의미다. 또한 서(恕)라는 글자 자체가 '마음을 같이하라.'는 뜻을 지녀 공감의 본질을 잘 보여 준다.
- 사회적 기술: 대인 관계의 핵심은 '반구저기(反求諸己)'다. 남을 탓하지 말고 자신에게서 해답을 찾으라는 태도다. 관계의 어려움 속에서도 자신을 돌아보는 것이 유학이 제시하는 지혜다.

그림 13 감정 지능 요소별 키워드

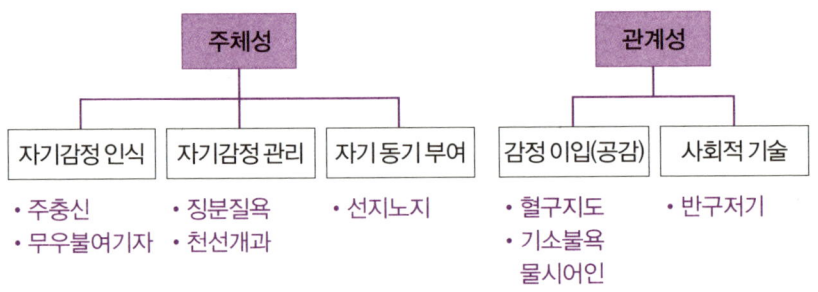

『대학』에는 '수신제가 치국평천하(修身齊家治國平天下)'라는 말이 나온다. 이 가운데 '평천하'를 설명하는 부분에 '혈구지도'라는 단어가 등장한다. '윗사람을 모시며 불편했던 방식으로 아랫사람을 대하지 말고, 아랫사람에게 불편했던 방식으로 윗사람을 모시지 말라.'는 내용인데, 이 말에 깊이 공감했다.

이것은 상하 관계에만 해당하는 것이 아니라, 수평 관계에도 적용된다. 내가 싫었던 것을 기억한다면 남도 싫어할 만한 행동은 하지 않는 것이 순리요, 지혜다. 이는 곧 『논어』의 황금률, '자기가 하기 싫은 일을 남에게 시키지 말라.'라는 가르침과 맞닿아 있다.

- 상사의 인정과 칭찬을 바랐으면서 후배에게는 인색하지 않았는가?
- 후배들이 다가와 정보를 주길 바라면서 정작 상사에게는 무심하지 않았는가?
- 포용과 존중을 원하면서 내 주변 사람들에게는 그러한 태도를 보였는가?

우리가 세상을 살아가는 답은 이미 우리 안에 담겨 있다.

감정 코칭

상황 구성원이 제때 보고하지 않아 자주 화가 난다는 한 임원

참가자 문제가 생겼으면 바로 보고해야지, 왜 뭉개고 있다가 더 키우는지 모르겠어요. 화를 내도 그때뿐이고, 답답합니다.

코치 문제 보고가 안 돼 화가 나고, 상황이 나아지지 않아 답답하신 거군요. 중요한 이슈인 만큼 어떻게든 잘 해결하고 싶은 마음이 크시겠네요.

참가자 네, 맞아요.

코치 구성원들이 어떻게 해 주길 바라십니까?

참가자 문제를 빨리 수습하든가, 아니면 미리 보고해서 함께 대책을 마련해야죠!

코치 수습도 못 하고 보고도 빠뜨리면 정말 화가 나실 수 있겠네요. 그런데 만약 구성원들의 그런 행동에 어떤 '선한 동기'가 있었다면 무엇일까요?

참가자 자기들끼리 해결해 보고 싶었겠죠.

코치 그랬다면, 어떤 마음이었을까요?

참가자 욕먹고 싶지 않았겠죠.

코치 또 어떤 마음이 있을까요?

참가자 글쎄요.

코치 상무님께 걱정을 끼치고 싶지 않다는 마음은 없었을까요?

참가자 (끄덕이며) 아, 그런 마음도 있었겠네요. 생각 못 했어요.

코치 야단을 쳐도 반복된다고 하셨죠. 이런 악순환을 끊기 위해 어떤 새 시도를 해 볼 수 있을까요?

참가자 잘 모르겠네요.

코치 구성원들의 그런 마음을 알아주거나 인정해 보면 어떨까요?

참가자 아마 그걸 바라고 있겠죠.

코치   그렇다면 그 인정의 말에 하고 싶은 말을 함께 담아 전한다면 어떨까요?

참가자   그냥 야단만 치지 말라는 얘기군요. 그게 더 낫겠네요.

코치   제가 부하 직원이라 생각하고 한번 말해 보시겠습니까?

참가자   내가 걱정할까 봐 먼저 문제를 해결하려고 애쓴 점은 고맙게 생각하네. 하지만 알다시피 골든타임을 놓치면 일이 커질 수 있으니, 중요한 건에 대해서는 함께 머리를 맞댈 수 있도록 제때 의논해 주게.

코치   제가 진짜 구성원인 것처럼 꼭 그렇게 해야겠다는 마음이 듭니다.

참가자   그런가요? 진작 이렇게 말할 걸 그랬네요.

성찰 질문

- 오해로 인해 스트레스를 받았던 경험이 있었나요? 언제, 어떤 상황이었고 무엇이 가장 힘들었나요? (혹은 관찰했던 사례)
- 오해로 인해 성급하게 판단하거나 행동해 실수한 경험이 있었나요? 언제였고, 어떤 결과를 낳았나요? (혹은 관찰했던 사례)
- 처음에는 잘못한 줄 알았지만, 나중에 사정을 알고 보니 이해하게 된 일이 있나요? 어떤 이야기였고, 그 일을 통해 무엇을 느꼈나요?

Chapter 13 감정은 어떻게 만들어지는가?

감정의 프로세스는 자극-인식-반응이다

사람은 외부 자극이 주어지면 어떤 식으로든 반응한다. 그런데 자극이 곧바로 반응으로 이어지는 것은 아니다. 그사이에는 판단, 즉 인식이라는 과정이 있다. 따라서 감정의 흐름은 '자극 → 인식 → 반응'의 순서로 이루어진다. 이 흐름을 '자-인-반 프로세스'라고 부를 수 있다. 무반응도 반응하지 않기로 판단한 결과이므로 역시 하나의 반응이다. 이 인식(판단) 기능을 빠르게 하느냐, 천천히 하느냐는 감정 반응의 질을 결정짓는 중요한 요소다.

보통 스트레스 상황에서는 생각할 여유도 없이 자동으로 반응하게 된다. 이를 무의식적 자동 반응이라 하며, 우리는 흔히 이것을 감정적 반응이라고 부른다. 그래서 '감정적으로 반응하지 말라.'는 충고는 곧 인식 없이 즉각적으로 반응하지 말라는 뜻이기도 하다.

그림 14 자극-인식-반응 프로세스

감정의 순기능과 인식의 중요성

감정에는 고유한 순기능이 있다. 기쁨은 자기 동기를 강화하고, 분노는 파괴와 해체(또는 재생과 부활)를 유도한다. 슬픔은 잃어버린 것을 다시 연결하려는 힘이며, 불안과 공포는 자기 보호를 돕는다. 혐오는 해로운 것을 거부하게 하며, 놀람은 저항의 기능을 한다.

 어떤 자극을 받았을 때, 그것을 긍정적으로 인식하느냐 부정적으로 받아들이느냐는 각자의 관념에 따라 달라진다. 관념이 부정적이면 인식도 그 영향을 받기 마련이다. 문제는 감정 반응이 대부분 무의식적이고 순간적이라는 점이다. 그래서 우리는 자극을 받았을 때 한 박자 쉬며, 이성의 지도에 따라 감정을 정리할 필요가 있다.

 "내가 이렇게 반응하면, 저 사람은 어떻게 느낄까?" 하고 상대의 감정을 살피는 마음을 우리는 감성적 성향이라 한다. 객관적인 사실 관계에만 의존하지 않고, 타인의 감정까지 고려할 수 있어야 건강한 주체성과 관계성을 유지할 수 있다.

 '감정을 잘 챙기라.'라는 말은 곧 '자기감정을 잘 들여다보라.'라는 뜻이다. 화가 났다면 그 화 속에 자신이 진정으로 바라는 것이 무엇인지를 먼저 살펴야 한다. 감정에 끌려가기보다, 감정의 신호를 통해 자신의 욕구를 알아차리는 것이 중요하다. 감정 그 자체는 잘못이 아니다. 다만 감정을 올바로 인식하고 조율하지 못할 때, 감정은 역기능으로 작동할 수 있다. 그러므로 자극과 반응 사이에 시간적 틈, 곧 '공간(Space)'을 두는 것은 지혜로운 전략이다.

코치 역시 코칭 과정에서 이 공간을 활용할 수 있다. 예를 들어, 참가자가 말없이 뜸을 들인다면 "방금 잠시 침묵하셨는데, 어떤 의미가 있었을까요?" 하고 묻는 것이 좋다. 그 틈은 인식의 공간이며 감정의 흐름을 전환할 기회이기도 하다.

'자-인-반 프로세스'에서 자극은 외적 요인이기에 통제할 수 없다. 그러나 인식은 자기 통제의 영역이다. 이 단계에서 감정이 판단에 영향을 미치므로, 감정이 역기능을 하지 않도록 먼저 감정을 조율하는 일이야말로 성숙한 자기관리이며 코칭의 핵심이다.

사례 남편의 외도를 알게 된 부인

참가자 남편이 바람을 피웠어요. 물증도 잡았고요. 그런데 사흘 씩이나 잠을 못 이루겠더라고요.

코치 정말 매우 속상하고 화도 나셨겠어요. 그런데 한 가지 여쭤봐도 될까요?

참가자 뭔데요?

코치 물증을 잡았다고 하셨는데, 바로 따지지 않고 사흘 동안 잠도 못 주무셨잖아요. 그 마음은 어떤 마음일까요?

참가자 (잠시 침묵 후 한숨) 그러게요. 생각해 보니 따지지 않은 걸 되돌아보며 저 자신도 느낀 게 있어요. 아마 남편과 헤어지고 싶지 않은 마음이 있었던 것 같아요.

참가자 생각이 깊으시네요. 비록 화가 나셨지만, 아이에게 아빠의 자리를 지켜주고 싶은 마음이 있으셨군요.

참가자가 감정 이면의 욕구를 알아차리고 인식을 전환한 사례다.

자-인-반 프로세스
- 자극: 외부에서 들어오는 정보나 사건. (친구가 인사하지 않음)
- 인식: 친구가 나를 무시하는구나. 또는 친구가 바빠서 못 본 걸 수도 있어.
- 반응: 기분이 상하니 앞으로는 나도 무시하자. 또는 다음에는 내가 먼저 안부를 건네자.

같은 자극도 내가 어떻게 인식하느냐, 어떤 감정 상태에 있느냐에 따라 반응은 완전히 달라진다. 즉 감정은 인식 속에서 작동하고, 그 인식은 반응을 결정짓는 열쇠가 된다. 이제 우리는 인식 속에서 어떤 감정과 욕망이 작동하고 있는지 더 깊이 들여다보기로 하자.

성찰 질문
- 외부 자극에 감정이 휩쓸릴 때, 어떻게 마음을 수습하고 조절하나요?
- 어떠한 시련 앞에서도 흔들리지 않고 유혹 앞에서도 자기다움을

지키는 힘은 어디에서 나옵니까?
- 매일 나는 어떤 방식으로 나 자신을 충전하고 있나요?

감정에도 논리가 있다

감정은 안다

감정은 단순한 충동이 아니라 '인식의 반응'이다. 감정은 우연히 생기는 것이 아니다. 감정은 필연적인 이치에 따라 생겨나며, 무언가를 인식했기 때문에 발생한다. 즉 감정은 이성과 연결된 반응이며, 욕망과 현실 사이의 틈에서 비롯된다. 슬픔이나 배고픔처럼 모든 감정에는 고유한 순기능이 있다.

    감정은 마치 센서처럼 우리 내면의 반응을 감지해 드러낸다. 외부에서 단순히 들어오는 것이 아니라, 내가 감지하여 반응하는 것이다. 감정을 잘 들여다보면 내 안에 어떤 욕망이 있는지를 알아차릴 수 있고, 그에 따라 더 나은 인식과 행동이 가능해진다. 감정의 특성은 다음과 같이 정리된다.

- 감정은 욕망과 직결된다.
- 감정은 상황을 감지하는 센서와 같다.
- 감정은 중요한 정보를 제공한다.
- 감정을 올바르게 해석하면 위험을 피하고 더 나은 결정을 내릴 수 있다.

길을 걷다가 낯선 사람이 따라오면 '불안'(감정 반응)이 생기고, '빨리 벗어나야겠다.'(인식) 하며 자신을 보호한다.

팀장에게 피드백을 받을 때 '긴장'이 생기지만, '더 성장할 기회'라고 인식하면 자기 발전에 도움을 준다. 자기감정과 대화하면 인식과 행동의 선택지가 넓어진다. 타인의 감정에 질문을 던지는 것도 효과적인 소통 방법이 될 수 있다.

불편한 감정은 모르기 때문에 생긴다

화를 떠올려 보자. 처음엔 격해졌지만 사정을 알고 나면 자연스럽게 누그러지는 경우가 많다. 우리는 이런 상황에서 "알고 보니 이해가 가더라.", "그 사람 사정도 모르면서." 같은 말을 한다.

감정은 정보가 부족할 때 더 불편하게 작동한다. 알고 나면 이해가 되는 경우가 많아서 불편함으로 끝낼 것이 아니라 오해인지 아닌지를 탐색하는 것이 좋다.

구성원이 제때 보고하지 않아 화가 났지만, 나중에 알고 보니 완성도를 높이기 위해 애쓰고 있었다. 또 언성을 높이는 사람에게 스트레스를 받았지만, 그 사람이 처한 상황을 알고 나니 이해하게 되었다. 우리는 기대와 실제가 어긋날 때 불편함을 느낀다.

그러나 그 이유를 알아보지 않으면 불편함을 계속 느껴야 한다. 모를 때가 곧 알아봐야 할 때다. 공자는 이 상황을 '의사문(疑思問)'이라는 좋은 단어로 알려 주었다. 의심이 들면 질문하라는 말이다. 이 말에서 나온 것이 바로 오늘날 우리가 쓰는 '의문(疑問)'

이라는 단어다.

감정만큼 오해받기 쉬운 것도 없다

많은 사람이 감정을 이성과 분리된 비효과적 반응으로 여기거나, 감정을 드러내는 것을 부정적으로 본다. 그러나 감정은 억누를 것이 아니라 이해하고 다룰 것이다. 때로는 감정을 숨기기보다 드러내는 것이 더 효과적일 때도 있다. 위험한 상황에서 큰 감정 반응은 상대방에게 강한 자극을 주어 즉각적인 각성을 유도할 수 있다.

불편한 감정은 쌓아 두기보다는 적절히 발산하는 것이 정신 건강에 이롭다고 한다. 우리는 누군가를 미워할 수도 있고 화를 낼 수도 있다. 이것은 지극히 자연스러운 감정이며 잘못된 것이 아니다. 더 나아가 감정의 세기는 그 사람이 가진 욕망의 크기를 드러내기도 한다. 강한 분노나 슬픔, 절박함은 그만큼 무언가를 간절히 바라고 있다는 신호이기도 하다.

우리는 욕망하는 대로 느낀다

언젠가 임원 코칭을 진행할 때 일이다. 약속된 시간에 맞춰 임원실로 갔다. 몇 차례 인사를 나눈 터라 비서는 나를 알아보고 "들어가셔도 좋습니다."라고 안내했다. 그러나 문을 열려는 순간, 안에서 임원과 현장 소장이 고함을 지르며 격하게 다투기 시작했다. 나는 얼른 문을 닫고 민망한 마음으로 통로로 나왔다. '이런 상황에서 코칭을 어떻게 시작하지? 어떻게 분위기를 전환하고 말문을 열까?' 여러 생각이 스쳤다.

잠시 후, 비서가 나를 따라 나와 "들어오시랍니다."라고 전했다. 임원은 나를 반기며 미안한 표정을 지었고, 나도 어색한 미소를 띤 채 직관적으로 한마디를 건넸다. 내가 던진 질문은 이랬다.

"양보할 수 없는 중요한 문제였나 보네요?"

그 질문 하나에 임원의 표정이 달라졌다. 마치 자신을 알아주는 사람을 만났다는 듯 반가워했고, 분위기는 자연스럽게 풀렸다. 내 예상보다 훨씬 긍정적인 반응에 나 또한 흐뭇해졌다. 스피노자는 욕망이란 인간의 본질이라고 말했다. 살고자 하는 욕망, 잘하고 싶은 마음, 인정받고 싶은 욕구는 누구에게나 있다. 그런 의미에서 보이지 않는 욕망을 읽는 능력은 사람을 오해하지 않고 관계를 지키는 중요한 힘이 된다.

눈에 보이는 현상만 보면 쉽게 판단하고 오해하기 쉽다. 누군가 일 처리가 느리다면, 그것이 게으름이 아니라 완성도를 높이기 위해 디테일을 챙기려는 욕망일 수도 있다. 말을 딱 부러지게 못 하는 사람도 알고 보면 상대를 깊이 배려하고 존중하는 성향에서 비롯된 것일 수 있다. 또 다른 코칭 대화 사례를 보자.

사례 참가자는 친하게 지내던 입사 동기보다 먼저 팀장으로 승진했다. 참가자는 왠지 그 입사 동기가 불편하다.

참가자 평소엔 대화도 잘 통하고 괜찮은데 회의 시간만 되면 그 입사 동기가 자꾸 대들어요. 그래서 좀 불편해요.

코치 그 사람이 대든다고 느끼셨군요. 그렇다면 그 사람이 그렇게 말했을 '좋은 이유'가 있었다면 무엇일까요?

참가자 (잠시 생각 후) 음……. 문제를 사전에 충분히 짚고 넘어가자는 의도가 있었던 것 같네요. 리스크를 줄이기 위한 거였겠죠.

코치 그렇다면 같은 상황이 또 발생한다면 어떻게 대응하시겠어요?

참가자 오히려 제가 고맙다고 해야겠네요. 코치님 질문 덕분에 제가 그동안 어두운 면만 보고 있었다는 걸 깨달았어요.

이 팀장은 '내가 팀의 조화를 지키려는 욕망을 방해받았다.'라고만 생각해 왔지만, 코칭 대화를 통해 상대 역시 팀을 위한 선한 의도가 있었음을 인식하게 되었다. 이는 자신의 욕망처럼 타인의 욕망도 선할 수 있다는 인식 전환의 결과다. 우리는 보통 자신의 욕망은 타당하다고 여기면서, 상대의 욕망은 쉽게 판단하거나 무시하기 쉽다.

스피노자는 "모든 욕망은 타당한 관념뿐 아니라 타당하지 못한 관념에서도 비롯될 수 있다."라고 말했다. 따라서 상대의 욕망이 선한 의도라 할지라도, 그것이 현재의 맥락에서 적절한가를 함께 점검해 보는 태도도 필요하다.

성찰 질문
- 최근에 마음이 불편했던 상황 하나를 떠올려 볼까요?
- 그때 상대가 그럴 수밖에 없었을 만한 사정을 긍정적으로 가정해 본다면 어떤 생각이 떠오르나요?
- 그 사정을 상대에게 직접 말해 준다면 어떤 반응이 나올 것 같나요?

내가 선이라고 생각하는 것이 과연 절대적이고 객관적인 선일까? 아니면 주관적인 선일까? 때때로 우리는 자기 자신을 객관의 기준이라 생각하는 경향이 있다. 감정이 불편할 때 상대와 기준을 맞춰 보는 것이 좋겠다. 물론 나도 보편 속에 속하기는 하지만 나 역시 틀릴 때가 있다는 것을 잊지 말자.

욕망과 감정 ―관계의 핵심을 다시 보다
우리는 누구나 욕망에 따라 살아간다. 그리고 그 욕망은 '좋다, 싫다'라는 감정의 형태로 드러난다. 감정은 몸으로 나타난다. 슬플 땐 눈물이 나고, 설렐 땐 가슴이 뛴다. 이처럼 감정은 욕망의 언어이며, 욕망은 인간 존재의 핵심이다. 누군가가 내 감정을 알아주고 공감해 준다면, 그것은 단순한 이해가 아니라 존재 자체를 인정받는 경험으로 느껴진다.

스피노자는 말했다. "우리는 어떤 것을 선하다고 판단하기 때문에 욕망하는 것이 아니라, 욕망하기 때문에 그것이 선하다고 판단한다."라고. 이 말은 맹자의 '가욕지위선(可欲之謂善 —욕망할 수 있는 것을 선이라 한다.)과 정확히 일치한다. 기존 생각을 뒤집는 강한 통찰이었다. 동서양 철학자가 관점을 뒤집는 말을 똑같이 하고 있다는 점이 놀랍다.

누구나 자신이 욕망하는 것을 선하다고 인식하기 때문에 욕망에 장애가 되는 상대를 악으로 인식한다. 사실 우리는 자신의 욕망을 방해하는 대상을 종종 '나쁜 사람', 더 나아가 '악한 사람'으로 간주한다. 그러나 악은 실체가 있는 것이 아니라, 내 욕망의 기준에서 만들어진 판단일 뿐이다. 따라서 내 욕망이 소중하듯 타인의 욕망도 존중해야 한다. 욕망은 인간의 본질이기에 자신의 욕망을 돌보고 타인의 욕망도 존중하는 태도가 건강한 관계의 기초가 된다.

그림 15 **욕망에 다른 감정의 생성**

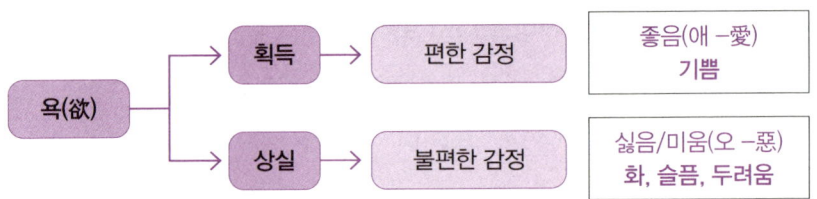

Chapter 14 감정은 외부가 아니라 내 안에서 시작된다

스피노자는 "인간의 본질은 자신의 존재를 보존하려는 욕망(코나투스)에 있다."라고 말했다. 욕망이 없다면 생명도 유지되지 않으며, 욕망이 없다면 좋고 싫음을 판단할 이유도 다양한 감정도 생기지 않는다. 욕망은 존재 이유이자 행동의 원천이다. 욕망은 본질적으로 두 가지 방향으로 작동한다. 신체적으로는 더 많은 활동 에너지를 추구하고, 감정적으로는 기쁨과 만족이라는 긍정적 상태를 추구한다.

우리는 어떤 욕망을 지니고 사는가?

사람은 욕망 덩어리다. 누구나 잘되고 싶고, 잘살고 싶다. 그러나 모든 바람이 다 이뤄지는 삶은 없다. 대개 흔한 것은 소중히 여기지 않는다. 다이아몬드처럼 희소한 것만 귀하게 여긴다. 그래서 우리는 없을 때 소중함을 깨닫고, 가졌을 때 누릴 줄 알면 더 큰 행복을 느낀다. 가지고 싶은 것을 얻고자 하는 욕망보다 지금 가진 것을 즐기는 기쁨이 더 클 때, 우리는 행복하다.

그림 16 **행복의 공식**

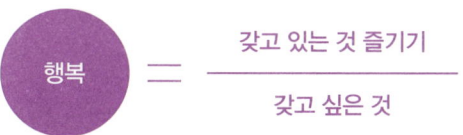

감정은 자유를 잃을 때 불편해진다

사람들이 가장 바라는 감정 상태는 행복과 자유다. 자유란 '자기 자신에게서 비롯된 상태'이며, 곧 자율이다. 누군가 내 말을 가로막거나 내 몸을 내 뜻대로 움직이지 못하게 하면 자유가 침해된다. 그 순간 우리는 불편한 감정을 느낀다. 이것이 바로 욕망의 좌절이다.

중요한 사실은, 많은 사람이 자신의 감정을 스스로 만들어 내고 있다는 것을 인식하지 못한다는 점이다.

감정의 원인을 외부 탓으로 돌리면 자신은 수동적 피해자가 되고, 그 순간부터 감정의 주도권은 자기 손을 떠나 버린다. "감정으로부터 자유로워지는 첫걸음은 그 감정이 내 안에서 만들어졌음을 자각하는 것이다."

감정과 태도의 전환

긍정심리학의 대가 마틴 셀리그먼(Martin Seligman)은 처음엔 '학습된 무기력' 개념으로 유명해졌다. 그는 실험을 통해 일정 조건에서 계속된 실패를 경험한 사람은 시도조차 포기하게 된다는 사실을 밝혀냈다.

그러나 그는 그 과정에서 회복력(Resilience)을 지닌 예외적인 사람들에 주목했다. 그들이 바로 긍정심리학의 모델이 되었다. 이들은 불편한 상황 속에서도 수동적 감정 상태로 머무는 대신 원하는 바를 알고 실행을 택한 사람들이다.

인간의 욕구

인본주의 심리학자 매슬로(Maslow)는 『동기와 성격』에서 인간의 욕구를 다음과 같이 5단계로 정리했다. 바로 생리적 욕구(기본적인 생존. 공기, 물, 음식, 수면 등), 안전의 욕구(신체적, 정서적 안정), 소속과 애정의 욕구(관계 속에 머물고 싶어 함), 자존의 욕구(인정받고 가치 있게 느끼고 싶어 함), 자아실현의 욕구(자신의 가능성을 펼치고 의미를 찾는 삶)다.

그림 17 매슬로 욕구 5단계

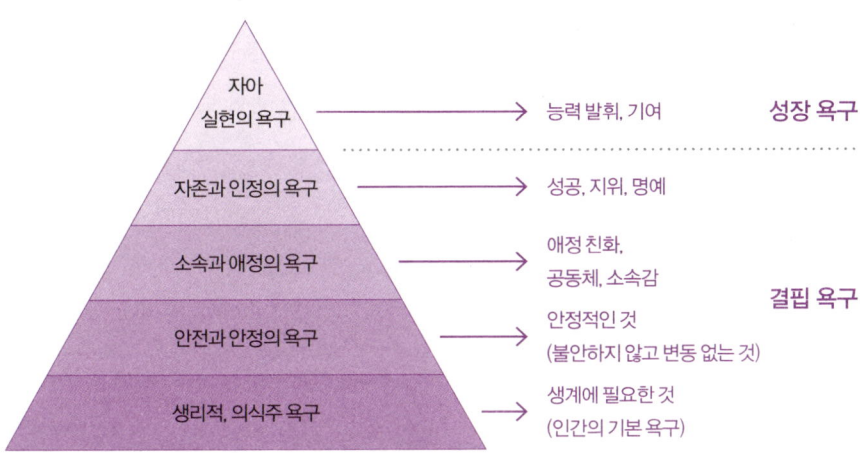

앞의 네 가지는 결핍 욕구이며 마지막 자아실현은 유일하게 성장 욕구로 분류된다. 매슬로의 이 이론이 '욕구 5단계'로 이름이 지어진 이유는 뭘까? 아래 단계의 욕구가 채워지지 않으면 결핍 상태에 빠지게 되고, 그걸 채워야 그다음 단계로 올라갈 수 있기 때문이다. 결핍을 채우는 삶에서 성장으로 나아가는 것이 감정의 주도권을 회복하는 길이다. 가장 고차원의 욕구다.

사람들은 각자의 욕구 단계에 따라 생각하고 말한다. 상대방의 말을 잘 들어 보면, 그 사람이 지금 어떤 욕구 수준에 머물러 있는지 파악할 수 있다. 또한, 그에 따라 어떤 감정이 드러나는지 자신도 함께 살펴보면 좋다.

표 11 매슬로 욕구 5단계 생각 유형

긍정적 생각(기회 포착)	욕구	부정적 생각(불안 불만)
어떻게 기여할 수 있을까? 실력 발휘를 하려면?	자아실현의 욕구	발전이 없는 게 문제다.
나를 제대로 알도록 하려면?	자존과 인정의 욕구	나를 알아주지 않는 게 문제다. 공정하지 않은 게 문제다
좋은 관계를 유지하려면? 친밀감을 높이려면?	소속과 애정의 욕구	내게 관심이 없는 게 문제다. 소통이 안 되는 게 문제다.
마음이 안심되려면? 상황이 예측 가능하려면?	안전과 안정의 욕구	불안한 게 문제다. 위험한 게 문제다.
잘 먹고 잘 지내려면?	생리적, 의식주 욕구	먹고 사는 게(생존이) 문제다.

이번에는 단계별 욕구에 따라 어떤 감정이 드러나는지 각자 자신을 살펴보자. 욕구에 따른 기분 상태와 감정 단어를 하나의 예시로 제시해 본다.

어떤 욕망은 원하는 결과를 얻기 위해 직접 행동으로 이어지기도 한다. 하지만 욕망이 있다고 해서 모든 사람이 반드시 행동에 나서는 것은 아니다. 사람의 행동 이면에는 늘 '동기'가 존재한다.

우리는 선한 존재이기에 대개 선한 동기와 선한 의도에서 행동이 비롯된다. 이 점은 자신의 내면을 돌아보면 누구나 알 수 있다.

표 12 **욕구 단계별 감정 예시**

기분 상태	+(플러스 감정)	욕구	−(마이너스 감정)	기분 상태
기쁨 감사 평온 행복	성취감	자아실현의 욕구	아쉬움	불편 불평 불만 불행
	자존감	자존과 인정의 욕구	서운함	
	소속감	소속과 애정의 욕구	소외감	
	안심	안전과 안정의 욕구	걱정·불안	
	안도감	생리적, 의식주 욕구	무력감	

그러나 일반적으로는 자신의 욕망을 드러내지 않기 때문에, 겉으로 드러난 행동만으로는 그 사람이 어떤 동기에서 그런 행동을 했는지 알기 어렵다. 동기에 대해서는 크게 두 가지 유형으로, 그리고 각각을 다시 두 가지 형태로 나누어 생각해 볼 수 있다.

접근 동기와 회피 동기

"안경을 왜 쓰시나요?"라고 물으면 보통 두 가지 유형의 답을 듣게 된다. "눈이 나빠서요" 혹은 "잘 보려고요." 전자는 불편함을 피하려는 회피 동기, 후자는 원하는 것을 얻으려는 접근 동기에 해당한다. 흥미롭게도 접근 동기로 말하는 사람이 훨씬 더 에너지 있게 느껴진다.

"왜 그렇게 열심히 하나요?"라는 질문에 "혼날까 봐요.", "시험

점수가 떨어질까 봐요."라고 답하면 회피 동기이고, "성취감을 얻고 싶어서요."라고 답하면 접근 동기다. 후자의 표현이 훨씬 긍정적 감정을 유도하며, 말하는 사람도 듣는 사람도 부담이 없다. 결국 행동 이면에는 동기가 있고, 동기 이면에는 욕망이 있다. "잘 보려고요.", "성취감을 얻고 싶어서요." 같은 답은 모두 선한 의도이며 누구에게나 있는 정당한 욕망이다.

코칭 과정에서 참가자들은 보통 회피 동기 형태로 자신의 이슈를 표현한다. 불편한 감정 상태를 먼저 전달하기 때문이다. 이때 코치는 그 안에 담긴 접근 동기를 포착해 주는 것이 중요하다. 이것이 바로 '의도 듣기'다. 의도 듣기는 표현되지 않은 선한 동기를 대신 읽어 주는 것이다. 존재 듣기는 그 사람의 보이지 않는 성품과 본질까지 알아주는 경청이다.

사례 아이가 공부를 열심히 하지 않아 고민인 학부모

참가자 우리 아이가 공부를 열심히 하지 않아 걱정이에요.

코치 걱정되시겠네요. (기분 듣기) 부모로서 아이를 잘 키우고 싶은 마음이 느껴집니다. (의도 듣기)

참가자 네, 정말 그래요.

코치 코칭을 요청하신 걸 보면 애정과 책임감이 크신 부모님 같아요. (존재 듣기)

참가자 네, 맞습니다.

사례 구성원들이 협조적이지 않아 고민인 팀장

참가자 구성원들이 협조적이지도 않고 자율적이지 않아 팀 운영이 어렵습니다.
코치 정말 고민이 크시겠어요. 구성원들의 자발성과 협력 관계를 끌어내어 팀워크를 높이고 싶으신 거죠? (의도 듣기)
팀장 맞아요.
코치 강제로 끌고 갈 수도 있지만, 자율과 협조를 더 중요한 가치로 여기는 리더 같으십니다. 어떠신가요? (존재 듣기)
팀장 네, 그렇습니다.

내적 동기와 외적 동기

동기가 생기는 원인이 내면에서 비롯되었을까? 아니면 외부 자극으로 작용되었을까? 이에 따라 동기는 내적 동기와 외적 동기로 나눈다.

어떤 프로젝트에 몰입하고 있는 사람에게 "왜 그렇게 열심히 하세요?"라고 물었을 때, "사회에 기여하고 싶어서요.", "자아실현을 위해서요."라고 말하면 내적 동기이다. "칭찬받고 싶어서요.", "보상을 받기 위해서요."라고 말하면 외적 동기다.

실제로 동기 부여가 효과를 발휘하려면, 자기 동기(Self-Motivation)가 중요하다. 자기 계발을 하거나 새로운 습관을 형성하거나 피드백을 줄 때 특히 그렇다. 만약 간절한 마음은 있는데도 실행력이 부족하다면, 스스로 압박이 가해지는 환경을 조성하거나 보상 시스템을 활용해 동기를 강화하는 것도 방법이다. 하지만 가장 바람직한 방법은 자신에게 맞는 동기 부여 방식을 찾아, 지속 가능한 자기 변화로 연결하는 것이다. 초기의 작은 동기라도 행동 설계를 잘 하면 오랫동안 유지할 수 있다.

사례 대학 교양수업에서 'One Change 프로젝트'로 학생들에게 가장 쉽게 실천 가능한 변화 행동을 하나 정하게 했다. 15주 동안 해당 행동을 습관화하는 것이 목표다.

코치 One Change로 선택한 것은 무엇인가요?
참가자 엘리베이터 대신 계단을 이용하겠어요.
코치 계단 오르기를 하면 어떤 점이 좋아지나요?
참가자 체력이 좋아질 거예요.
코치 체력이 좋아지면 어떤 도움이 있나요?
참가자 공부할 힘이 생길 것 같아요.
코치 꾸준히 공부하면 어떤 변화가 있을까요?
참가자 학점 관리를 잘할 수 있어요.
코치 그건 어떤 의미인가요?
참가자 장학금도 받을 수 있고 저 자신이 떳떳해질 것 같아요.
코치 그렇게 말해 보니 어떤가요?
참가자 말하면서 저 자신에게 놀랐어요. 단순한 계단 오르기가 제 꿈과 연결될 줄은 몰랐어요.

코치 멋지네요. 자기 안의 좋은 의도를 발견하신 거예요.

참가자 네, 꼭 해낼 겁니다.

이 학생은 이후 행동 목표를 상향 조정했다. 일반적으로 시간과 장소가 명확히 정할 경우(예: 엘리베이터 앞에 서면 계단 선택) 행동 성공률이 높아진다.

감정의 자기 원인

스피노자는 "기쁨은 인간이 더 작은 완전성에서 더 큰 완전성으로 이행할 때 나타나며, 슬픔은 그 반대의 과정에서 생긴다."라고 말했다. 슬픔이나 분노, 질투, 불안과 같은 불편한 감정은 자신의 욕구나 욕망이 현실과 어긋나면서 생기는 반응이며, 이는 본래의 큰 완전성에서 작은 완전성으로 '감소한 상태'로의 전환이다. 스트레스 상황에서는 정신이 제 기능을 하지 못하고 인식의 폭도 좁아진다. 하지만 '나'라는 소우주 안에서 나는 늘 완전성 속에 머물러 있다. 감정은 외부 탓이 아니라 자기 안에서 비롯된다. 앞서 말했듯, 문제의 원인을 외부로 돌리며 감정에 휘둘리는 것은 타당하지 않은 관념의 작용이다. 내 안에서 일어나는 감정은 외부에서 만들어진 것이 아니라, 나의 욕망과 관념에서 비롯된 것이다. 욕망은 내가 바라고 원하는 것이고, 관념은 나와 세상을 바라보는 나만의 사고방식, 판단 기준이다.

진짜 자기감정 인식하기

사례 친구가 아무 연락 없이 약속에 크게 늦었다. 약속에 늦은 친구를 기다리며 생긴 감정

친구 때문에 화가 자극된 것은 사실이지만, 진짜 원인은 친구 자체가 아니라 나의 욕망과 관념에서 비롯된 것이다. 만일 자기가 아쉬운 소리를 하기 위해 만나려 했다면 화가 나기보다는 오히려 늦게라도 와 준 것이 고마울 것이다. 연락도 없이 나타나지 않으니까 걱정스러운 마음이 들거나 불안한 마음이 들기도 했을 것이다. 이처럼 화가 난 상황에서 화가 일어난 이유를 자기 안에서 찾아보고 이해하는 것이 자기감정 인식이다.

이럴 때 '이 친구가 늦는 것은 나를 무시해서 그래.', '약속 시간을 어기는 걸 보면 시간관념이 없는 친구라 그래.', '그 친구에게 나는 별 볼 일 없는 사람인가?' 하고 생각하는 모든 것이 자기 관념이다. '약속한 제시간에 만나 시간 낭비하고 싶지 않았다.'라는 욕망, '시간 약속을 지키는 것이 예의다.'라는 관념이 작동했다.

하지만 만약 '연락도 없이 늦을 정도면 무슨 급한 사정이 있었겠지.'라고 생각하거나 '나도 예전에 그런 적 있었지.'라는 기억을 떠올린다면, 화보다는 걱정이나 이해의 감정이 생길 수 있다.

이때 '이 감정이 이래서 생겼구나.' 하며 자기감정을 이해하는 것이 정신이 능동으로 작용하는 순간이다. 감정은 인식의 주체인 동시에 인식의 대상이다. 사실을 직감하는 정신이 바로 감정이다.

감정은 주체이지 피동체가 아니다. 그렇게 느낄 수밖에 없는 필연성에 의해 감정이 생긴다. 그 자체가 완전성의 증표기도 하다. 미워하는 감정이 생겼다고 하여 그 감정이 잘못된 것은 아니다. 불편한 감정이 생겼다면 자기가 뭘 원했는지, 자기 욕망을 들여다보는 것이 좋다. 감정이 왜 생겼는지를 자기 안에서 인식하는 것, 이것이 바로 자기감정 인식이다. 감정의 원인을 외부 원인(탓)으로 인식하지 않아야 한다. 감정은 '느낌으로 아는 것.'이다.

우리는 흔히 "느낌이 와!"라고 말한다. 논리로 설명하지 않아도 감정이 먼저 알고 있다. 도둑질이 옳지 않다는 것을 몸이 먼저 알고 심장이 쿵쿵 뛰는 거처럼 말이다. 좋거나 싫거나 하는 감정은 자신의 욕망으로 생긴다. 떳떳하다면 그럴 리가 없다. 다시 말해 우리가 이상한 것을 욕망할 리가 없다. 다만 생각을 놓치면 자기만의 이익을 위한 좋지 않은 일을 저지른다. 나다움 혹은 나보다 더 큰 나(우주적인 나, 공동체 속의 나)를 떠올린다면 옆길로 새지 않는다.

스피노자는 "기쁨과 같은 정서는 신체 활동을 확대하며 슬픔은 신체 활동을 축소시킨다."라고 했다. 불의를 보면 화가 나는 이유는 우리 욕망이 좋은 세상을 바라고 있기 때문이다. 자신이 무엇을 소중히 여기는지 알아차리는 것이 자기감정 인식이다. '내가 이런 걸 바라고 있었구나.' 혹은 '내가 이런 걸 싫어했구나.'라며 감정을 바라보면서 자신의 욕망을 알아차릴 수 있다. 코칭에서 욕망(원하거나 바라거나 기대하는 바)을 가장 먼저 질문하는 이유다.

사례 요즘 스트레스가 너무 심해요. 감정 소모가 크고, 이러다 탈진할 것 같아요.

- 그러면 앞으로 어떻게 되기를 바라시나요? (욕망 확인. 미래로 시선 전환)
- 코칭이 끝났을 때 어떤 결과를 얻고 싶으신가요? (코칭 목표 설정)

사례 남편이 술만 먹고 소통을 안 해서 답답해요.

- 남편에게 어떤 아내가 되고 싶은가요? (정체성 기반의 욕망 확인)
- 남편이 어떻게 변화되기를 기대하시나요? (남편에 대한 기대 확인)
- 남편이 아내에게 바라는 것이 있다면 무엇일까요? (관점 전환. 남편의 욕망 탐색)
- 이 시간에 어떤 걸 얻고 싶으신가요? (코칭 목표 명료화)
- 바람이 이루어진다면 기분이 어떠실까요? (감정 전환 유도)
- 그렇게 되도록 아내로서 무엇을 새롭게 시도해 볼 수 있을까요? (대안 탐색, 행동 계획)
- 그러면 남편은 아내를 어떻게 느낄까요? (관계적 관점 전환)

Chapter 15 감정은 어떻게 확장되는가?

감정은 욕망에서 시작된다

우리 감정 가운데 가장 근원적인 감정은 '욕(欲)'이다. 욕이란 말 그대로 무언가를 바란다는 뜻이다. 우리 마음은 자신이 좋아하는 것이 이루어지기를 바라는 본성을 지닌다. 아무것도 바라지 않고 살아가는 사람은 없다. 이것이 모든 인간에게 해당하는 보편적 진실이다. 각자는 자신의 욕망이 이루어지되 방해받지 않기를 원한다. 이러한 상태를 우리는 자유라 부르며, 사람들은 이 자유를 온전히 누리고 싶어 한다. 바로 이 자유에 대한 갈망, 그리고 행복을 향한 욕망이 우리에게 가장 강력하게 작용하는 본질적 욕구다.

소유와 감정, 행복에 대한 오해

대부분 사람이 행복을 원한다. 행복을 '소유'에서 찾으려는 경향이 있다. 하지만 원하는 것을 많이 가졌음에도 사는 재미가 없고 기분이 나쁘다면 과연 행복하다고 할 수 있을까? 반대로 소유한 것이 많지 않더라도 기분 좋고 즐겁게 살아간다면 그 또한 행복하지 않은가? 행복해지고 싶은 것도 욕망이며, 더 많은 것을 소유하고 싶은 것도 욕망이다. 다만 욕망이 지나치면 욕심(慾心) 혹은 탐욕이라 부른다.

유학에서 말하는 감정의 칠정(七情)

유학에서는 인간의 감정을 일곱 가지로 구분했다. 바로 희(喜), 노(怒), 애(哀), 구(懼), 애(愛), 오(惡), 욕(欲)이다. 욕망은 바랄 욕(欲), 바랄 망(望)이다. 바라고 바란다는 뜻이다. 욕망하는 것이 잘 이루어질 때는 '애(愛)'라 하고, 방해를 받을 때는 '오(惡)'라 한다. '애(愛)'는 '희(喜)'로 드러난다. 희로애락의 '락(樂)'은 여럿이 함께 즐기는 감정으로, 칠정에 포함하지는 않는다. '바라고-좋고-싫은' 이 세 가지 '욕-애-오'가 인간 감정의 가장 기본 구조다.

'오(惡)'는 '노-애-구', '화나고-슬프고-두려운' 이 세 가지 감정으로 드러난다. '화(怒)'는 지나간 일에 대해서 일어나며, '애(哀)'는 현재 상태에 대해서다. '구(懼)'는 아직 일어나지 않은 미래 일에 대해서 나타난다. 이처럼 '노애구(怒哀懼)'는 시간 축에 따라 분류된 불편한 감정들이다.

그림 18 일곱 가지 감정

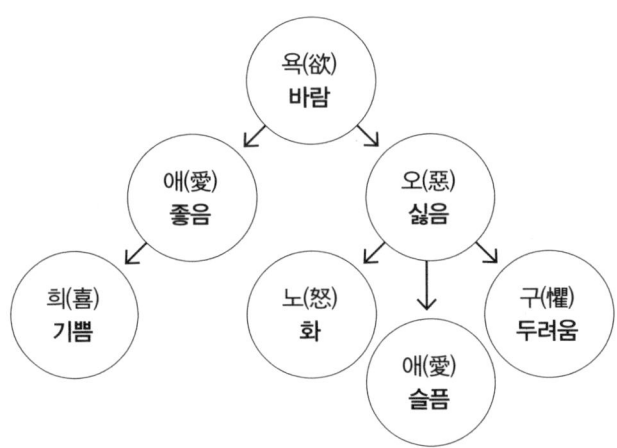

노애구와 같은 불편한 감정들은 '나다움'을 향한 몸부림이다. 감정은 언제나 내 몸에서 출발한다. 감정은 마치 센서처럼 작동하며, 때로는 나를 일깨워 주는 선생님이기도 하다. 감정은 우리에게 끊임없이 신호를 보낸다. 그 신호를 통해 배울 수 있고, 알아차릴 수 있으며, 더 나은 선택으로 나아갈 수 있다.

격물치지와 자기감정 인식

모든 감정에는 이유가 있다. 누군가 "왜 싫어?"라고 물으면 우리는 대부분 '싫은 이유'를 말할 수 있다. 따라서 감정과 이성은 따로 분리된 것이 아니라, 동전의 양면처럼 서로 긴밀하게 연결되어 있다. 좀 더 정밀하게 말하면 감정은 매 순간 '이치(理)'에 따라 드러나는 것이다.

조선 유학자 퇴계 이황은 감정의 흐름을 리(理)와 기(氣)로 구분하며, '리발기수(理發氣隨)'라고 말했다. 리(이치)가 먼저 발하면, 기(감정)가 따른다는 의미다. 감정은 본성을 따른다.

감정이 그렇게 생길 수밖에 없는 이유를 알게 되면, 우리는 이해하게 된다. 『대학』에서는 이러한 과정을 '격물(格物)', 즉 대상을 깊이 들여다보는 것이라 한다. 이를 통해 '치지(致知)', 곧 앎에 이르게 된다. 그러므로 격물치지를 '자기감정 인식'의 철학적 표현이라 보아도 무방하다. 알아차림으로 자기감정을 인식하게 되면, 자기 문제를 지혜롭게 다룰 수 있는 실마리를 얻게 된다. 감정 역시 내면을 깊이 들여다보는 대상이다.

기쁠 때는 대부분 바라는 바가 이루어진 상태이므로, 굳이 감정을 분석하지 않는다. 그러나 문제는 불편한 감정이 올라올 때이다. 화가 나고 슬프고 불안한 감정들은 대개 어떤 '상실의 경험'과 연결되어 있다. 따라서 내 감정이 원했던 것이 무엇인지, 그걸 확인하여 불편한 상태에서 벗어나도록 지혜를 모으는 것이 현명하다.

- 획득에 대한 느낌: 기쁨
- 과거 상실에 대한 느낌: 화
- 현재 상실에 대한 느낌: 슬픔
- 미래 상실 예상에 대한 느낌: 불안, 두려움

노애구에 대한 감정 코칭 사례는 'PART 3 감정을 어떻게 다룰 것인가?'를 참고하자.

표 13 감정의 강도에 따른 감정 상태 구분

감정 구분	낮은 상태	보통 상태	강한 상태
희(기쁨)	흐뭇	기쁨	희열, 황홀, 벅참, 설렘
노(화)	짜증	화	격노, 분노
애(슬픔)	허전함, 서운함	슬픔	비통
구(두려움)	불안, 우려, 걱정	두려움	공포

Chapter 16 감정의 노예 vs. 감정의 주인

감정의 예속과 정신의 자유

"○○ 때문에 정말 괴로워요."

이런 말을 한다면 이미 감정이 외부 요인에 예속된 상태다. 순간적으로는 이런 반응이 자연스럽지만, 이러한 상태가 지속하면 감정에 수동적으로 휘둘리는 삶이 된다. 감정이 예속된 상태에서는 정신이 능동적으로 작용하지 못한다.

이럴 때 사람은 자신을 주체적으로 인식하기보다, 자기 능력이 부족하다거나 상황에 갇혀 있다고 여기며 자신을 구속한다. 이러한 사고는 대부분 타당하지 않은 관념에서 비롯되며, 그로 인해 정신은 혼란에 빠진다.

"정신은 타당하지 않은 관념을 가지는 한 필연적으로 작용을 받고, 정신의 능동은 오직 타당한 관념에서만 생긴다."라고 스피노자는 말했다. 감정의 예속에서 벗어나려면, 무조건 감정을 억누르거나 통제하려 하기보다는 그 감정이 왜 생겼는지, 그 원인을 자기 안에서 성찰하는 것이 중요하다.

예를 들어 "내가 왜 화가 났지?", "왜 이 말에 서운했을까?"와 같은 질문을 통해 자신의 감정을 이해하려는 시도 자체가 자기감정 인식의 출발점이다. 정신이 능동적으로 작용해야 우리는 자유를 맛보며 살 수 있다.

감정은 구성되는 것

우리는 감정에 대해 건강한 관념을 가질 필요가 있다. 앞서 말했듯이 리사 펠드먼 배럿은 『감정은 어떻게 만들어지는가?』에서 "감정은 세계에 대한 반응이 아니며, 우리는 감각 입력의 수동적 수용자가 아니라 감정의 능동적 구성자다."라고 말한다. 감정은 단순히 외부로부터 유발되는 것이 아니라, 내가 어떻게 인식하고 구성하느냐에 따라 달라진다.

감정이 예속되지 않는 가장 실용적인 방법의 하나는 남 탓을 하지 않는 것이다. "너 때문에…….", "환경 때문에……."라고 말하는 순간, 정신은 수동 상태에 머무르게 된다. 불편한 감정에 빠지고 감정의 주도권을 잃는다. 많은 사람이 남 때문에 괴로워한다. 괴롭다는 사람의 이야기를 들어 보면 모두가 피해자다. 자신은 피해자의 입장이며 상대는 가해자라는 인식을 강하게 갖고 있다. 인과 관계는 그럴듯해 보이지만 자신이 가한 부분은 잘 떠올리지 못한다. 대부분 자신의 선한 의도만을 기억하기 때문이다. 그런 점에서 상대도 마찬가지일 수 있지 않을까?

반구저기 -답은 내 안에 있다

앞서 이야기했듯, 바라는 바를 이루지 못했을 때는 반구저기(反求諸己)라는 유학의 지혜를 되새길 필요가 있다. 돌이켜 자기 안에서 답을 구하라는 말이다. 이렇게 하면 교훈을 얻게 되며 자기 성장을 이루어 나갈 수 있다.

『성학십도』의 〈백록동규도〉에 대인 관계의 핵심으로 소개된 문장이 '행유부득 반구저기(行有不得 反求諸己)'다. 이 말은 '행함이 있었지만 원하는 결과를 얻지 못하면 돌이켜 자기 안에서 답을 구하라.'라는 뜻이다.

『맹자』 이루상 4장에서는 다음과 같은 문장을 전한다. '애인불친(愛人不親), 반기인(反其仁), 치인불치(治人不治) 반기지(反其智)하고, 예인부답(禮人不答) 반기경(反其敬)이니라.' 사람을 애정으로 대했는데 친해지지 않으면 자신의 인(仁)을 돌아보고, 사람을 이끌었는데 통하지 않으면 자신의 지혜(智)를 돌아보며, 예를 다했는데 답례가 없으면 자신의 경(敬)을 돌아보라는 말이다.

이처럼 관계에서 원하는 결과를 얻지 못했을 때, 상대에게만 원인을 두지 않고 나 자신의 정성과 태도를 되돌아보는 자세는 인격적 성장을 이끄는 중요한 지점이 된다.

반구저기 코칭 대화

사례 구성원들이 지시를 안 따라서 힘든 리더

참가자 구성원들이 말을 안 들어요. 똑같은 말을 몇 번씩 해야 하는지 모르겠습니다.

코치 내 마음처럼 따라 주지 않아 답답하신가 보네요.

참가자 네, 저도 제 리더십에 문제가 있나 싶을 정도예요.

코치 혹시 아직 써 보지 않은 지혜가 있다면, 어떤 지혜를 시도해 보면 좋을까요?

참가자 아, 떠오르는 생각이 있어요!

사례 현장 영업부장이 본사 본부장으로 발령받았는데 적응이 쉽지 않다.

참가자 20년 넘게 현장 영업만 하다가 본사에 처음 발령을 받아서 적응이 쉽지 않네요.

코치 사장님이 큰 믿음을 가지고 맡기신 거군요. 어떤 당부를 하셨나요?

참가자 수평적 협력과 소통을 강조하셨어요. 그런데 코칭을 받는다고 제가 얼마나 변하겠어요?

코치 원래 유능하셔서 본부장까지 되신 분인데, 굳이 변하실 필요가 있을까요?

참가자 그렇게 말씀해 주시니 조금 안심이 되네요.

코치 그럼 조직에 어떤 변화가 생기면 좋겠나요?

참가자 구성원들이 자발적으로 움직이면 좋겠어요.

코치 자발성을 높이기 위해 본부장님 쪽에서 어떤 변화가 일어나면 좋을까요?

참가자 제가 먼저 변해야겠네요.

코치 어떤 게 떠오르나요?

참가자 칭찬을 아끼지 않아야겠어요. 잘한다 잘한다 해야 더 잘할 것 같아요. 제가 잔소리해 봐야 서로 기분만 상하고,

의욕도 떨어질 것 같네요. 돌이켜 보니 제가 부족했네요.
코치 그렇게 해서 조직에 어떤 변화가 생기면 좋을까요?
참가자 제 말을 간부들이 척 알아듣고 스스로 실행하면 좋겠네요.

성찰 질문
- 내가 행복하기 위해선 어떤 경험이 나에게 일어나야 할까?
- 불편한 감정이 반복될 때, 그 패턴을 끊기 위해 어떤 지혜를 사용할 수 있을까?
- 일이나 대인 관계에서 원하는 결과를 얻지 못했을 때, 전과 달리 편안한 감정 상태를 유지하려면 무엇이 필요할까?

Chapter 17 감정에 관한 오해와 진실

나쁜 감정은 없다

생각이나 감정은 항상 어떤 대상에 대한 반응으로 나타난다. 즉 '~에 대하여'라는 대상을 떠올릴 때, 그 대상에 '~한 생각이나 감정'이 뒤따르게 된다. 앞서 PART 1에서도 언급했듯이, 대상에 대한 관념이 타당하지 않으면 정신은 수동적으로 끌려다니게 된다. 마찬가지로 어떤 단어를 부정적으로 인식하는 관념 자체가 문제를 일으킬 수 있다. 감정도 마찬가지다. 감정 그 자체에 좋고 나쁨은 없다. 감정은 모두 나름의 이유와 역할이 있다.

 '부정적 감정'이란 말은 바른 표현일까? 그 말은 감정 자체가 나쁘다거나 부정적으로 오해되기에 십상이다. 이러한 오해를 피하기 위해 '불편한 감정'이라는 용어를 사용하자. 불편한 감정이란, 신체 에너지를 떨어뜨리고 정신 상태를 혼란스럽게 만드는 감정 상태를 말한다. 불편하다고 해서 반드시 부정적인 감정인 것은 아니다. 오히려 그 감정에 대해 관점을 달리하거나 의미를 재구성하면 그 불편함은 자연스레 사라질 수 있다. 이는 타당하지 않은 관념이 타당한 관념으로 전환되었기 때문이다.

 사람들은 분노, 슬픔, 공포 같은 감정을 무조건 피하려고만 할까? 실상은 그렇지 않다. 오히려 적극적으로 선택하기도 한다. 예를 들어 보자.

- 분노: 악성 댓글을 쓰며 분노를 표출하고 그 감정에 몰입하는 사람들도 있다.
- 슬픔: 슬픈 노래나 비극적인 영화를 보며 눈물을 흘리고 카타르시스를 느낀다.
- 공포: 롤러코스터, 공포영화, 번지점프 등을 통해 공포감을 즐기기 위해 기꺼이 돈을 낸다.

이처럼 우리가 스스로 선택한 감정이라면 '나쁜 감정'일 수 없다. 만일 정말 나쁜 감정이었다면 우리는 자발적으로 그 감정을 택하지 않았을 것이다. 사실 우리가 거부하고 싶은 건 감정 자체가 아니다. 원하지 않는 방식으로 수동적으로 감정을 겪는 상태다.

코칭 대화

사례 고용된 CEO가 불안감을 호소한다.

참가자 저는 사는 게 마치 낭떠러지 끝을 걷는 느낌이에요.

코치 무슨 말씀인지 여쭤봐도 될까요?

참가자 회사에 능력 좋은 사람들이 워낙 많아서 전 늘 불안해요. 제가 엘리트 코스를 밟은 사람이 아니라서 언제 해고될지 모른다는 생각에 늘 아슬아슬하죠.

코치 그런 가운데서도 대표이사 자리를 맡고 계시다는 건, 분명 그만한 탁월함이 있으셨기 때문 아닐까요?

참가자 그렇죠. 운이 좋았다고 생각했는데 요즘은 불안해요. 직급이 낮았다면 차라리 편했을 텐데, 너무 높은 데 올라가니 롤러코스터를 탄 것처럼 공포감을 느껴요.

코치 조금 외람되지만, 그 불안과 공포를 피하기보다 한번 즐겨 보는 건 어떨까요?

참가자 그게 무슨 말씀이신가요?

코치 놀이동산에 가면 내 돈 내고 롤러코스터를 타지 않습니까?

성찰 질문
- 요즘 내 가슴을 설레게 하는 것은 무엇인가?
- 내 인생에서 자랑스럽게 여기는 순간은 언제인가?
- 최근 '내가 즐기고 있다.'라고 느낀 것은 무엇인가?

감정은 억제하는 것이 아니라 이해하는 것

좋은 감정은 좋고, 불편한 감정은 나쁜 것일까? 즐거움이 좋은 것이니 즐겁지 않으면 안 되는 줄로 오해하는 때도 있다. 이런 생각은 자칫 우리를 감정의 함정, 특히 쾌락의 함정으로 이끈다. '좋음'이 내 안에 있지 않고 밖에만 있다고 믿을 때, 사람들은 끝없는 쾌락 추구의 길로 빠지기 쉽다. 쾌감이 계속되면 웬만한 자극은 시시하게 느껴지고 더 강하고 자극적인 쾌락을 찾아 헤매게 된다. 쾌감이 오히려 불행의 시작이 될 수 있다는 점에 조심하자.

김소연 시인의 통찰 – '쾌'의 네 가지 결

김소연 시인은 『마음 사전』 책에서 쾌(快)의 감정에 대해 이렇게 멋진 통찰을 전해 준다.

> 유쾌한 사람은 농담을 적절하게 활용하며
> 상쾌한 사람은 농담에 웃어 줄 줄 알며
> 경쾌한 사람은 농담을 멋지게 받아칠 줄 알며
> 통쾌한 사람은 농담의 수위를 높일 줄 안다
>
> 유쾌한 사람은 상황을 요약할 줄 알며
> 상쾌한 사람은 고민의 핵심을 알며
> 경쾌한 사람은 고민을 휘발시킬 줄 알며
> 통쾌한 사람은 고민을 역전시킬 줄 안다

쾌는 다 좋은 것처럼 보였다. 그러나 쾌는 이렇게 다양한 얼굴로 우리 곁에 있다. 시인은 다음과 같이 경계한다. "나쁜 사람의 불행을 보며 통쾌해지는 감정은 쾌감이 위험한 수위에서 찰랑거리고 있음을 보여 준다." 즉 통쾌함조차도 경계할 필요가 있는 쾌의 일면이라는 것이다. 감정은 언제나 양면성을 지니며, 빛에는 그림자가 함께 따르기 마련이다.

삶에서 감정이 흘러가는 순서 또한 중요하다. 그 순서는 '고락(苦樂)'이 순리다. 락(樂)을 먼저 추구하면, 그 뒤에는 고(苦)가 따라온다. '락고(樂苦)'는 역순이기에 안 좋은 모습으로 끝이 난다. 쾌락 중독이 대표적이다. 알코올, 도박, 마약이 그렇다. 힘들지만 시험 공부를 열심히 하고 나서 성취를 얻고, 젊을 때 고생하고 나이 들어 보람을 얻는다. 아픈 만큼 성숙해진다는 말도 있다.

『논어』에 나오는 사자성어도 이를 지지한다. '선난후획(先難後獲)'은 먼저 어려움을 겪은 후에 얻는다는 말이다. '선사후득(先事後得)'은 먼저 수고하고 나중에 결과를 얻는다는 말이다. 두 사자성어 합치면 '획득(獲得)'이 된다. 얻고자 하는 바는 고통과 인내를 통과한 뒤에 온다는 뜻이다. 고통은 실력의 바탕이 된다.

사람들은 고통을 피하고 싶어 한다. 고통이 없다면 편안하겠지만, 역경을 다뤄 본 경험이 부족하기에 결코 실력이 늘지 못한다. 고통이 없는 삶은 역경에 대한 면역이 부족한 삶이다. '안락지대'는 결코 '안전지대'가 아니다. 지금 고통을 겪고 있다면 그 덕분에 오히려 더 큰 기쁨을 맛보게 된다. 어둠 속에 갇혀 있을 때는 작은 불빛조차 큰 희망이 되지만, 밝은 곳에서는 빛의 존재를 잘 느끼지 못한다. 쾌감은 고통의 그림자에서 나온다.

플라톤의 『파이돈』에는 감옥에 갇힌 소크라테스의 대사가 나온다. 소크라테스는 발이 묶였던 사슬이 풀리자 이렇게 말한다. "쾌락이란 참 묘한 거야. 조금 전까지만 해도 고통스러웠는데, 지금 그 고통이 가시자 쾌감이 밀려오네." 깨달음을 주는 말이다.

쾌감과 고통은 분리된 것이 아니라, 서로를 필요로 하는 상대 개념이다. 지금 불행하게 느낀다면 그동안 행복했다는 거고, 지금 행복하다면 전에는 슬펐다는 거다. 슬픔이 있기에 기쁨이 소중하고, 고통이 있었기에 쾌감이 극대화된다. 이처럼 감정의 진실을 알면 그 반전의 느낌을 삶에 끌어당길 수 있다. 그러니 우리는 감정을 겉으로 드러나는 현상으로만 보지 말고, 그 이면에 선한 메시지가 담겨 있다는 것을 놓치지 않는 것이 필요하다. 감정은 자기 주인인 나 자신을 해치기 위해 존재하지 않는다. 감정이 불편한 때에는 그 감정을 뒤집어 생각하는 것이 좋다.

슬픔은 우리에게 상처를 주려는 게 아니다. 오히려 슬픔이 있어야 기쁨과 즐거움의 진가를 알게 된다. 슬픔은 우리의 감정 세계를 더 깊고 넓게 확장해 주는 촉매제다.

불편한 감정을 억누르기 위해 술을 마시거나 마약을 사용하면 오히려 정신은 더 무너진다. '항상 좋아야 한다.'라고 생각하지만 현실은 그렇지 않기 때문에 슬프거나 괴롭거나 화가 나거나 불안하다. '불편한 감정은 나쁜 것이다.'라는 관념이 개입될 때, 사람은 자기 자신이나 타인을 해치게 된다. 즐거움도 마찬가지다. 즐기는 것을 안 좋은 거라 여기면 즐길 줄 모르거나 맘껏 즐기고 나서도 자신을 책망하게 된다.

감정을 있는 그대로 받아들일 때 치유가 시작된다. 울고 싶을 때 우는 것이 좋다. 울고 나면 시원해지는 이유는 눈물이 마음의 상처를 씻어 주는 묘약이기 때문이다. 불안하기에 준비하게 되고, 일을 끝냈을 때는 홀가분함이 따라온다.

참는 것이 항상 좋은가? 때에 따라 참는 것이 지혜가 될 수도 있지만 '참아야 한다.'는 고정된 관념이 오히려 해가 될 수 있다. 억지로 참다 보면 언젠가 압력이 폭발하고 만다. 참는 대신 어떤 관념을 가지면 좋을까? 나는 개인적으로 '양 속에 음이 있고, 음 속에 양이 있다.'라는 관념을 지닌다. '이 또한 지나가리라.', '이 일에서 내가 배운 것은 무엇인가?'라고 자기 성찰을 하면서 감정과 대화를 한다. 참기보다는 인식의 전환을 이루는 것이 바람직하다.

반복되는 감정의 패턴 인식
사례 부부싸움이 잦아 고민 중인 남편

참가자 부부싸움이 잦아 지칩니다. 이혼을 고민하다가도 아이들 생각에 그럴 수 없어요.

코치 어떤 점이 가장 힘드신가요?

참가자 아내는 잘못을 절대 인정하지 않아요. 너무 고집이 세죠.

코치 그래서 어떤 생각이나 느낌이 드시나요?

참가자 억울할 때가 많아요.

코치 싸운 후에는 누가 먼저 화해를 청하나요?

참가자 아내는 먼저 화해를 청하거나 용서 구하는 법이 없어요.

코치 그렇다면 많이 참고 지내나 봐요?

참가자 맞아요. 제가 며칠씩 말도 하지 않고 지내다가 결국 억울해도 항상 먼저 화해의 손을 내밀게 돼요. 이렇게 참으면서 가정은 지키고 있지만, 속이 문드러지는 것 같아요.

코치 참 속상하겠네요. 그렇다면 참는 것 대신 다르게 할 만한 방법은 없을까요?

참가자 예? 화를 내라고요? 말 마세요. 싸움이 더 커져요.

코치 가정을 지키기 위해 지혜롭게 조율을 잘 해 오고 계시네요. 한 가지 여쭤봐도 될까요? 부부싸움이 잦고, 그때마다 억울해도 화해나 사과를 먼저 청한다고 했잖아요?

참가자 예.

코치 그런 패턴이 반복된다는 걸 알면서 부부싸움을 왜 시작하는지 궁금해지네요.

참가자 (잠시 침묵) 아, 그러네요. 내가 먼저 사과해 왔던 것처럼 처음부터 싸움을 안 시작하면 되겠네요. 싸움이 시작되려 할 때 먼저 납작 엎드려 사과하면 되는 거였네요. (웃음)

이 대화는 리얼리티 TV 부부 관계 회복 프로그램에서 소개된 실제 사례다. 나 역시 같은 패턴에서 벗어나지 못한 채 아내 탓만 하던 터라, 나를 돌아보면서 큰 깨달음을 얻었다.

성찰 질문
- 나는 어떤 불편한 감정을 반복해서 경험하고 있는가?
- 주로 누구와 어떤 상황에서 그 감정이 반복되는가?
- 그 감정 패턴을 끊기 위해 시도해 볼 새로운 방식은 무엇인가?

PART 3 감정 코칭

감정을 어떻게 다룰 것인가?

나도 감정을 다루는 일은 절대 쉽지 않았다. 서른을 갓 넘긴 어느 날, 나는 '간경변'이라는 심각한 진단을 받았다. "나이에 비해 간 상태가 몹시 안 좋습니다." 의사의 말은 내 삶 전체를 멈춰 세웠고, 깊은 좌절과 함께 병원에서 눈물만 흘렸다. 간 질환이 있는 사람은 흔히 짜증과 신경질을 잘 낸다고들 하는데, 당시의 나는 그 말 그대로였다.

'왜 나에게 이런 시련이 닥쳤을까?' 나는 하늘을 원망하며 속 좁은 사람처럼 반응했다. 의사는 "간경변은 난치병입니다. 평생 친구처럼 데리고 살아야 합니다." 조직검사 후 몸 상태가 좋지 않자, 나는 회사를 쉬어야 할지 의사에게 물었다. 그는 "사람이 일하지 않으면 잡생각이 많아져 좋지 않습니다."라며, 무리가 되지 않는 한 직장 생활을 계속하라고 조언해 주었다. 아내는 정성껏 나를 돌봐 주었다. 무염식, 고단백 식단을 정성스레 준비해 주었지만, 나는 감사는커녕 입맛에 맞지 않는다며 불평하거나 짜증을 내기 일쑤였다.

하지만 시간이 흐르면서 조금씩 변화가 일어났다. '이만하길 다행이다.'라는 자각과 함께 나는 간과 대화를 하기 시작했다. "그동안 함부로 대해 미안해.", "그래도 잘 버텨 줘서 고마워." 이런 마음을 표현하며 간에게 용서를 구하기도 하고, 감사의 말을 전하기도 했다.

그 무렵 『불평 없는 세상 만들기』 프로그램에 참여하게 되었다. 21일간 단 한 번도 불평하지 않는 'Complaint Free' 프로젝트였다. 도전은 쉽지 않았다. 작심삼일도 어렵지만, 21일 연속 '불평 제로'를 달성하기까지는 무려 4개월이 걸렸다. 불평하지 않으니 비어 버린 자리, 그곳에 무엇을 채워야 할까? 의식이 향한 곳은 '감사'였다.

그렇게 감사 일기를 시작했고, 2025년 7월 15일을 기준으로 4,920일을 채웠다. 내 나름의 규칙도 만들었다. 하루라도 감사 일기를 빠뜨리면 다시 1일부터 시작! 14년째 감사 일기를 써 오며 나는 여러 가지를 체득했다. 무엇보다 깊이 느낀 건 '감사는 감사를 부른다.'는 사실이다. 생각지도 못한 좋은 일들이 줄지어 찾아왔다. 감사는 기억이 아니라 '느낌'이라는 것도 깨달았다.

그때그때 감사를 느끼면 쓸 말이 술술 떠오르지만, 기억으로 쓰려 하면 참 어렵다. 그리고 내 안에서 감사를 새롭게 정의하게 되었다. '감사란 당연한 것을 당연하게 여기지 않는 마음이다.' 세상이 잘 돌아가는 건 누군가의 수고 덕분이라는 걸 늘 의식하며 살고자 하는 마음도 생겼다. 그 자체가 감사였다.

감정을 잘 다루는 것은 나 자신만을 위한 일이 아니다. 주변 사람들에게도 큰 영향을 미친다. 그만큼 감정은 중요하고, 감정을 다루는 가장 효과적인 대화법이 바로 코칭 대화법이다. 이제부터 소개할 감정 코칭은 전문 코치들만을 위한 기술이 아니다. 누구나 활용할 수 있는 검증된 지혜다. 현존하는 리더십 중 가장 진보한 것은 코칭 리더십, 현존하는 대화법 중 가장 탁월한 것은 코칭 대화법이다.

이 코칭의 원리와 구조를 이해하면 일상 대화 속에서도 얼마든지 활용할 수 있다. 사람들은 생각보다 감정으로 판단한다. 자신의 감정을 제대로 조율하고, 타인의 감정을 진심으로 이해할 수 있는 사람을 EQ가 높은 사람, 즉 감성 지능이 높은 사람이라 부른다. 반대로 감정을 잘 다루지 못하면 어떤 일이 생길까?

- 사람을 잃는다.
- 직장이나 지위를 잃는다.
- 집중력을 잃고 성과가 떨어진다.
- 심하면 건강도 잃는다.

그야말로 감정 하나 잘못 다뤘을 뿐인데 대가는 너무 크다. 감정이 폭풍처럼 몰려올 때 우리는 어떻게 해야 할까? 계속 참아야 할까? 아니면 그대로 휩쓸려야 할까? 감정 코칭은 억지로 긍정 감정을 유지하라고 하지 않는다. 불편한 감정을 억누르라고도 하지 않는다. 감정은 곧 이성이다. 감정에 이유를 물어보라. "왜 그런 감정이 들었을까?", "그 감정이 바라는 건 뭘까?" 이렇게 감정을 이해하면 감정은 오히려 삶의 에너지원이 된다. 긍정 감정이 많을수록 삶은 더 풍요로워진다. 지금부터 감정 코칭의 원리와 실제 적용법을 하나씩 살펴보자.

Chapter 18 감정을 흘려보낼 것인가? 다룰 것인가?

감정 중심 코칭 역량

국제코치연맹(ICF)은 전 세계 코치들의 표준이 되는 여덟 가지 코칭 역량을 제시한다. 이 역량들은 코칭에서 무엇을 다루어야 하는지, 어떤 기술이 효과적인지를 명문화한 기준이다. 이 코칭 역량 가운데 감정, 정서, 욕구와 관련된 핵심 내용만 요약하면 다음과 같다.

> **코칭 역량**
>
> [역량 2] 코칭 마인드 셋을 구현한다
> 2-6. 코치는 감정 조절 능력을 개발하고 유지한다.
> 2-7. 코치는 정신적, 정서적으로 매 세션을 준비한다.
> [역량 4] 신뢰와 안전감을 조성한다
> 4-5. 클라이언트가 자신의 감정, 인식, 관심, 신념 및 제안하는 바를 그대로 표현하도록 인정하고 지원한다.
> [역량 5] 프레즌스(현존, 함께하기)를 유지한다
> 5-3. 클라이언트와 프레즌스를 유지하기 위해 감정을 관리한다.
> 5-4. 코칭 과정에서 클라이언트의 강한 감정 상태에 대해 자신감 있는 태도로 함께한다.
> [역량 6] 적극적으로 경청한다.

6-4. 클라이언트의 감정, 에너지 변화, 비언어적 신호 또는 기타 행동에 주목하고 알려 주며 탐색한다.

6-6. 클라이언트의 주제와 패턴을 분명히 알기 위해 세션 전반에 걸쳐 고객의 행동과 감정의 흐름에 주목한다.

[역량 7] 알아차림을 불러일으킨다

7-7. 클라이언트의 욕구에 맞추어 코칭 접근법을 조정한다.

7-8. 클라이언트가 현재와 미래의 행동, 사고 또는 감정 패턴에 영향을 미치는 요인을 식별하도록 도와준다.

코치가 갖춰야 할 역량 요약

코치는 다음과 같은 역량을 갖춰야 한다. 자신의 감정을 조절하고 정서적으로 준비된 상태로 코칭에 임한다. 강한 감정을 드러내는 클라이언트에게도 안정감 있게 대응한다. 클라이언트가 감정을 표현하도록 허용하고 감정의 흐름을 읽는다. 감정에 영향을 주는 요인을 함께 탐색하며 인식을 전환하도록 돕는다. 클라이언트의 욕구에 따라 코칭 방식을 조정하여 변화를 지원한다.

Chapter 19 감정을 조율하는 법

변화에는 에너지가 필요하다

나는 고궁을 자주 찾는다. 서울의 다섯 궁인 경복궁, 창덕궁, 창경궁, 덕수궁(경운궁), 경희궁은 각기 분위기가 다르지만 모두 정문을 남쪽으로 두고 있다. 흥미로운 점은 정문의 이름에 공통으로 '변화할 화(化)' 자가 들어 있다는 것이다. 광화문, 돈화문, 홍화문, 인화문, 흥화문 모두 '화'의 뜻처럼 '변화'를 상징한다.

궁에 들어설 때 마음가짐을 새롭게 하듯, 코치도 세션에 들어가기 전 감정과 생각을 정비할 필요가 있다. 코칭의 효과는 두 시점에서 확인된다.

- 세션 중: 참가자가 인식의 전환을 경험할 때
- 세션 후: 행동의 변화가 나타나고 스스로 만족할 때

변화는 쉬운 일이 아니다. 자신조차 바꾸기 어려운데 타인의 변화를 돕는 일은 더 어렵다. 하지만 가능하다. 왜냐하면, 사람은 누구나 변화를 원하기 때문이다. 더 나아지길 원하고, 더 잘하고 싶어 하고, 더 나답게 살고 싶어 한다.

욕망의 언어로 표현한다면 누구나 잘되고 싶고(존재 −Being), 잘 갖추고 싶고(능력 −Having), 잘하고 싶어 한다(과정과 결과

-Doing). 하지만 늘 생각처럼 되지 않기에 '작심삼일'이라는 말이 생겼다. 습(관)을 바꾼다는 것은 그만큼 어렵기에 귀한 일이다.

참가자가 생면부지의 코치를 만나 자기 속내를 드러내는 건 쉬운 일이 아니다. 코칭은 어떻게 작동할까? 바로 감정 덕분이다. 변화에는 에너지가 필요하고, 감정이 그 에너지의 핵심이다. 특히 긍정적인 감정 상태에 머무르면 에너지가 올라간다.

첫 만남에서 서먹한 분위기를 풀기 위해 어떤 질문을 할까? 나는 평소 사용하는 질문이 있지만, 이번엔 챗GPT에게 스몰 토크에 관한 질문을 해 봤다. 리스트를 보고 깜짝 놀랐다.

다음 질문들을 보자.

스몰 토크 예시
- 오늘 날씨 좋네요. 어떤 계절을 좋아하세요?
- 최근에 재미있게 본 영화나 드라마가 있으신가요?
- 요즘 읽고 있는 책이나 좋아하는 책은?
- 취미가 있으신가요?
- 가 보고 싶은 여행지가 있나요?
- 요리를 즐기세요? 자주 만드시는 음식은요?
- 좋아하는 음악 장르나 가수는요?
- 운동을 즐기신다면 어떤 종류인가요?
- 가족 또는 친구와 즐기는 활동이 있다면 어떤 건가요?
- 최근에 어떤 일로 기분이 좋았나요?

이 질문들의 공통점을 살펴보자. 좋아하는 것, 긍정적인 감정을 자극하고 있다. "좋아하는 게 뭐예요?"라고 물으면 사람들의 뇌는 자연스레 즐거운 기억이나 상상을 떠올린다. 감정 상태가 좋아지면 에너지가 상승하고 대화도 부드럽게 흐른다. 실제로 '좋아하는 ~?'라고 물어볼 때 단 한 사람도 '왜 그런 걸 물어보냐?'고 반문하는 사람은 없었다.

영화 〈사운드 오브 뮤직〉에서 마리아 선생님은 천둥소리에 놀란 아이들에게 "두려움을 이기는 방법은 자기가 좋아하는 것들을 하나씩 떠올려 보는 거야!"라고 말한다. 두려움을 달래기 위해 그 유명한 노래 'My Favorite Things'를 부른다. 아이들 표정이 밝아지고 첫날의 서먹했던 거리감은 친밀감으로 변한다. 긍정적인 감정이 살아날 때 행동과 관계도 변화한다.

감정 코칭은 이렇게 욕망(바라는 것), 욕구(채우고 싶은 것), 감정(느끼는 것)에 초점을 맞춘다. 사람들은 문제가 생겼다고 느낄 때 감정이 불편한 상태일 때가 많다. 그 감정을 다루고 인식을 전환하면 감정으로부터 자유로워질 수 있다. 결국 감정이 살아나야 실행력도 살아난다. 감정을 살리는 질문, 감정을 살리는 태도, 감정을 살리는 언어가 바로 코칭의 힘이다.

공자의 핵심 사상인 '인(仁 -사랑)'도 같은 맥락이다. 인은 측은지심(惻隱之心), 불쌍히 여기는 마음이다. '측은히 여기는 마음을 참가자에게 보여 준다면 되려 건방진 건 아닐까?' 이런 생각이 들기도 한다. 다행히 신유학(Neo-Confucianism)으로 성리학을 체계화한 주자는 인을 천지생물지심(天地生物之心), 무엇인가를 살리는 마음이라 했다. 사랑이란 곧 살리는 마음이고, 좋은 감정과 에너지를 회복시키는 마음이다. 그 마음이 울림이 되어 변화를 일으킨다.

삶은 깨달음의 연속이다

고궁에 가면 궁궐 안에 여러 한옥 전각들이 모여 있는 모습을 볼 수 있다. 그중에서도 의례를 거행하는 근정전이나 인정전이 대표적이다. 이러한 전각 건물들의 지붕 위에는 용마루가 놓여 있다. 건물 양 끝을 수평으로 잇는 이 용마루에서 수직으로 내려오는 부분을 내림 마루, 다시 그 내림마루에서 처마 끝을 향해 위로 뻗는 부분을 처마마루라고 한다. 이 처마마루 위에는 동물 인형처럼 생긴 작은 돌 조각이 올려져 있는데, 이를 잡상(雜像)이라 부른다.

그림 19 **창덕궁 돈화문의 잡상**

출처: 국가유산청, 창덕궁 돈화문(처마 야경)

조상들이 잡상이라는 형상을 만들 때는 분명한 의도가 있었을 것이다. 나는 궁궐 지붕 위 잡상을 보며 문득 하나의 깨달음을 떠올리게 된다. 그 이유는 이 잡상들이 『서유기』의 주인공인 삼장법사, 손오공, 저팔계, 사오정 등을 형상화한 것이기 때문이다. 중국 전각의 잡상들이 상상 속의 동물들을 본뜬 것과는 달리, 우리의 잡상은 불교적 상징성과 인간 내면의 성찰을 담고 있다.

불교에서는 인간이 경계해야 할 세 가지 근본 번뇌로 '탐진치(貪嗔痴)'를 든다. 탐은 사사로운 욕심, 진은 성냄, 치는 어리석음을 뜻한다. 누구나 마음을 바르게 다스리고, 바른 앎을 추구하며, 사적 욕망을 경계할 필요가 있다. 이처럼 내면의 성찰과 자기 조율은 코칭에서도 핵심 주제로 다뤄지기에, 이러한 불교적 메시지가 더욱 깊이 다가온다.

『서유기』의 주인공들은 이 탐진치를 각각 상징하는 존재들이다. 그 순서는 저오능, 사오정, 손오공이며, 흥미롭게도 이들은 모두 이름 안에 '깨달을 오(悟)' 자를 품고 있다. 모두 '깨달은 자', 즉 지혜를 얻은 존자(尊者 -귀한 생명)들이다.

- 저오능(悟能)은 저팔계의 또 다른 이름이다. 그는 사리사욕과 탐욕(貪)을 벗어나, 자기 능력을 깨달은 존재이다. 주체성과 정체성이 왜 중요한지를 일깨워 준다.
- 사오정(悟靜)은 성냄과 화(嗔)를 다스려 고요함을 깨달은 자이다. 감정 조율의 중요성을 상징한다.

- 손오공(悟空)은 무지와 어리석음(痴)을 넘어, 공(空)을 깨달은 자이다. 여기서 공은 단순한 '없음'이 아니라, 고정된 생각에서 벗어나 열려 있는 마음으로 받아들이는 깨달음의 상태다.

코칭 현장에서도 참가자들이 "새롭게 깨달았어요."라고 말할 때가 많다. 이는 코치가 가르쳐서가 아니라, 코치의 질문에 스스로 답을 찾는 과정에서 '자기 안에 있던 답'을 스스로 인식하게 되었기 때문이다. 그렇기에 그 깨달음은 더욱 자기 삶에 깊은 의미로 다가온다. 우리는 무한한 존재이며 자기 삶의 문제에 대한 해답을 스스로 지니고 있다. 코칭은 이 자기 존재에 대한 인식, 즉 알아차림을 통해 스스로 답을 찾아가게 돕는 과정이다. 그리고 이를 위해서는 마음을 차분히 조율하고, 고요한 상태로 돌아가는 것이 중요하다. 우리는 모두 그렇게 할 수 있는 존재다. "알고 보니 그렇구나."라고 느끼는 순간 색이 공(空)이요, 음 속에 양이 있다는 걸 충분히 깨우칠 수 있는 능력자들이다.

손오공이 자신의 머리카락을 떼어 수많은 분신을 만들어 낸 것처럼, 신이 '나'로 드러난 존재라고 생각해 보면 나 자신도 신의 아바타일 수 있다. '진짜 나'는 시간과 조건을 초월한 영원한 존재이며, 그것이 바로 공(空)의 세계다. 이처럼 '나'라는 존재에 대한 깊은 관념을 지니고 산다면 사사로운 일에 얽매이지 않고, 문제를 문제로 삼지 않으며, 문제로부터도 자유로워질 수 있다. 이것이 바로 지혜로운 삶의 한 방편이다.

감정 조율 코칭 대화

사례 | 회사 동료가 답답한 직장인

참가자 저는 틀린 말을 해 본 적이 없어요. 그런데도 제 말을 안 들어요. 말이 안 통하네요. 한두 번도 아니고 이런 일이 계속 반복되고 있어요.

코치 그렇군요. 그런 상황일 때는 어떤 감정이 드시나요? (감정 확인, 기분 듣기)

참가자 정말 답답하고 안타깝고, 어떨 때는 화도 납니다.

코치 그럴 때 보통 어떻게 반응하시나요? (반응 행동 확인)

참가자 때때로 화를 내거나 성질을 부리기도 해요. 그러고 나서는 후회하죠.

코치 맞는 말씀인데도 상대가 받아들이지 않거나 따르지 않으면 속상할 수 있겠어요. 그럼 어떻게 되었으면 좋겠다고 생각하세요? (욕망 확인, 미래 지향)

참가자 길게 설명하지 않아도 한마디만 해도 바로 알아들으면 좋겠어요.

코치 상대방이 잘되기를 바라는 마음이 크신 것 같네요. (의도 듣기, 인정)

참가자 네, 그렇죠.

코치 이런 상황이 반복되지 않도록 새롭게 시도해 볼 수 있는 게 있다면 어떤 것이 있을까요? (미래 지향, 관점 전환)

참가자 글쎄요. 잘 모르겠어요. 더 강하게 나가야 할까요?

코치 이런 일이 반복된다는 걸 알고 계시면서도 뭔가 시도하려는 기운이 안 생기는 건 아닐까요? (생각 타진)

참가자 맞아요. 사실 제 말에 상대 표정이나 반응이 별로 좋지 않았던 것 같아요.

코치 그렇다면 맞는 말씀을 하기 전에 상대의 에너지를 끌어올리는 긍정적인 말을 먼저 건네 보는 건 어떨까요? (관점 전환)

참가자 어떤 말을 하면 좋을까요?

코치 이미 하고 계실 수도 있겠지만, 떠오르는 게 있어 한 가지 제안해도 될까요?

참가자 네, 말씀해 보세요.

코치 바로 판단하거나 옳고 그름을 따지기 전에 상대가 왜 그렇게 행동했는지를 먼저 묻는 겁니다. 예를 들면 "그렇게 한 좋은 이유가 뭐야?", "왜 그렇게 하고 싶었어?", "그걸 하면 뭐가 좋아질 것 같았니?"처럼요. 어떻게 들리세요? (피드백)

참가자 아, 그러니까 상대가 어떤 생각을 하고 있었는지를 알아보라는 거군요. 그런데 그렇게 하면 뭐가 좋아질까요?

코치 좋은 질문입니다. 혹시 '시키는 대로만 하는 사람'의 마음속엔 무엇이 있을까요? (관점 전환, 의식 확장)

참가자 아, 그렇군요. 자기 뜻이 아니니까 최선을 다하지 않을 수도 있고, 결과가 안 좋으면 제 탓을 할 수도 있겠네요. 그렇다면 제가 끌고 가기보단, 스스로 결정했다는 느낌을 주는 게 좋겠네요.

코치 오! 멋진 통찰이시네요. 지금 이 대화도 주도적으로 결정하신 거잖아요. (인정) 하나만 더 여쭤볼게요. 이 문제가 반복되면서도 이로 인해 새롭게 얻은 것이 있다면 어떤 걸까요? (관점 전환, 의식 확장)

참가자 고민한 만큼 제 공부가 된 것 같아요. 앞으로는 소통을 좀 더 잘할 수 있을 것 같네요. 지금 코치님이 저한테 하신 질문도 시비를 가리신 게 아니라 제 선호를 물어보신 거군요!

성찰 질문

- 살면서 가장 커다란 변곡점이 언제였나요?
- 삶에서 가장 의미 있었던 사건은 무엇인가요? 누구에게 어떤 교훈을 전해 주고 싶나요?
- 살면서 크게 깨달음을 얻었던 순간은 언제였고, 어떤 깨달음인가요?
- 그 깨달음은 지금의 삶에 어떤 영향을 미치고 있나요?
- '덕분에 자기 삶에 긍정적 영향이나 변화에 도움이 되었다.'라고 말해 주는 사람이 있었나요? 그렇다면 어떤 이야기인가요?

Chapter 20 반복되는 문제의 패턴을 끊자

생각과 감정은 마치 하나의 끈처럼 서로 밀접하게 연결되어 있다. 서로 영향을 주고받으며 함께 움직인다. 복권에 1등으로 당첨된 장면을 상상해 보자. 고급 주택이나 슈퍼카를 사는 장면만 떠올려도 마음이 들뜨고 흥분된 감정이 밀려온다. 반대로 귀신의 집과 같은 공포의 공간에 있다면, 공포심과 함께 얼른 그 자리를 벗어나고 싶은 생각이 떠오를 것이다. 이처럼 감정과 생각은 떼려야 뗄 수 없는 관계다.

따라서 어떤 불편한 감정이 반복적으로 나타난다면, 단편적인 생각 한두 가지만 바꿔서는 충분한 효과를 보기 어렵다. 대개는 과거의 사고방식이 지금의 문제를 불러왔을 가능성이 크기 때문에, 같은 문제가 미래에 되풀이되지 않으려면 지금 이 순간의 사고 구조 전체를 점검하고 새롭게 정비할 필요가 있다.

이럴 때 유용한 방법의 하나가 바로 3중 고리 학습(Triple Loop Learning) 모델이다. 이 모델은 문제를 해결할 때 '존재 방식(Being)-사고 방식(Thinking)-행동 방식(Doing)'의 순환 구조를 사용한다. 이 사이클에서 어디에 초점을 두는 것이 바람직한지를 일깨워 준다.

일반적으로 우리는 상대에게 피드백을 줄 때 그 사람의 행동을 문제 삼는다. 그러나 행동의 변화를 유도하려 해도 실패하는 경우가 많다. 지적을 받으면 누구나 방어적이 되며, 변화하고자 하는 의욕(에너지, 기운)이 더 떨어지기 때문이다. 게다가 상대가 문제 행동을 계속하면, 우리도 감정적으로 흔들려 화를 내거나 미워하게 된다. 결국 그 사람 전체를 문제 삼으며 부정적인 낙인을 찍고 말로 상처를 주기까지 한다.

그러므로 코칭에서는 다르게 접근한다. 『대학』에서는 본(本)과 말(末)의 개념을 통해 중요한 통찰을 준다. 코칭에서 말하는 '본'은 존재(Being)이고, '말'은 참가자가 제기하는 이슈나 행동의 표현에 해당한다. 코칭은 문제 자체(말)가 아닌, 그 문제를 지닌 사람의 존재(본)에 먼저 집중하는 것이 좋다.

『논어』의 말처럼 '본립도생(本立道生)', 곧 본이 살아야(존재를 알아줘야) 길이 난다(감정이 살아난다). 이슈보다 사람에 초점을 두는 것이 중요하다.

이렇듯 대화 중에도 참가자의 존재 방식, 자신에 대한 인식과 정체성을 먼저 물어보고 확인해 주는 것이 매우 중요하다. 그 후에야 비로소 이슈에 대한 사고방식으로 옮겨갈 수 있으며, 그런 흐름이 자연스러운 코칭의 순서가 된다.

감정 패턴에서 벗어나기

3중 고리 학습 모델이란?

3중 고리 학습 모델은 개인이나 조직이 어떻게 학습하고 변화하는지를 설명하는 개념이다. 이는 결과에 대한 피드백을 통해 다음과 같은 세 가지 수준의 변화를 끌어낸다.

- 첫 번째 고리는 행동의 변화를 요구한다.
- 두 번째 고리는 사고방식, 즉 생각의 변화를 탐색한다.
- 세 번째 고리는 정체성이나 존재 방식 자체의 변화를 다룬다. 이는 더욱 깊은 수준의 학습이다.

이 모델은 위와 같은 세 단계를 통해 점진적이면서도 근본적인 변화를 가능하게 한다.

그림 20 3중 고리 학습 모델

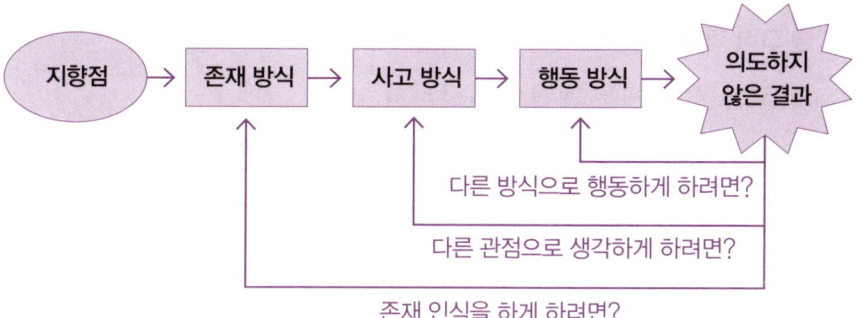

세 가지 학습 수준

1중 고리 학습 – 행동을 교정하는 학습

- 무엇을(What)? 바꿀 것인가에 집중
- 기존 방식에서 잘못된 점을 수정하고 효율성을 개선하는 수준
- 핵심 질문: "이 문제를 어떻게 해결할까?"

행동 방식 점검에 관한 코칭 대화 사례를 보자.

사례 시험 결과가 좋지 않은 학생 참가자에게 학습 시간과 노력에 초점을 맞춰 행동 방식에 대해 피드백한다.

코치   이번 시험 결과에 대해 어떻게 생각하나요?
참가자 공부가 부족해서 성적이 안 좋았어요. 더 많이 공부해야 겠어요.
코치   그럼 공부 시간을 늘리고, 집중력도 높이는 게 어떨까요?
참가자 네, 그렇게 해 볼게요.

2중 고리 학습 – 사고방식과 원칙 점검 학습
- 왜(Why)? 문제를 해결해야 하는지 고민
- 기존 가정과 전제를 점검, 학습 전략이나 방법을 수정하는 단계
- 핵심 질문: "내가 접근하는 방식이 과연 효과적인가?"

사고방식 점검에 관한 코칭 대화 사례를 보자.

사례 참가자가 단순히 공부 시간을 늘리기보다, 더 집중력 있는 학습 방법을 찾도록 사고방식 점검 질문을 한다.

참가자 저는 아무래도 공부 시간을 더 늘려야 할 것 같아요.

코치 공부 시간을 늘리는 것만이 최고의 방법일까요?

참가자 음……. 사실은 집중력이 자주 떨어져요. 그냥 오래 앉아 있는 게 중요한 건 아닌 것 같아요.

코치 그렇군요. 집중력을 높이기 위한 새로운 시도 중 어떤 걸 해 볼 수 있을까요?

참가자 스마트폰을 꺼 두고 공부 집중 시간을 늘려야겠어요.

코치 공부 전에 스마트폰을 끄려면 어떤 준비가 필요할까요?

참가자 알람을 미리 맞춰 놓고 울리면 바로 꺼야겠네요. 아니, 전원을 꺼서 엄마한테 맡기는 게 더 좋을 것 같아요. 엄마도 안심하실 테고요.

3중 고리 학습 – 정체성과 존재 방식 성찰 학습

- 나는 누구인가(Who am I)?를 성찰
- 자신의 가치관과 신념을 다시 정의하며 궁극적인 변화를 도모
- 핵심 질문: "나는 왜 이런 행동을 하는가?", "이 방식은 나의 정체성과 어떻게 연결되는가?"

존재 방식 점검에 관한 코칭 대화 사례를 보자.

사례 참가자 학생이 단순히 성적을 위해 공부하는 것이 아니라, 공부를 통해 어떤 사람으로 성장하고 싶은지 자신의 정체성과 연결된 동기를 스스로 발견하도록 돕는다.

참가자 가끔은 공부하기가 정말 싫어요.

코치 그렇군요. 그럴 때는 어떻게 하세요?

참가자 게임을 하곤 해요. 그런데 그 시간 때문에 후회가 들 때가 많아요. 이런 일이 자주 반복돼요.

코치 자신에게 공부는 어떤 의미인가요?

참가자 되고 싶은 내가 되기 위한 과정이에요.

코치 어떤 모습이 되고 싶나요?

참가자 수학자가 되어 금융 분야에서 전문가로 일하고 싶어요.

코치 그런 모습이 현실이 된다면 어떤 기분일까요?

참가자 날아갈 것 같아요. 저도 친구 아버지처럼 세계를 무대로 일하고 싶어요.

코치 정말 멋진 꿈을 그리고 있군요. 그렇다면 그런 꿈을 품고 있는 자신은 어떤 사람인가요? "나는 ○○한 사람이다."라는 문장으로 표현해 볼래요?

참가자 음……. 나는 내 꿈을 소중히 여기며 성장을 이루어 가는 사람이에요.

코치 그런 사람이라면 어떤 능력을 잘 갖추고 있을까요?

참가자 끈기, 인내심, 그리고 결단력 같은 거요.

3중 고리 학습의 중요성

- 1중 고리 학습에만 머무르면 문제 해결이 단기적 차원에 그칠 수 있다.

- 2중 고리 학습은 사고방식을 근본적으로 점검하여 새로운 전략을 가능하게 한다.
- 3중 고리 학습은 자기 인식의 전환을 통해 삶의 방향과 태도 자체를 변화시킨다.

코칭에서 3중 고리 학습 활용하기

코칭에서는 참가자가 1중 → 2중 → 3중 고리 학습으로 점진적으로 이동할 수 있도록 돕는다.

사례 시간 관리에 어려움을 겪는 학생 참가자

- 1중 고리 학습: 행동 중심, 실행력 강화
  시간 낭비 행동을 줄이려면 어떻게 하면 좋을까? 시간 계획을 세우고 기록하려면 어떤 도구가 효과적일까?
- 2중 고리 학습: 사고 중심, 완벽주의, 미루는 습관 등 내면 점검
  중요한 줄 알면서도 자꾸 미루는 이유는 무엇일까? 비생산적인 시간 관리 패턴에서 벗어나려면 무엇이 필요할까?
- 3중 고리 학습: 정체성 중심, 시간 사용의 의미 재정의

나는 어떤 사람이 되고 싶은가? 지금의 집중이 나의 미래와 어떤 관련이 있을까? 시간을 정말 가치 있게 쓰는 사람이라면 지금 어떻게 행동할까?

코칭에서 3중 고리 학습이 중요한 이유

1중 고리 학습만 반복하면, 근본적인 변화 없이 같은 문제가 계속 반복될 수 있다.

2중 고리 학습은 기존의 방식과 사고를 점검하여 더 나은 해법을 찾게 한다.

3중 고리 학습은 자기 인식과 정체성까지 영향을 주어 지속 가능한 성장과 변화를 가능하게 한다.

3중 고리 학습 모델 –단계별 코칭 대화 사례

사례 자기와의 약속을 지키지 못해 자신감이 떨어진 고등학생 참가자

문제 시험 준비를 위해 계획을 세웠지만 지키지 못한다. 계속 미루다 보니 자신감이 떨어지고 자기 의심이 커진다. "나는 안 되는 사람인가?"라는 부정적인 자기 인식이 있다.

단순한 행동 수정(1중 고리)에서 출발하여 사고방식과 학습법 점검(2중 고리)으로 확장하고, 궁극적으로 자기 정체성과 가치관 변화(3중 고리)로 발전시키는 것이 코칭 목표다.

1중 고리 학습 –행동을 바꾼다
- 핵심 질문: 어떤 행동을 달리할까? (행동 변화 중심)
- 문제 해결 방식: 계획을 구체적으로 세운다. 하루 10분이라도 공부 습관을 만든다. 알람을 설정하여 공부를 강제로 시작한다.

- 코칭 대화 예시

    코치 계획을 지키지 못했다고 했는데, 하루에 얼마나 공부하는 게 목표였나요?

    참가자 하루 4시간이 목표였어요.

    코치 그 목표를 지킨 날도 있었나요?

    참가자 거의 없었어요.

    코치 혹시 그 목표가 너무 부담스러웠던 건 아닐까요?

    참가자 네, 4시간은 너무 길게 느껴져서 중간에 그만둔 적이 많아요.

    코치 그럼 처음부터 4시간이 아니라, 10분씩 나눠서 시작해 보는 건 어때요?

    참가자 10분이라면 부담이 확 줄어들 것 같아요. (표정이 밝아짐)

4시간이 부담스럽다면 10분부터 시작한다. 지나치게 큰 계획 대신, 실천 가능한 수준으로 조정한다. 단기적 문제 해결은 가능하지만 근본적인 사고방식 변화에는 한계가 있다. 기존의 패턴이 다시 나타날 수 있다.

2중 고리 학습 −사고방식을 점검하고 바꾼다

- 핵심 질문: 어떤 생각이 바뀌어야 반복되는 행동을 끊어 낼 수 있을까? (사고의 틀 바꾸기)
- 문제 해결 방식: 기존의 가정(전제)을 점검한다. "공부는 오래

해야 효과적이다." → "짧아도 집중하면 효과적이다.", "계획을 못 지키면 나는 실패자다." → "과정을 통해 배우면 된다."

- 코칭 대화 예시

    코치 계획을 지키지 못했을 때 자신에게 어떤 말을 하나요?

    참가자 "나는 게으르다.", "나는 의지가 약하다."라며 자책하게 돼요.

    코치 그 말이 사실일까요?

    참가자 꼭 그런 건 아닌 것 같아요. 하지만 실패할 때마다 그렇게 느껴져요. (자기감정 인식)

    코치 공부를 하는 이유는 무엇이라고 생각하나요?

    참가자 성적을 올리기 위해서요.

    코치 그 성적이 중요한 이유는요?

    참가자 좋은 대학에 가야 성공할 수 있으니까요.

    코치 좋은 습관과 성적은 어떤 관계가 있을까요?

    참가자 비례한다고 생각해요. 중요하죠.

    코치 어떤 습관을 지니면 좋을까요?

    참가자 복습을 자주 놓치는데, 그걸 챙겨야 할 것 같아요.

    코치 복습 시간이 줄더라도 바로바로 기억을 잘 하려면 어떤 게 필요할까요?

    참가자 집중하는 거요. 그리고 모르면 바로 물어봐야겠어요.

"공부는 오래 해야 한다." → "짧고 집중적으로 해도 된다.", "나는 의지가 약하다." → "나는 효과적인 방법을 몰랐을 뿐이다."처럼 학습 전략과 사고의 틀을 바꾸는 데 유익하지만, 여전히 내적 동기나 정체성 수준의 변화는 부족하다.

3중 고리 학습 – 정체성과 존재 방식을 변화시킨다

- 핵심 질문: 어떤 정체성을 가진 사람일 때 반복되는 행동과 생각을 멈출 수 있을까? (정체성 전환)
- 문제 해결 방식: 자기 인식과 정체성을 탐색한다. 공부의 이유를 단순한 성적이 아닌 더 큰 목표와 연결한다. "나는 학습을 통해 성장하는 사람이다."라는 새로운 정체성을 세운다.
- 코칭 대화 예시

  참가자 이번에 시험을 잘 못 봤어요. 저는 의지가 약해서 그런 것 같아요.

  코치 성적이 좋아야만 가치 있는 사람일까요?

  참가자 저는 분명 가치 있는 사람인데……. 시험을 못 보면 자신감이 떨어져요.

  코치 맞아요. 배움을 통해 성장하고 싶은 사람인 거지요?

  참가자 네.

  코치 그런 사람이야말로 정말 가치 있는 사람이에요. 한 가지 물어볼게요. 공부를 잘하면 어떤 도움이 될까요?

  참가자 음. 인기가 많을 것 같아요. 우리 반 한 친구도 공부를 잘해서 선생님께 칭찬받고, 친구들이 모르는 걸 물어보면

	잘 설명해 줘서 다들 좋아하거든요.
코치	그렇군요. 사람들에게 인정받고 싶은 마음이 크군요. 공부도 잘하고 인기도 많다면 뭘 더 해 보고 싶나요?
참가자	내년에 꼭 학급회장을 해 보고 싶어요. 친구들을 도울 수도 있고, 많은 친구와 어울릴 수 있어서요.
코치	그 친구는 공부를 어떻게 잘한다고 하나요?
참가자	아, 맞다! 그 친구는 매일 복습할 때 메타인지를 활용한다고 했어요. 저도 해 보려고 했는데 깜빡했네요. 맞아요……. 공부는 단순히 점수를 위한 게 아니라, 매일 조금씩 나아지는 과정이네요.
코치	그렇다면 앞으로 공부를 시작할 때 자신에게 뭐라고 말해 주면 좋을까요?
참가자	"나는 가치 있는 사람이고, 성장을 위해 배우는 사람이다."
코치	그런 사람이라면 어떤 신념을 가질까요?
참가자	"나는 매 수업이 끝난 뒤 반드시 메타인지 복습을 한다."

"나는 계획을 못 지키는 실패자다." → "나는 성장을 위해 배우는 사람이다.", "공부는 성적을 위한 것이다." → "공부는 내가 성장하고, 도움을 나누기 위한 과정이다." 정체성의 변화가 시작됐다.

3중 고리 학습 적용의 효과

이 사례의 학생은 단순히 공부 시간을 조정하는 데 그치지 않고,

공부 방식과 사고방식을 스스로 점검했으며, 궁극적으로 학습을 자기 성장과 연결지어 지속적인 자기 동기 부여가 가능해졌다. 또한 '계획을 잘 지키는 사람'이 아니라, '배움을 통해 성장하는 사람'이라는 자기 정체성의 전환이 일어났다. 이처럼 3중 고리 학습을 적용하면 단순한 행동 변화에 그치지 않고 깊은 내면의 변화로 이어진다.

실전 코칭 대화

코칭은 '존재 방식'에서 시작

코칭은 단순히 이슈 해결이나 행동 수정에 초점을 두기보다, 존재 방식의 변화를 먼저 끌어내야 효과적이다. 특히 3중 고리 학습 모델을 코칭에 적용할 때는 가장 먼저 존재 방식에 대한 자각과 전환이 일어나도록 돕는 것이 중요하다. 왜냐하면, 가장 깊은 변화는 존재 방식의 변화에서 비롯되며, 그 이후에야 사고방식이 달라지고, 그다음에 변화된 행동 계획을 수립하는 프로세스로 코칭 대화를 이어가는 것이 바람직하다. 행동을 먼저 바꾸려 하는 것은 본(本)이 아닌 말(末)을 잡는 격이다.

- 1단계(3중 고리 학습) 존재 방식 변화 → 나는 누구인가?
- 2단계(2중 고리 학습) 사고방식 변화 → 나는 어떻게 생각하는가?
- 3단계(1중 고리 학습) 행동 방식 변화 → 나는 무엇을 할 것인가?

이제 이 원리에 기반을 두어 실제 코칭 대화 사례를 살펴보자.

사례 자기 주도성이 부족한 대학생 참가자의 변화 과정

상황 참가자는 과제를 자주 미루는 습관이 있고, 항상 마감에 쫓겨 급하게 마무리한다. 그 결과 과제의 완성도가 낮고, 자신에 대한 자책감이 커진다. 행동을 바꾸고 싶지만 반복되는 패턴에서 벗어나지 못하고 있다.

3중 고리 학습 −존재 방식 변화

- 핵심 질문: 나는 어떤 사람으로 살아가고 싶은가?

코치 과제를 미루는 자신을 보며 어떤 느낌이 드나요?

참가자 의지가 약하고 게으른 사람 같아요.

코치 그렇다면 자신이 되고 싶은 모습은 어떤가요?

참가자 목표를 지키고 자신감 있는 사람이 되고 싶어요.

코치 그런 자신감 있는 사람은 어떤 생각과 행동을 할까요?

참가자 자기와의 약속을 중요하게 여기고 작은 실천도 꾸준히 이어가는 사람이겠죠.

코치 그런 사람이 될 수 있다고 생각하나요? 어때요?

참가자 그렇게 되고 싶지만 아직은 좀 멀게 느껴져요.

코치 하지만 이미 한 발자국 앞으로 나아가고 있어요. 작은 변화도 소중합니다. 변화를 위해 이 자리에 나온 거 아닌가요?

참가자 그러네요! 저는 변화할 수 있는 사람이라는 걸 인정하고 싶어요.

참가자는 자신을 '미루기만 하는 사람'이 아니라, '변화할 수 있는 존재'로 보기 시작했다. 존재 방식의 변화는 이후 사고와 행동의 변화로 자연스럽게 이어진다.

2중 고리 학습 –사고방식 변화

- 핵심 질문: 나는 어떤 생각 때문에 같은 행동을 반복하고 있는가?

    코치 이제 "나는 변화할 수 있는 사람이다."라고 인정해 볼까요? 그런데도 과제를 미루는 좋은 이유가 있다면 무엇일까요?

    참가자 솔직히 말하면 완벽하게 하지 못할 것 같아서 시작이 두려운 것 같아요.

    코치 '완벽하지 않으면 안 된다.'라는 생각이 있군요. 그건 언제부터 생긴 걸까요?

    참가자 어릴 때부터 "최선을 다해야 한다."라는 말을 많이 들었어요. 그래서 제대로 못 할 바엔 아예 안 하는 게 낫다고 느꼈어요.

    코치 그런데 그 생각이 오히려 행동을 미루게 만드네요. 만약 '완벽하지 않아도 괜찮다.'라는 생각을 가질 수 있다면, 어떤 변화가 있을까요?

    참가자 일단 시작하는 게 훨씬 쉬워질 것 같아요!

    코치 좋아요. 그렇다면 새로운 사고방식을 만들어 볼까요? '완벽해야 한다.' 대신 어떤 믿음을 가질 수 있을까요?

참가자 '일단 시작하는 것이 중요하다.'라고 생각하면 훨씬 도움이 될 것 같아요.

변화된 사고를 보자. "완벽해야 한다." → "일단 시작하는 것이 중요하다."와 같은 사고의 전환은 실행을 가능하게 만드는 동력으로 작용한다.

1중 고리 학습 –행동 방식 변화

- 핵심 질문: 이제 무엇을, 어떻게 실천할 것인가?

코치 새롭게 정립한 사고방식을 바탕으로 구체적인 행동을 계획해 볼까요?

참가자 네! 이제는 완벽하지 않아도 괜찮다고 생각하니까 일단 조금씩 시작할 수 있을 것 같아요.

코치 그렇군요. 그러면 하루에 얼마 정도 하면 부담 없이 시작할 수 있을까요?

참가자 한꺼번에 다 하려고 하지 않고 30분씩만 해 볼게요.

코치 좋아요. 그럼 언제, 어디서 실천할까요?

참가자 매일 저녁 9시에 제 책상에서, 최소 30분간 과제를 하겠어요.

코치 훌륭해요! 그리고 실천한 후엔 어떤 기분이 들었는지도 기록해 보면 어떨까요?

참가자 네, 그렇게 하면 제 변화가 눈에 보일 것 같아요!

코칭을 통해 참가자가 가진 완벽주의의 부담을 내려놓고 작은 실천부터 시작하는 전략을 선택할 수 있게 하였다. 이렇게 하면 존재-사고-행동이라는 변화의 선순환이 작동하기 시작한다. 존재 방식의 변화가 가장 깊은 변화다.

- 1단계 -존재 방식 변화 (Who am I?)
나는 미루는 사람이 아니라 변화할 수 있는 사람이다. 자신을 바라보는 방식이 바뀌어야 행동 변화가 지속한다.
- 2단계 -사고방식 변화 (How to think?)
완벽하기보다는 일단 시작하는 것이 중요하다. 오래된 신념을 바꾸지 않으면 행동 변화는 일시적일 수 있다
- 3단계 -행동 변화 (What to do?)
매일 30분씩 과제를 시작하는 루틴을 만든다. 존재와 사고의 변화가 행동의 지속 가능성을 높인다.

존재 방식이 바뀌어야 진정한 변화가 온다. 단순히 행동을 바꾸려 하지 말고 존재 방식부터 바꾸자. 행동을 아무리 바꾸려 해도 변화가 어렵다면? 그 행동을 만들어 내는 사고방식과 존재 방식부터 점검하는 것이 효과적이다.

지속 가능한 변화는 어디에서 오는가? 존재 방식이 변하면 사고가 달라지고, 그에 따라 자연스럽고 의미 있는 행동 변화가 따라온다.

리더를 위한 감정 코칭 -3중 고리 학습 적용 사례

좋은 리더는 단순히 행동을 바꾸는 것이 아니라, 존재 방식과 사고방식부터 변화시킨다.

- 1단계(존재 방식 변화) -나는 어떤 리더인가?
- 2단계(사고방식 변화 및 감정 이해) -나는 어떻게 생각하고 느끼는가?
- 3단계(행동 계획 수립) -나는 무엇을 실천할 것인가?

이제 이 원리에 따라 진행된 실제 코칭 대화 사례를 살펴보자.

사례 팀원들이 따르지 않아 고민하는 팀장의 변화 과정

상황 팀장인 참가자는 팀원들이 자신의 지시를 잘 따르지 않아 고민하고 있다. "내가 팀장으로서 리더십에 문제가 있는 걸까? 왜 내 말을 듣지 않는 거지?" 그는 리더로서 팀을 잘 이끌고 싶지만 자신의 리더십이 작동하지 않는다는 생각에 스트레스를 받고 있으며, 심리적 갈등이 깊어져 잠도 제대로 이루지 못하고 있다.

존재 방식 변화

- 핵심 질문: 나는 어떤 리더가 되고 싶은가?

  코치 팀원들이 따르지 않는다고 하셨죠. 자신을 어떤 리더라고 생각하나요?

참가자 저는 합리적인 사람이고 부드럽게 대하는 스타일이라 당연히 팀원들이 제 지시를 따를 거라 생각했어요.

코치 그런데도 팀원들이 따르지 않으니 어떤 감정이 드나요?

참가자 솔직히 짜증이 나고, 인정받지 못한다는 느낌이 들어요.

코치 그렇다면 나는 어떤 리더이고 싶은지 질문을 다시 던져 볼 필요가 있겠네요.

참가자 저는 팀을 잘 이끌고 성과를 내는 리더가 되고 싶어요.

코치 성과를 내는 리더는 팀원들에게 어떤 방식으로 다가갈까요?

참가자 지시보다는 팀원들이 자발적으로 움직이도록 도와주는 방식이 더 좋겠죠.

코치 이제 팀장님은 '합리적인 리더'를 넘어, '팀원의 자율성을 높이고 성장을 지원하는 리더'가 되고 싶으신 거군요.

참가자 맞아요! 그런 리더가 되고 싶어요.

참가자는 '지시하는 리더'에서 '팀원의 자율성과 성장을 돕는 리더'로 존재 방식을 전환했다. 존재 방식이 바뀌면 사고와 행동의 변화도 가능해진다.

사고방식 변화 및 감정 이해

- 핵심 질문: 나는 어떤 생각과 감정 때문에 효과적인 리더십을 발휘하지 못했는가?

코치 팀원들이 따르지 않을 때 짜증이 났다고 하셨죠. 그 감정의 근원을 들여다볼까요?

참가자 네, '팀장이면 당연히 따르는 게 맞다.'고 생각했는데, 현실은 그렇지 않으니까요.

코치 그런 생각은 언제부터 갖게 되셨나요?

참가자 저는 제조업 기반 조직에서 오래 있었고, 군대식 문화 속에서 상사의 말은 곧 명령이었죠.

코치 이해됩니다. 그런데 지금 팀원들에게 기대하는 것은 무엇이었나요?

참가자 상식적으로 합당한 지시니까 시키면 따라야 한다고 생각했어요.

코치 그 기대가 충족되지 않으니 스트레스를 받으신군요. 하지만 '좋은 리더'라면 어떤 방식으로 기대를 설정할까요?

참가자 제 기준이 아닌 팀원들이 자발적으로 참여할 수 있는 기대를 해야겠네요.

코치 그렇다면 기존의 '지시하면 따라야 한다.'는 생각은 어떻게 바꿀 수 있을까요?

참가자 '팀원들은 스스로 동기 부여될 때 자발적으로 움직인다.'라는 생각으로 전환해야겠어요.

코치 그 생각이 바뀌면 어떤 행동이 달라질까요?

참가자 지시하기보다 질문을 통해 팀원들의 생각을 듣고 반영해야겠다는 생각이 들어요.

지시하면 따라야 한다는 기존 사고에서 팀원들이 동기 부여될 수 있도록 돕자는 새로운 사고가 형성됐다. 사고방식을 유지한 채 행동만 바꾸려 하면 변화는 지속하기 어렵다.

행동 계획 수립

- 핵심 질문: 새로운 존재 방식과 사고방식을 바탕으로 어떤 행동을 실천할 것인가?

코치 이제 새롭게 정립한 리더십 관점을 바탕으로 어떤 행동을 해 보고 싶으신가요?

참가자 이전에는 회의에서 일방적으로 지시했는데, 앞으로는 1:1 대화 시간을 늘려서 팀원들의 의견을 먼저 물어보겠습니다.

코치 구체적으로 어떤 질문을 던질 수 있을까요?

참가자 예를 들어 '이 프로젝트에서 가장 중요하게 생각하는 점은 무엇인가요?'라고 묻고, 그 의견을 조율해 반영하려고 해요.

코치 훌륭합니다. 그럼 팀원들이 스스로 동기 부여될 수 있도록 어떤 방식으로 피드백을 줄 수 있을까요?

참가자 좋은 아이디어를 낸 팀원에게는 공감을 표현하는 게 가장 중요할 것 같아요. 예를 들어 "좋은 의견이에요. 그 생각을 어떻게 더 발전시킬 수 있을까요?"라고 질문하면 어떨까요?

지시 중심 회의를 질문과 경청 중심의 1:1 대화로 전환했다. 팀원의 의견을 존중하고 피드백을 통해 자발성을 끌어냈다. 진정한 리더십 변화는 존재 방식에서 시작된다. 팀원들이 따르지 않는다고 느낄 때, 상대의 행동을 바꾸려 하기 전에 먼저 자신에게 질문해 보자. "나는 어떤 리더이고 싶은가?" 좋은 리더가 되고 싶다면 나의 정체성을 다시 정의하고 사고와 행동을 차례대로 변화시켜 나가자.

리더 자신의 존재 방식이 바뀌면 리더십도 바뀐다

1단계 -Who am I? 나는 지시하는 리더가 아니라, 팀원의 자율성과 성장을 이끄는 리더다. 리더의 존재 방식이 바뀌면 조직의 분위기와 문화도 함께 바뀐다.

2단계 -How to think and feel? 나는 지시하면 따라야 한다는 신념에서 벗어나 팀원들이 스스로 동기 부여될 수 있도록 돕는 팀장이다. 감정의 원인을 이해하고 사고방식을 전환할 때 리더십 효과성이 커진다.

3단계 -What to do? 팀원과 1:1 대화를 통해 의견을 먼저 묻고, 피드백을 통해 동기를 이끈다. 존재와 사고의 변화가 선행될 때 행동의 변화도 지속 가능해진다.

Chapter 21 감정을 다루는 대화 기술

코칭 대화 기본 모델

코칭 대화는 목적이 있는 대화다. 코칭은 주어진 시간 안에 참가자가 원하는 결과를 얻을 수 있도록 효과성을 높이기 위해 구조화된 대화를 진행한다. 이처럼 대화 과정을 구조화한 틀이 바로 코칭 대화 모델이다. 이는 대화를 어떤 순서로 이끌어 갈 것인가에 대한 설계도이자 기준이다. 그중 가장 널리 알려진 모델이 GROW 대화 모델이다. 영국의 경영 컨설턴트 존 휘트모어 경(Sir John Whitmore)이 대중화한 이 모델은 주제나 목적을 명확히 설정하고, 코칭 세션 중 참가자가 얻고자 하는 목표를 합의한 뒤, 현재 상태를 점검하고 대안을 탐색하며, 실행 계획을 수립하는 프로세스다. GROW 대화 모델은 Goal, Reality, Options, Will의 머리글자를 따서 만든 약어다.

GROW 대화 모델
- Goal: 어떻게 되고 싶으세요?
- Reality: 지금 상황은 어떤가요?
- Options: 어떤 대안들이 있을까요?
- Will: 어떤 것부터, 언제 시작하면 좋을까요?

'태도가 모든 것이다.'라는 말이 있다. 긍정적이고 낙관적인 태도는 분명 중요하다. 그러나 태도란 단순한 기분이 아니라, 세상을 바라보는 관점(프레임)이다. 그래서 긍정적으로 보라는 말을 아무리 들어도 정작 현실이 그렇게 보이지 않는 경우가 많다. 왜 그럴까? 우리의 감각은 현재 상황에 압도되어 제한된 시야로 현실을 지각하기 때문이다.

이럴 때 관점을 바꾸는 가장 효과적인 방법은 바로 '어떻게 되고 싶은가?'를 먼저 생각하는 것이다. 미래에 대한 방향을 먼저 생각해 보고 말할 때, 현재의 문제를 바라보는 프레임이 자연스럽게 미래 지향적으로 전환된다. 따라서 코칭 대화에서 반드시 기억해야 할 점은 Goal이 가장 앞에 와야 한다는 것이다. 그래야 대화가 미래를 향해 나아가며, 참가자가 원하는 결과에 초점을 맞출 수 있고, 대화 흐름을 그것에 맞게 조율할 수 있으며, 마지막에는 그 목표가 얼마나 달성되었는지를 함께 점검할 수 있다.

GROW 코칭 대화

예시 아이가 공부를 안 해서 걱정인 엄마

참가자 아이가 공부를 안 해서 걱정이에요.
코치 아이의 학습을 돌보며 엄마로서 책임을 다하고 싶은 마음이 크신 것 같네요. 아이가 어떻게 되기를 바라시나요?
(Goal –목표 설정)

참가자 성적이 크게 떨어졌어요. 적어도 평균 85점 정도는 유지했으면 좋겠어요.

코치 현재 아이는 어떤 상태인가요? (Reality -현실 파악)

참가자 학습 의욕이 없는 건 아닌데, 스마트폰을 자주 사용하면서 산만해졌어요.

코치 그렇군요. 학습 의욕이 유지되고 있다니 다행이에요. 아이가 시간을 보다 효과적으로 사용하면서 집중하길 바라시는 거군요. (경청, 의도 읽기)

참가자 네, 맞아요.

코치 그렇다면 아이가 예전에 집중을 잘했던 시기는 언제였나요? (긍정 경험, 자원 확인 질문)

참가자 1년 전쯤엔 잘했어요. 그런데 학년이 올라가면서 친구가 많아졌고, 친구들과 연락을 자주 하니 그런 것 같아요.

코치 아이가 친구들과의 관계는 좋은 편이군요. 교우 관계도 잘 유지하면서 집중도 잘할 방법이 있을까요? (Options -대안 탐색)

참가자 글쎄요. 학업에 흥미가 있고 집중도 잘하는 친구와 친해지면 도움이 될까요?

코치 좋은 생각이네요. 아이가 그렇게 되도록 엄마로서 해 볼 수 있는 일은 어떤 게 있을까요?

참가자 우선 아이 친구들을 잘 관찰해 봐야겠어요.

코치 그다음에는 어떤 걸 해 볼 수 있을까요?

참가자 학습 의욕이 있는 친구와 가까이 지내보는 건 어떻겠냐고 아이에게 조심스럽게 얘기해 볼까 해요.

코치 네, 그럴 수 있겠네요. 그런데 아이가 엄마의 말을 잘 듣고 긍정적으로 받아들이려면 무엇이 필요할까요? (Options –대안 탐색 계속)

참가자 신뢰가 있어야겠죠. 말이 잘 통해야 하니까요.

코치 그 신뢰를 쌓기 위한 효과적인 방법이 있을까요?

참가자 음. 아이가 바라는 소통 방식을 하나 정해서 그걸 제가 잘 지켜주는 게 좋을 것 같아요.

코치 정말 좋은 접근이네요. 그렇게 한다면 아이의 반응은 어떨 것 같으세요? (대안 검토)

참가자 아이가 예전에 저한테 잔소리 그만하라고 했거든요. 언제 그런 말을 듣기 싫은지 그럴 땐 어떻게 말해 주길 바라는지를 먼저 물어보고, 최소한 그것만은 꼭 지켜보려고 해요.

코치 (웃으며) 저도 덕분에 하나 배우네요. 그럼 언제쯤 시작해 보실 생각이세요? (Will –실천 계획 수립)

감정 코칭 대화 모델

감정 코칭 대화 모델은 기존의 GROW 모델을 기반으로 하되, 감정에 우선 초점을 두는 구조로 변형하여 전개하는 방법이다. 자기 감정을 객관적으로 인식하기 시작하면 시야가 넓어지고, 상황을 새롭게 바라보는 인식의 전환이 일어나기 때문이다. 감정 코칭 대화는 다음의 순서로 전개한다.

- 주제와 배경 이야기 듣기 (Reality)
- 감정 확인과 감정이 미치는 영향 탐색 (Reality)
- 감정이 궁극적으로 바라는 것 확인 (Goal)
- 감정을 조율할 방법 찾기 (Options)
- 실천 계획 수립 (Will)

감정은 붙잡을수록 무거워진다. 팔을 앞으로 뻗은 채 물컵을 잠시 드는 것은 그리 어렵지 않다. 하지만 그 상태로 온종일 버티라고 하면 팔이 아프고, 끝내 감당하기 어려워진다. 감정도 마찬가지다. 불편한 감정을 순간적으로 느끼는 것은 지극히 자연스러운 일이지만, 그 감정을 계속 붙잡고 있으면 심리적·신체적으로 문제가 생기게 된다.

과거의 '화'를 오래 붙잡으면 화병(분노 조절 장애, 만성 스트레스)으로 이어진다. 현재의 '슬픔'이 오래가면 우울증으로, 미래에 대한 '불안'이 계속되면 불안장애나 공황장애로 이어질 수 있다. 감정에서 벗어나려면 먼저 감정을 이해해야 한다.

코칭에서는 참가자가 과거의 화, 현재의 슬픔, 미래의 불안에 사로잡혀 있을 때, 그 감정에서 벗어나 건강한 방향으로 전환할 수 있도록 돕는다.

코칭 대화의 단계별 접근법을 구체적인 사례와 함께 알아보자.

감정 코칭 대화 모델(E I DAP)

모델을 '이모(션)의 임팩트가 답이다.'로 외우는 것도 방법이다.

- Emotion(감정 확인): 지금 감정 상태는 어떤가요?
- Impact(감정의 영향): 이 감정이 계속되면 어떤 영향이 있을까요? 자신에게, 혹은 주변 사람에게 어떤 영향을 미칠까요?
- Desire(감정이 원하는 것): 이 감정이 바라는 것은 무엇인가요?
- Adjustment(감정 조율): 이 감정에서 자유로워지려면 어떻게 해야 할까요? 평안한 상태가 되려면요?
- Plan(실천 계획): 무엇부터 시작하면 좋을까요?

그림 21 **감정 코칭 대화의 단계별 접근법**

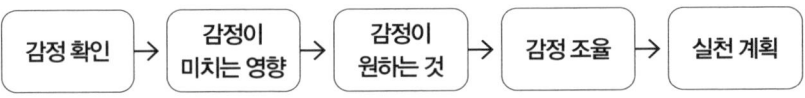

감정 코칭 대화 모델 E · I · D · A · P 적용 사례

화 다루기

상황 몇 년 전, 직장에서 상사한테 자신의 아이디어를 빼앗긴 직장인. 그 일로 아직도 화가 나고 용서가 안 된다.

- 감정 확인하기(Emotion)

  코치 그 일이 떠오를 때, 가장 강하게 느껴지는 감정은 무엇인가요?

  참가자 배신감이요. 그리고 엄청난 분노요. (자기감정 인식)

- 감정이 신체와 삶에 미치는 영향 살펴보기(Impact)

  코치 그 분노를 계속 붙잡고 있으면 자신의 삶에 어떤 영향을 미칠까요?

  참가자 그 일만 떠올려도 스트레스가 확 올라가요. 잠도 잘 못 자고 사람을 쉽게 의심하게 돼요.

- 감정이 바라는 것 찾기(Desire)

  코치 만약 이 감정을 내려놓는다면 어떤 변화가 생길까요?

  참가자 좀 더 편안해지고 지금 이 순간에 집중할 수 있을 것 같아요.

  코치 그렇다면 배신감과 분노가 자신에게 말하고자 했던 건 무엇이었을까요?

  참가자 저의 노력과 마음을 충분히 인정받고 싶었어요.

  코치 그 감정이 다시 떠오르는 이유는 무엇일까요?

  참가자 아마 똑같은 일을 또 겪고 싶지 않다는 두려움이 작용한 것 같아요.

  코치 그 사건을 통해 얻은 것이 있다면 무엇일까요?

  참가자 생각해 보니 저도 제 감정을 제대로 표현하지 못하고 혼자 끙끙 앓았던 게 후회돼요.

- 감정 조율하기(Adjustment)

  코치 만약 그 후회가 완전히 사라진다면 무엇이 그것을 가능하게 했을까요?

  참가자 불편한 상황에서도 선배나 상사와 대화를 시도해 보고, 제 생각을 솔직하게 나눴더라면 후회가 덜했을 것 같아요.

  코치 지금 감정 상태는 어떤가요?

  참가자 많이 편안해졌어요. 생각해 보니 분노가 거의 사라진 것 같아요.

- 실천 계획 세우기(Plan)

  코치 오늘부터 실천할 수 있는 작은 변화는 무엇일까요?

  참가자 혼자만의 생각에 갇히지 않도록 앞으로는 다양한 사람들과 대화를 더 시도해 보려고 해요. 제 생각도 더 자주 표현해 보고요.

슬픔 다루기

상황 소중한 친구가 멀리 이사 가서 그 이후로 삶의 의욕이 없어진 학생

- 감정 확인하기(Emotion)

  코치 친구와의 이별은 자신에게 어떤 의미였나요?

참가자 정말 친했던 친구였어요. 헤어진 이후 하루하루가 허전하고 슬픔이 계속 밀려와요.

• 감정이 삶에 미치는 영향 살펴보기(Impact)

코치 그 슬픈 감정을 계속 붙잡고 있으면 자신의 삶에 어떤 영향이 생길까요?

참가자 매일 재미도 없고 의욕도 떨어지니까 점점 무기력해질 것 같아요.

• 감정이 원하는 것 찾기(Desire)

코치 그 슬픈 감정이 자신에게 전하고 싶은 건 무엇일까요?

참가자 그 친구가 제게 얼마나 소중한 존재였는지를 다시 확인하게 돼요.

코치 그렇군요. 그 소중한 추억을 간직하면서도 현재를 살아가는 데 도움이 될 만한 방법이 있을까요?

참가자 일단 자주 연락하려고 노력해 볼게요. 그런데 연락이 잘 안 되면 어쩌죠?

• 감정 조율하기 (Adjustment)

코치 이야기를 들어 보면, 지금 마음의 초점이 과거나 미래에 머물러 있고 현재에는 잘 머무르지 못하고 있는 것 같아요.

참가자 그런가요? 생각해 보니 그 친구와의 좋았던 기억보다 아쉬움에 집중하고 있었던 것 같아요.
코치 그렇다면 자신의 감성적인 에너지를 조금 더 긍정적인 방향으로 전환하기 위해 어떤 행동을 해 볼 수 있을까요?
참가자 그 친구와 함께했던 좋은 기억을 그림이나 일기로 남겨 보면 좋을 것 같아요.
코치 만약 그 친구가 그 그림이나 일기를 본다면 뭐라고 말할 것 같나요?
참가자 분명히 자기를 기억해 줘서 고맙다고 기뻐할 거예요.

- 실천 계획 세우기(Plan)
    코치 오늘부터 당장 시작할 수 있는 작은 한 걸음은 무엇일까요?
    참가자 친구에게 제가 그린 그림이 담긴 손편지를 써서 보내 볼게요.

미래의 불안 다루기
상황 시험에 떨어질까 봐 매우 불안하고, 시험 볼 때 실수할까 걱정인 학생

- 감정 확인하기(Emotion)
    코치 지금 가장 걱정되는 부분은 무엇인가요?
    참가자 부모님이 제게 거는 기대가 큰데, 실망하게 해 드릴까 봐 불안해요.

- 감정이 삶에 미치는 영향 알아보기(Impact)

    코치 그 불안한 감정이 계속된다면 시험에 어떤 영향을 줄 수 있을까요?

    참가자 멘탈이 무너질 것 같아요. 불안이 더 큰 불안을 불러오는 느낌이에요.

- 감정이 원하는 것 찾기(Desire)

    코치 그 불안이 자신에게 전하고 있는 메시지는 무엇일까요?

    참가자 '꼭 합격하라.'라는 메시지처럼 느껴져요.

    코치 그렇다면 이 불안을 뒤집어 보면…… 사실은 자신을 응원하는 마음일 수도 있겠네요. 어떻게 들리세요?

    참가자 아, 맞아요. 불안이 아니라 절 도와주는 친구 같아요.

- 감정 조율하기(Adjustment)

    코치 그 '응원하는 친구'에게 이름을 붙인다면 뭐라고 부르고 싶으세요?

    참가자 '영원히 빛나는 영광'이요.

    코치 정말 멋진 이름이에요. 그럼 영광이에게 어떤 모습을 보여 주고 싶으세요?

    참가자 빈틈없이 준비하고 당당하게 시험장에 가는 모습이요.

    코치 영광이가 자신에게 어떤 말을 해 주면 힘이 날 것 같나요?

    참가자 음……. "다른 사람이 할 수 있는 거라면 너도 할 수 있어!"

코치 그 말을 들으니 지금 기분이 어떠세요?
참가자 정말 힘이 나요! 고맙습니다.

- 실천 계획 세우기(Plan)
  코치 오늘 바로 시작할 수 있는 작은 한 걸음은 무엇일까요?
  참가자 지금 바로 공부 계획을 정리하고 하루 루틴부터 다시 잡아 볼게요.

감정을 붙잡지 않고 건강하게 다루는 법을 알자. 감정을 지속하면 문제가 된다.

- 과거의 화 → 화병, 만성 스트레스
- 현재의 슬픔 → 우울증
- 미래의 불안 → 불안장애, 공황장애

코칭을 통해 감정을 다루는 5단계
- 감정을 인정하고 탐색하기: 지금 어떤 감정을 느끼고 있나요?
- 감정이 삶에 미치는 영향 깨닫기: 이 감정이 자신에게 어떤 영향을 주고 있나요?
- 감정이 원하는 것 찾기: 이 감정이 원하는 것은 무엇일까요?
- 감정 조율하기: 원하는 것이 이루어진다면 기분이 어떨까요?
- 실천 계획 세우기: 오늘 할 수 있는 작은 변화는 무엇인가요?

이 과정을 통해 참가자는 감정을 단순히 부정적인 것으로 받아들이지 않고, 그 감정이 전하려는 메시지를 이해하며 자신의 성장과 긍정적인 변화의 자원으로 전환할 수 있게 된다.

그림 22 **감정 코칭 대화와 세부 항목**

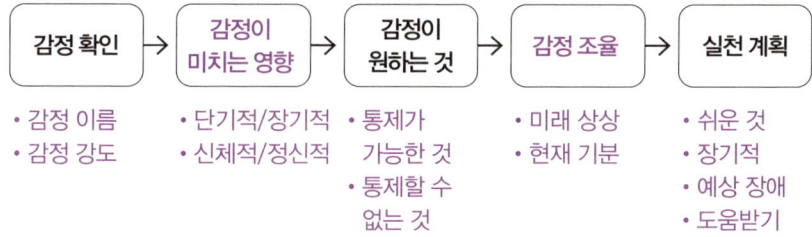

Chapter 22 감정에서 자유로워지는 자기 관리법

감정은 외부 요인이 아니라 자기 내부에서 비롯된다. 한마디로, 감정은 자기 원인으로 발생한다. 감정은 배우지 않아도 본능적으로 드러난다. 유학에서는 이를 '불학이능(不學而能)'이라 표현했다. 감정은 마치 센서처럼 자신의 욕망을 감지하고 확인시켜 주는 역할을 한다. 주자나 퇴계가 말했듯이 감정은 본래의 선한 본성(욕망)에서 비롯된 것이므로 본질에서 나쁜 감정은 없다. 다만 불편할 뿐이다.

문제는 그 불편한 감정을 오래 붙잡고 있을 때 발생한다. 그 감정은 결국 몸과 마음을 병들게 하고, 심리적·신체적으로 '병(病)'과 '환(患)'으로 나타나게 된다. 그래서 감정이 악화되기 전에 조율하는 것이 매우 중요하다. 코치는 참가자가 감정에 대해 올바르게 이해하고, 스스로 감정을 인식할 수 있도록 돕는 역할을 해야 한다. 특히 감정의 흐름이 막히거나 감정이 생각을 압도할 때, 적절한 개입과 방향 제시는 참가자에게 실질적인 도움이 된다.

몸을 움직이면 감정도 바뀐다

예전에 교양과목을 수강하던 한 대학생이 어느 날 문자 메시지를 보내왔다. 내용은 짧았지만 충격적이었다.

"교수님 말씀이 이해는 되지만, 저는 이제는 더는 삶에 미련이 없습니다."

그 학생과 이전에 면담한 적이 있어 더욱 불안해졌다. 급히 전화를 걸었지만 받지 않았다. 혹시 극단적인 선택을 하지는 않을까 마음이 조급해졌다. 30분쯤 지나 다행히 학생에게서 전화가 왔다. 그는 울먹이며 자신의 상황을 토로했고, 나는 그의 말을 경청하고 진심으로 공감했다. 어느 정도 감정이 안정된 듯해 통화를 마칠까 싶었지만 여전히 불안감은 가시지 않았다. 그 학생은 대부분 시간을 혼자 지내며 외부와의 소통이 단절된 상태였고, 심리적으로도 고립된 상태였다. 자기 생각을 잘 챙겨 나가면 좋겠다는 생각에 문득 떠오르는 질문을 했다.

"자기 생각이 잘된 생각인지 아닌지는 어떻게 판단할까요?"

막연한 질문이었다. 나도 당장 뾰족한 답은 떠오르지 않았다. 그 학생도 쉽게 대답하지 못했다. 그러다 직관적으로 하나의 아이디어가 떠올랐다.

"자기 몸을 관찰해 보면 어떨까요? 좋은 생각을 할 때는 표정, 고개, 어깨, 등, 허리 등이 펴지고 몸이 자연스럽게 확장되겠죠. 반대로 안 좋은 생각을 할 때는 고개를 숙이거나 턱을 괴거나 등이 굽고 몸이 움츠러들지 않을까요?"

학생은 고개를 끄덕이며 "그럴 것 같다."라고 했다. 그리고 불편한 감정이 생길 때마다 자신의 몸을 먼저 펴 보고 거기서부터 생각을 바꾸는 연습을 해 보겠다고 했다. 이 사건은 나에게도 큰 교훈이 되었다. 이후 '생각을 잘하려는 방법'을 찾는 일을 중요한 화두로 삼았다. 감정과 몸은 연결되어 있다.

스피노자는 『에티카』에서 다음과 같이 말했다. "기쁨, 환희, 즐거움과 같은 긍정 감정은 신체 활동 능력을 증가시키고, 슬픔과 같은 감정은 신체 활동 능력을 감소시킨다." 신체 활동에 변화를 주면 감정 상태 역시 조절할 수 있다.

하버드대학교 심리학자 에이미 커디(Amy Cuddy)의 연구도 이를 뒷받침한다. 그녀는 TED 강연에서 원더우먼처럼 두 손을 허리에 얹는 '파워 포즈(Power Pose)'를 잠시 취하는 것만으로도 자신감이 상승한다고 발표해 큰 반향을 일으켰다. 또한 웃기지 않아도 크게 웃는 행동 자체가 기분을 개선할 수 있다. 여럿이 함께 웃거나 노래를 따라 부를 때, 통증 환자들이 통증을 덜 느끼는 이유다. 신체 활동은 감정 조절의 매우 실질적인 도구가 될 수 있다.

- 심호흡하기
- 하늘을 올려다보기
- 자연을 바라보기
- 명상하기

몸을 이완시켜 감정의 긴장도를 이완시키는 것도 좋은 방법이다. 실제 코칭에서도 참가자의 신체 반응은 중요한 단서가 된다. 응답의 속도, 말소리의 크기, 음색의 밝기, 표정과 자세 등을 통해 감정의 흐름을 읽고, 적절한 신체 활동을 유도함으로써 감정 전환을 돕는 것이 가능하다.

주의를 돌리면 감정이 가벼워진다

불편한 감정을 느낄 때 어떤 사람들은 회피 행동을 통해 감정을 잊으려 한다. 예를 들어 폭식, 게임, 도박, 음주, 약물 남용과 같은 자극적인 탐닉 활동이 여기에 해당한다. 이것들은 상당히 자극적이고 별다른 노력 없이 빠른 쾌와 접하기 때문에 쾌를 거듭할수록 더 큰 쾌락을 원하게 된다. 결국 중독 위험이 커진다. 바람직한 감정 전환 활동을 몇 가지 제시해 본다.

첫 번째는 기분 전환 활동이다. 취미 활동이 여기에 해당한다. 가벼운 수다, 영화 감상, 음악 감상, 운동 등이 있다. 어떤 게 가장 끌리는지 참가자에게 물어봐도 좋다.

두 번째는 쓰기 활동이다. 감정 일기나 자기 성찰 일기 혹은 감사 일기를 쓰는 것도 방법이다. 쌓인 감정을 토해 내거나 관점을 달리 해 보는 방법 중 가장 쉽고 효과가 큰 것이 혼잣말하듯이 글로 써 보는 작업이다. 어떤 타이밍에 글로 써 볼 것인지 물어보자.

세 번째는 생산적 활동이다. 비행기를 타고 상공에 오르면 자신도 모르게 얽매어 있던 감정과 분리되어 기분이 좋아진다. 하지만 불편한 감정과 계속 밀착되어 있으면 헤어나기 어려울 때가 많다. 아예 딴생각이 들지 않도록 바쁘게 일 처리를 하거나, 자기 일에 집중함으로써 단기적으로 잊어버리는 방법이다.

네 번째는 누군가와 대화를 나눠 보는 것이다. 솔루션을 찾기 위해 고충 상담이나 조언을 구해 보는 것이다. 누구와 고민거리를 나누는 것이 좋은지 물어봐도 좋다.

생각의 틀을 바꾸면 감정도 바뀐다

긍정 상상하기

생각과 감정은 맞물려 돌아간다. 생각에 따라 감정도 변할 수 있다. 좋지 않았던 경험을 떠올리면 금세 불쾌한 감정이 올라온다. 아주 신 맛의 오렌지나 귤을 떠올리기만 해도 입안에 침이 고이지 않는가.

반면 성취의 순간이나 사랑하는 사람과 함께했던 행복한 기억을 떠올리면 기분이 환하게 밝아진다. 이처럼 기분 좋은 상상이나 여행의 추억을 회상하는 것만으로도 불편한 감정에서 벗어날 수 있다. 좋아하는 장소, 음식, 노래, 사람을 떠올리는 것도 내면의 에너지를 바꾸는 힘이 된다.

또 하나 효과적인 방법은 자기 암시다. 마음속으로 반복하거나 소리 내어 암시문, 기도문, 명언, 시 구절 등을 읊는 것은 혼란스러운 마음을 안정시키는 데 도움이 된다. 아래 자기 긍정 암시문 예시를 보고 힘을 주는 문구를 골라 자주 읊어 보자.

• 나는 계속 새로워지고 있는 사람이다.

- 나는 어제보다 오늘, 오늘보다 내일 더 좋아지는 사람이다.
- 나는 언제나 나 자신을 위한 최고의 선택을 하는 사람이다.
- 나는 운이 좋은 사람이다.
- 나는 무한한 풍요를 끌어당기는 에너지를 지닌 사람이다.
- 나는 완전자다. 더 큰 완전을 알고 있기에 부족함을 느끼는 완전자다.
- 나는 신적인 존재다.
- 나는 지성과 영성이 충만한 존재다.
- 나는 미래와 연결된 존재다.
- 내가 사는 세상은 다 좋은 세상이다.
- 인생은 학교요, 삶은 배움이다. 배워서 해결할 수 없는 문제는 없다.

시인들은 세상을 바라보는 눈이 참으로 아름답다. 나태주 시인의 「어린아이」(『자세히 보아야 예쁘다』, 열림원어린이)라는 시를 감상하다 보면 우리도 모르게 예쁜 눈, 고운 마음이 생겨난다.

예쁘구나
쳐다봤더니
방긋 웃는다

귀엽구나

생각했더니
꾸벅 인사한다

하나님 보여주시는
그 나라가
따로 없다

평가적 인식에서 벗어나기

우리는 기대했던 결과가 원하는 수준에 미치지 못할 때 스트레스를 받는다. 그 이유는 자신의 욕망이 방해받았다고 느끼기 때문이다. 이럴 때 우리 안에서는 무의식적인 자동사고(Automatic Thoughts)가 작동한다. 일종의 습관화된 사고방식이다. 상대방에 대한 과소평가 혹은 상대방의 잘못이나 실수에 대한 과대평가는 인식 오류에 해당한다. 평가적으로 인식하는 경우에 자신도 모르게 부정적 사고가 앞서게 되고 감정 상태도 불편해진다.

그럴 때 그럴 수밖에 없는 좋은 이유를 생각해 보면, 관점이 달라져 문제를 새로운 눈으로 바라보게 된다. 우리가 '좋지 않다.'라고 느끼는 것이 많을수록 세상을 의심하게 되고 자신도 믿지 못한다. 불편한 감정이 들 때마다 의식적으로 '좋은 이유'를 찾아보는 연습이 필요하다.

왜냐하면 우리의 사고 패턴은 안 좋은 것부터 찾는 경향이 있기 때문이다. 그런 부정적인 자동사고조차도 결국은 자신을 보호하려는 선한 의도에서 출발한 것이다.

　코칭 현장에서 종종 "회사를 그만두고 싶다."라고 말하는 참가자들을 만난다. 그럴 때 이렇게 질문한다. "지금 다니는 회사의 좋은 점이 있다면 어떤 건가요?" 그러면 대부분 참가자는 잠시 멈칫한 뒤, 그동안 미처 생각하지 못했던 좋은 점들을 새롭게 발견했다고 말한다.

　흔히 "회사 보고 입사하고, 사람 보고 퇴사한다."라는 말이 있다. 그러니 지금 불편함을 느끼는 상황 속에서도 그 일이 왜 나에게 필요한 경험일 수 있는지, 또는 나를 힘들게 하는 그 사람에게도 어떤 좋은 점이 있는지 한번 적어 보자. 또 반대로 그 사람 관점에서 나를 싫어할 만한 요소도 찾아보자.

　'그 사람 입장에서 나를 불편해할 수 있는 요소가 있다면 어떤 게 있을까?' 새로운 관점을 열어 주기 때문에 도움이 된다.

　누군가 자신을 비난했다고 가정해 보자. 만일 그 비난이 사실이라면 받아들이면 되고, 틀리게 본 것이라면 앞으로 자신의 이미지를 어떻게 바꿀 것인지 자신 안에 가득한 지혜를 꺼내어 써 보면 좋다.

　자신과 타인, 그리고 세상을 믿고 살아가는 사람들은 결국 '좋은 줄 아는 사람'이다. 내가 사랑하는 사람들도 마찬가지다. 좋은 줄 알기 때문에 좋아하고, 좋아하니까 믿게 되고, 믿어 주니 믿음이 간다. 이러한 긍정적인 시선은 세상과 나를 잇는 따뜻한 다리가 되어 준다.

그림 23 인식에 따른 감정 상태

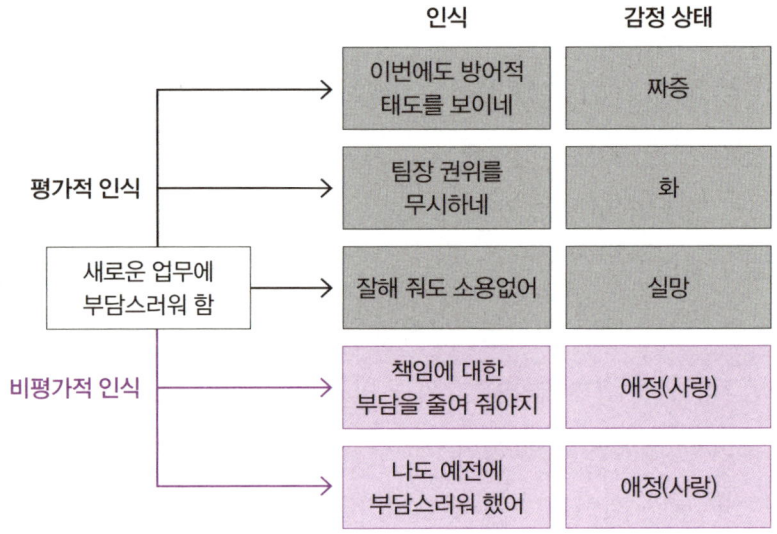

나쁜 것은 없다는 관점으로 전환하기

'나쁜 것은 없다. 있는 것은 모두 좋은 것이다.' 이렇게 생각하면 행복감을 느끼기 쉬워진다. 반면 '나쁜 것은 반드시 없애야 한다.'라고 생각하면 삶은 금세 불편하고 힘겨운 싸움터가 된다. 생각과는 달리 '나쁜 것'은 쉽게 사라지지 않고, 그것을 없애기 위해 끊임없이 힘을 쏟아야 하며, 특히 사람이 그 대상으로 여겨질 때 사람은 내 뜻대로 통제할 수 없으므로 더욱 지치고 고단해지기 때문이다. 비록 절망스러운 상황일지라도 고통의 의미를 찾으면 고통이 감소된다.

절망스러운 상황 자체가 문제인 것은 아니다. 문제는 그 상황을

'나쁘다.'라고 인식하는 순간부터 시작된다. '지금은 비록 괴롭고 힘들지만, 이 고통을 이겨내는 만큼 실력이 향상된다.'라고 생각하면 오히려 힘이 난다. 결국 모든 것은 마음먹기에 달려 있다.

감정이 반복적으로 얽히는 이유는 그 감정을 유발하는 관념의 틀이 바뀌지 않았기 때문이다. 그럴 땐 이렇게 자신에게 물어보자. 행복한 삶을 원하는가? 아니면 힘든 삶을 원하는가? 행복하기를 원하면서도 생각은 종래의 생각에서 벗어나지 못하는 경우가 많다. 행복해지고 싶으면 자기가 좋은 것과 싫은 것에 대해 따져 물어보자. 좋은 것이 내 안에 있다고 믿으면 행복하다. 그러나 좋은 것은 내 안에 없고 내 밖에 있다고 생각하고, 그것을 구하려 하는 한 외부 조건에 종속되기 때문에 행복에 이르기까지 시간이 한참 걸린다.

그림 24 **행복에 이르는 길**

	행복한 삶	힘든 삶
좋은 것	내 안에 있다 • 알아차리면 된다 • 꺼내 쓰면 된다 • 당장 가능하다	내 바깥에 있다 • 구해야 한다 • 외부 조건에 구애받는다 • 시간이 오래 걸린다
나쁜 것	나쁜 것은 없다 • 있는 것은 다 좋다 • 문제도 기회다 • 사건에도 의미가 있다	없애야 한다 • 없어지지 않는다 • 통제 가능하지 않다 • 지속되고 반복된다

삶이 힘들다고 느끼는 많은 순간, 사실은 내가 무의식적으로 힘든 삶을 선택하고 있었던 것일지도 모른다. 어차피 깨닫고 행복해질 것인데 지금부터 행복을 누리고 살면 얼마나 좋을까? 지금 이 순간 삶을 힘겹게 볼 것인지, 감사하고 소중하게 볼 것인지 그 방향을 선택할 힘은 내 안에 있다. 옷장에 옷이 많은데도 막상 입을 만한 옷이 없다고 느낄 때, 우리는 새 옷을 사야겠다고 생각한다. 하지만 그 옷들은 분명 한때는 좋다고 생각해서 직접 고른 것들이다. 그런데 시간이 흐르면서 마음이 변하고 이제는 '별로'라고 여겨진다. 그런 '좋지 않다.'라는 인식이 자리를 잡는 순간 우리는 행복을 다시 밖에서 구하려는 삶을 살게 된다.

옷 한 벌도 조합을 달리하거나 액세서리 하나만 더해도 새롭게 느껴지는 것처럼, 생각도 조금만 바꾸면 감정의 결이 달라진다. 어떤 물건, 어떤 사람, 어떤 상황도 좋아할 만한 이유를 찾기 시작하면 새로운 감정이 피어난다. 좋은 것은 항상 내 밖에 있다고 생각하면서 남의 시선에 눌리는 삶을 살 것인가? 아니면 행복한 것들이 자기 안에 있다고 생각하며 누리고 살 것인가?

Chapter 23 에너지를 높이는 경청 기술

마음으로 경청

코칭을 전개하면서 코치는 다양한 대화 스킬을 사용한다. 대표적으로는 라포 형성을 위한 친밀감 스킬, 경청 스킬, 인정 스킬, 질문 스킬, 피드백 스킬 등이 있다. 그중에서도 코칭 대화의 핵심은 질문이기 때문에, 질문을 효과적으로 활용하기 위해서는 경청이 반드시 수반되어야 한다.

코칭은 참가자의 변화와 성장을 도모하는 대화이므로 에너지를 끌어올리는 것이 중요하다. 특히 인정과 칭찬은 에너지를 올리는 가장 기본적인 대화 기술이다. 중요한 것은 경청할 때도 에너지를 높여 주는 일이 가능하다는 점이다.

"나 어제 그 사람 때문에 기분이 영 안 좋았어. 하고 싶은 말을 참느라고 너무 힘들었어."라고 말한다면, 일상 대화에서는 "무슨 일인데?" 또는 "왜 그랬는데?"로 자연스럽게 흘러간다. 하지만 코칭 대화에서는 상대방의 이야기를 다음과 같이 네 가지 방식으로 들을 수 있다.

- 내용 듣기: 어제 그 사람 때문에 힘든 일이 있었던 거구나.
- 기분 듣기: 그렇게 말하는 걸 보니 정말 속상했겠어요. 참느라 힘드셨겠네요.

- 의도 듣기: 그래도 그 사람과 잘 지내고 싶다는 마음이 있었던 건 아닐까요?
- 존재 듣기: 웬만한 스트레스도 잘 이겨 내는 긍정적인 분이라서 그만큼 참으신 것 같아요. 참 지혜로우시네요.

내용 듣기를 잘하는 방법

경청은 말로 완성된다. 코치가 어떻게 들었는지를 말로 반응해 줄 때, 소통의 오해를 줄이고 신뢰를 형성할 수 있다. 내용 듣기는 참가자의 이야기 가운데 핵심 단어가 무엇인지 알아차리는 것이 우선이다.

그다음은 가능하면 참가자가 사용한 단어를 그대로 사용하는 것이 좋다. 마치 흉내 내듯이 들은 내용을 요약하여 전하는 것이다. 잘 듣는 것이 중요하다. 반복함으로써 내가 어떻게 들었는지 알려 주는 것이다.

다음은 참가자가 추상 단어를 사용하는 경우, 내용 듣기 단계에서 연결되는 질문이다.

참가자 가족과 행복하게 보내고 싶어요.
코치 '행복하게 보내고 싶다.'라는 건 어떤 의미일까요?
참가자 어릴 때 엄마가 바빠서 늘 외로웠어요. 그래서 적어도 일주일에 두 번은 온 가족이 같이 밥 먹고 이야기 나누는 시간을 만들고 싶어요.

기분 듣기를 잘하는 방법

'기분 듣기'는 상대방의 감정을 언어화하고 반영해 주는 기술이다. 이야기를 쪼개어 감정을 포착하거나, 분위기와 맥락에 맞춰 조심스럽게 타진하는 질문 방식도 좋다.

> **참가자** 어릴 때 엄마가 바빠서 늘 외롭다고 느꼈어요.
> **코치1** 그 시절 생각이 나면서 쓸쓸하고 외로운 기분이 드셨겠어요.
> **코치2** 가족과 함께할 시간이 부족해 아주 아쉬웠겠네요.
> **코치3** 가족들이 그런 마음을 몰라줘서 야속하기도 했을 것 같은데, 어떠세요?
> **코치4** 이해는 되지만 마음처럼 되지 않아 아쉽고 안타깝기도 하셨겠네요?

의도 듣기와 존재 듣기를 잘하는 방법

말하지 않은 것까지 듣는 것이 의도 듣기와 존재 듣기다. 의도 듣기는 상대가 문제라고 표현한 이면에 숨어 있는 욕구나 의도를 들어 주는 것이다. 이것을 잘 찾아 주면 참가자는 "맞아요!" 하고 강한 긍정 반응을 보인다. 감정 대화의 에너지가 상승한다. 존재 듣기란 성품, 욕망, 의도, 가치관, 신념을 알아 주는 것이다.

존재(성품)를 들어 주면(인정) 에너지가 높아진다. 코치가 참가자의 의도를 잘 읽어 주면 대화의 방향성을 금세 잡아서 코칭 대화를 이어 가기 쉽다. 의도 듣기와 존재 듣기 가운데 의도 듣기를 맨 뒤에 하는 것이 효과적일 때가 많다. 의도 듣기가 곧바로 주제와 연결되기 때문이다.

코치 요즘 어떠세요?
참가자 사춘기 아이와 대화가 통하지 않고 자꾸 절 피하려 해요.
코치 아이와 소통을 의식하고 계신 걸 보니 부모로서 애정과 책임감이 크신 분 같아요. (존재 듣기) 아이와 거리감 없이 소통하고, 아이에게 도움이 되고 싶으신 거죠? (의도 듣기)
참가자 예, 맞아요.
코치 그럼 오늘은 아이와의 소통에 대해 좀 더 이야기 나눠 보면 좋겠네요.

성찰 질문

- 자신의 의도와 달리 오해를 받았던 대화를 떠올려 본다. 만일 다시 대화한다면 어떻게 새롭게 대화를 시작하면 좋을까?
- 상대의 의도를 부정적으로 해석한 적은 없었나? 그 결과는 어땠는가? 지금 돌아보면 어떤 감정이 드는가?
- 말할 때는 내 의도를 중심으로, 들을 때는 상대의 표현을 중심으로 듣는다. 만약 말할 때 표현을 더 신경 쓰고, 들을 때는 선한 의도를 먼저 듣는다면 대화는 어떻게 달라질 수 있을까?

거리 두기 vs. 공감

요즘 젊은 세대 사이에서 '감정 쓰레기통'이라는 표현을 자주 사용해서 놀라웠다. 이는 누군가가 자신의 감정만을 소중히 여기며, 타인을 일방적으로 감정 배출 창구로 이용하는 경우를 지칭한다. 상대의 불편해하는 감정 이야기를 지속해서 경청하다 보면 듣는 사람은 감정적으로 소진되고, 심지어 탁한 감정이 전염되는 느낌을 받기도 한다. 문제는 그 상태가 반복될수록 감정 에너지가 점점 소진된다는 것이다.

우리는 서로의 감정도 돌볼 줄 아는 지혜가 필요하다. 상대의 힘듦을 의식하지 않으니 아랑곳하지 않고 자기중심적으로 이야기한다. 대화란 주고받아야 바람직하다. 누군가 자신의 불편한 감정을 들어 주는 것은 정말 고마운 일이다. 반면 일방적으로 듣기만을 요구당하는 사람은 에너지가 소진되기 때문에 함께 있는 시간이 점점 견디기 어려워진다.

듣는 사람이 소통 방식을 효과적으로 전환하기 어렵다 보니 같은 현상이 반복된다. 말할 기회를 잃은 채 일방적으로 듣기만 하니 결국 자신이 '감정 쓰레기통'이 된 것 같다는 무력감과 피로감을 경험하게 된다. 이 문제를 해결하기 위해서는 경청의 경계를 설정하고, 자신의 감정도 표현하면서 대화의 균형을 맞추는 방식으로 전환하는 것이 필요하다. 도를 넘을 때는 피드백을 전달하는 것도 바람직하다.

구체적 대화 예시 –감정 소진 없이 현명하게 관계 설정하기

감정을 주고받는 균형 있는 대화

사례 B는 항상 자신의 고민과 감정을 A에게 털어놓으며, A가 들어 주기만을 원한다. A가 의견을 말하려 하면 B는 말을 막거나 다시 자신의 이야기로 되돌린다.

- B 진짜 너무 힘들어. 오늘 회사에서 또 스트레스받았어. 상사가 나한테 왜 그렇게 하는지 모르겠어.
- A 그래. 많이 힘들었겠네. (공감)
- B 그치? 너무 답답해서 미칠 것 같아. (이야기를 계속)
- A ……. (B가 일방적으로 감정을 쏟아 낸다. 대화가 일방향이며, A도 이야기하고 싶지만 계속 듣기만 해야 하는 상황이 지속되거나 반복된다.)

• 대화의 균형을 맞추기 위한 부드러운 개입하기
- A (상대가 계속 말할 때 잠시 침묵 후) B야, 나도 네 이야기를 들으면서 생각한 게 있는데, 잠깐 내 말도 들어 볼래? (자연스럽게 대화 흐름을 끊지 않으면서 내 발언권을 요청함)
- B (조금 당황) 어? 말해 봐.
- A 네 이야기를 듣다 보니 나도 예전에 비슷한 경험이 있었어. 그때 나는 이렇게 생각했었는데……. (자신의 경험과 의견을 공유, 자신의 의견을 말하면서 자연스럽게 '나도 발언할 권리

가 있다.'라는 걸 알림)
B 아, 그런 경험이 있었구나. (상대도 내 이야기를 들으려고 노력하게 됨)

'나도 이야기하고 싶다.'라는 의사 표현을 부드럽게 한다. 경계를 설정하면서도 공감을 유지할 수 있다.

• 경계를 설정하며 감정 소진 방지하기
  B 근데 진짜 난 너무 답답해서 계속 이야기해야 풀릴 것 같아.
  A 그럴 수 있지. 나도 네 기분 이해해. 그런데 나도 요즘 좀 지쳐서 가끔은 내 감정도 돌보고 싶어.
  B (조금 놀라며) 아, 미안.
  A 아니야, 미안할 건 없어. 나는 네가 내 이야기도 들어 줬으면 좋겠어. 그리고 우리 대화를 조금 더 균형 있게 하면 좋겠어. 네 이야기를 듣는 건 좋지만 나도 이야기할 시간이 필요하거든. (상대방을 비난하지 않으면서도 '나의 감정도 중요하다.'라는 점을 자연스럽게 전달함)

감정 배출 창구가 되지 않도록 시간적, 정서적 한계를 설정한다.

• 대화 방식 개선을 위한 질문 사용하기
  B 그래도 난 너무 답답해. 얘기하면 좀 풀리는 것 같아.

A 응, 네 마음 이해해. 그런데 너는 지금 이 문제를 해결하고 싶어? 아니면 그냥 속 이야기를 털어놓고 싶은 거야? (감정 배출만 원하는지, 해결책을 원하는지 확인하기 위한 질문을 던짐)

B 그냥 말하면서 스트레스 풀고 싶어서.

A 그럼 내가 들어 줄 수는 있지만 나도 감정적으로 지칠 때가 있어서 조금만 짧게 얘기하는 건 어때? 대신 더 나은 방법도 함께 찾아보면 좋겠어. (한계를 설정하여 생산적 대화가 되도록 요청함)

B (생각하면서) 음……. 맞아, 계속 같은 이야기만 하면 힘들지.

A 맞아. 우리 대화를 좀 더 건강한 방식으로 해 보자!

상대의 이야기를 '듣기만 하는 것'이 아니라 같이 해결책을 찾는 대화로 전환한다.

감정 쓰레기통이 되지 않으면서도 상대를 다치게 하지 않는 방법
- 부드럽게 내 발언권 요청하기: 나도 네 이야기 들으면서 생각난 게 있어, 잠깐 들어 볼래?
- 감정 배출의 경계를 설정하기: 네 감정을 이해하지만 나도 내 감정을 돌볼 시간이 필요해.
- 대화의 균형을 맞추기 위한 질문하기: 이 문제를 해결하고 싶은 거야, 아니면 그냥 털어놓고 싶은 거야?

- 대화를 더 생산적인 방향으로 전환하기: 우리 이야기하는 방식을 조금 바꿔서 서로 도움이 되는 대화를 해 보면 어때?

이렇게 하면 상대방도 내가 감정 쓰레기통이 아니라 서로 대화를 나누는 존재라는 것을 깨닫게 되고, 점점 대화 방식이 개선될 것이다. 서로가 감정의 쓰레기통이 아니라, 감정의 쉼터가 되는 관계를 만들어 가자.

사람을 살아나게 하는 피드백

효과적인 피드백 대화 사례

우리는 누군가의 잘못이나 바람직하지 않은 행동에 대해 피드백할 때, 상대방이 잘되기를 바라는 마음을 전달하면서도 긍정적으로 변화하도록 접근하는 것이 좋다. 이를 위해 네 가지 지침을 반영한 대화 사례를 소개한다.

- 자신의 의도를 명확히 전달한다.
- "한 가지 말할 게 있는데, 지금 괜찮아?"라고 허락을 구한다.
- 과정에서 노력한 점이나 상대방의 장점을 먼저 말해 준다.
- 그 결과가 본인에게 미치는 영향과 미래 지향적인 질문을 한다.

사례 팀원이 마감 기한을 자주 지키지 못할 때

상황 팀원 A가 보고서 제출 기한을 자주 놓쳐 팀 전체 일정이 지연되고 있다.

팀장 A, 잠깐 이야기해도 괜찮을까?

A   네, 괜찮아요.

팀장 자기 맡은 일에 최선을 다하는 모습, 난 정말 존중해. 보고서 꼼꼼하게 잘 써 준 것도 고맙고! 다만 마감이 자주 늦어지면 애쓴 부분이 가려지고 성실하지 않다는 인상을 줄까 걱정되더라고. 앞으로 마감을 잘 지킬 방법을 함께 생각해 볼까?

A   맞아요. 앞으로는 하루 전 초안을 목표로 해 볼게요.

A는 자책보다 책임감과 실천 전략에 집중하게 되었다.

사례 팀원이 회의에서 너무 말을 많이 할 때

상황 팀원 B는 회의에서 너무 많이 발언하여 다른 팀원들의 의견을 들을 시간이 부족하다.

팀장 B, 잠깐 이야기할 수 있을까?

B   네, 무슨 일이세요?

팀장 B가 활발하게 의견 내는 모습 덕분에 팀에도 활력이 생기고, 많은 아이디어가 나오는 것 같아 고마워. 회의에서 적극적으로 의견을 제시하는 점이 정말 좋아. 그런데 다른 팀원들 의견도 다양하게 듣고 싶은데 시간이 부족할 때가 있더라고. 팀원들이 더 많이 참여하려면 어떻게 하면 좋을까?

B 아, 그렇군요. 앞으로는 제 의견을 짧고 핵심적으로 말하고, 다른 사람들에게 먼저 기회를 주는 연습을 해 볼게요!

팀장 그렇게 말해 주니 고맙네.

B는 부정적으로 받아들이지 않고 더 효과적으로 회의에 기여하는 방법을 찾게 되었다.

사례 팀원이 고객에게 너무 직설적으로 말할 때

상황 팀원 C는 고객 상담 시 솔직하지만 때때로 너무 직설적이어서 고객이 불편해한다.

팀장 C, 잠시 이야기 나눌 수 있을까?

C 네, 어떤 일이죠?

팀장 내가 자기 좋아하는 거 잘 알지? 자기가 고객들에게 꾸밈없이 솔직하게 이야기하는 점이 정말 좋다고 생각해. 덕분에 고객이 정확한 정보를 얻고 신뢰할 수 있으니까!

C 네, 고맙습니다.

팀장 때로는 고객이 자기의 장점은 보지 못하고 오해할까 염려스러운 부분도 있더라고. 솔직함을 유지하면서도 좀 더 부드럽게 전달할 방법이 있을까?

C 아, 제가 너무 직설적으로 말했나 봐요. 다음부터는 고객이 어떻게 받아들일지를 먼저 생각해 보고 말해야겠어요.

C는 자신의 강점(솔직함)을 살리면서도 더 부드러운 커뮤니케이션 방식을 익히게 되었다.

사례 친구가 부정적인 말만 계속할 때

상황 D는 만날 때마다 불평이나 부정적인 이야기만 해서 대화 분위기가 늘 무거워진다.

친구 D, 잠깐 이야기 나눠도 괜찮을까?

D 응, 무슨 일이야?

친구 네가 나를 믿고 어려운 얘기를 솔직하게 털어놓아 줘서 정말 고마워. 덕분에 너와 있을 땐 가식 없이 편하게 지낼 수 있어서 좋아.

D 그래? 그렇게 말해 줘서 고마워.

친구 그런데 가끔 네 이야기를 듣다 보면 나도 모르게 기운이 빠질 때가 있더라고. 네가 요즘 얼마나 힘든 시간을 보내고 있는지 알게 됐어. 다만, 그런 얘기만 계속 듣다 보면 사람들이 너를 부정적인 사람으로 오해할 수도 있을 것 같아. 그래서 말인데, 힘든 일 속에서도 네가 배운 점이나 얻은 것도 함께 이야기해 보면 어떨까?

D 그러고 보니 힘든 일을 겪으면서 나도 성장한 부분이 있네. 그쪽으로도 이야기해 볼게!

D는 자신이 부정적인 이야기만 했다는 것을 깨닫고, 좀 더 긍정적인 시각을 찾기 위해 노력하게 되었다.

사례 후배가 일을 독선적으로 처리할 때

상황 E는 팀원들과 충분한 상의 없이 혼자 결정을 내리는 경향이 있다.

선배 E, 잠깐 이야기 나눠도 괜찮을까?

E 네, 무슨 일이죠?

선배 네가 주도적으로 일을 추진하는 태도는 정말 인상 깊어. 우리 팀에도 그런 결단력 있는 사람이 꼭 필요하다고 생각해!

E 정말요? 그렇게 말씀해 주시니 감사해요.

선배 그런데 가끔은 팀원들과 충분히 의논하지 않고 혼자 결정하는 일이 있어서 다른 사람들의 의견이 반영되지 못할 때가 있는 것 같아. 혹시 앞으로는 더 나은 협업 방식을 함께 고민해 볼 수 있을까?

E 맞아요. 제가 성격이 급해서 혼자 빨리 결정하려는 경향이 있었던 것 같아요. 다음부터는 먼저 팀원들에게 의견을 묻고 진행하겠습니다!

E는 자신의 리더십을 긍정적으로 유지하면서도 협업의 중요성을 인식하게 되었다.

좋은 피드백은 성장의 기회가 된다

피드백은 상대방이 더 잘되기를 바라는 마음이 진심으로 전달될 때 변화의 씨앗이 된다.

- "지금 이야기해도 괜찮을까?" → 먼저 동의를 구하면 열린 마음으로 들을 준비가 된다.
- "너의 이런 점이 정말 좋아." → 강점을 먼저 인정하면 방어적 태도를 줄일 수 있다.
- "이런 부분이 개선되면 더 좋을 것 같아." → 행동이 가져올 결과를 함께 생각하게 한다.
- "앞으로 어떻게 하면 좋을까?" → 스스로 해답을 찾을 수 있는 미래지향적 질문을 던진다.

이처럼 공감과 존중을 바탕으로 한 접근은 피드백을 단순한 지적이 아닌 성장을 위한 기회로 만든다.

성찰 질문
- 내가 피드백을 전하고 싶은 대상의 장점은 무엇인가?
- 그 장점을 알아차리게 된 구체적인 상황이나 행동은 무엇이었는가?
- 상대방의 감정을 해치지 않으면서 장점과 피드백을 어떻게 연결하면 좋을까?

Chapter 24 인식 전환을 돕는 질문 기술

생각을 바꾸는 힘

앞서 국제코치연맹에서 코칭 역량 여덟 가지를 표준화하였다고 설명했다. 코칭이 제대로 작동되려면 핵심 역량들이 잘 발휘되어야 한다.

여러 역량 가운데 코치가 인식을 다루어야 하는 필요성을 설명해 주는 내용만 추려서 살펴보기로 한다.

> **코칭 역량**
>
> [역량 2] 코칭 마인드 셋을 구현한다
> 2-5. 클라이언트의 유익을 위해 코치 자신의 인식과 직관을 활용한다.
> [역량 4] 신뢰와 안전감을 조성한다
> 4-2. 클라이언트의 정체성, 인식, 스타일 및 언어를 존중하고 클라이언트에 맞추어 코칭한다.
> 4-5. 클라이언트가 자신의 감정, 인식, 관심, 신념 및 제안하는 바를 그대로 표현하도록 인정하고 지원한다.
> [역량 6] 적극적으로 경청한다
> 6-3. 고객이 소통한 것 이면에 무언가 더 있다고 생각될 때 이것을 인식하고 질문한다.

코칭이 효과를 발휘하려면 코칭 세션 중 참가자의 내면에서 관점의 전환, 의식의 확장, 깨달음, 깊은 알아차림과 같은 변화가 일어나야 한다. 다시 말해 기존의 관념이나 인식이 전환되는 순간이 있을 때, 비로소 코칭은 그 사람에게 의미 있는 경험이 된다. 만일 그 순간 참가자의 입에서 "아하!" 하는 감탄사가 터져 나온다면, 이는 더욱 바람직한 신호다.

국제코치연맹(ICF)의 역량 기준에서는 이러한 인식 전환의 과정을 'Awareness'로 표현한다. 이 글에서는 이를 '알아차림'이라 번역했다.

코칭 역량

[역량 7] 알아차림을 불러일으킨다

7-2. 알아차림이나 통찰을 불러일으키기 위한 방법으로 클라이언트에게 도전한다.

7-6. 클라이언트의 발전을 위해 무엇이 잘되고 있는지에 주목한다.

7-9. 클라이언트가 어떻게 앞으로 나아갈 수 있는지, 무엇을 하려고 하고 할 수 있는지 생각해 내도록 초대한다.

7-10. 관점을 재구성할 수 있도록 클라이언트를 지원한다.

7-11. 클라이언트가 새로운 학습을 할 수 있는 잠재력을 갖도록 관찰, 통찰 및 느낌을 있는 그대로 공유한다.

[역량 8] 클라이언트의 성장을 촉진한다

8-1. 새로운 알아차림, 통찰, 학습을 세계관 및 행동에 통합하기 위해 클

> 라이언트와 협력한다.
>
> 8-2. 새로운 학습을 통합하고 확장하기 위해 클라이언트와 함께 고객의 목표와 행동, 그리고 책임 측정 방안을 설계한다.
>
> 8-6. 고객과 함께 세션에서 또는 세션과 세션 사이에서 학습하고 통찰한 것을 요약한다.

인식 전환, 감정의 흐름을 바꾼다

단어 전환의 힘

대화에서 사용하는 단어는 단순한 정보 전달을 넘어 관계의 분위기, 감정의 흐름, 자아 인식까지 바꿀 수 있는 강력한 힘을 지닌다. 이는 코칭, 상담, 교육, 일상 소통 전반에 해당하며, 특히 코칭 대화에서는 단어 하나가 참가자의 감정 상태와 사고 방향에 큰 영향을 미칠 수 있다.

따라서 되도록이면 불편한 인상을 주지 않는 '중립적인 단어'를 사용하는 것이 좋다. 하지만 코칭에서는 에너지를 높일 수 있는 단어로 전환하는 작업이 더욱 중요하다. 기분이 좋아지고 감정의 에너지가 높아질수록 생각이 열리고, 자기 안에서 해답을 더 잘 찾을 수 있기 때문이다.

특히 코치가 참가자의 부정적인 감정을 담은 단어를 그대로 반복하며 대화를 이어갈 경우, 참가자는 그 감정에 더욱 고착되거나 나아가 그 감정을 자기 정체성처럼 받아들일 위험이 있다. 이는 바람직한 대화 방식이 아니다. 아래 사례를 통해 자세히 살펴보자.

바람직하지 않은 대화

사례 대화 시 에너지 낮은 단어가 반복된다.

참가자 요즘 미래가 너무 불안해요. 뭐 하나 제대로 되는 게 없고요.

코치 미래가 불안하시군요. 어떤 점이 가장 불안하게 느껴지세요?

참가자 그냥 취업도 불확실하고, 내가 뭘 잘할 수 있을지도 모르겠어요.

코치 그 불안이 줄어들려면 어떤 게 필요할까요?

참가자 글쎄요. 잘 모르겠어요. 그냥 계속 불안해서 잠도 잘 안 와요.

코치가 '불안'이라는 단어를 반복 사용하면 참가자가 자신의 감정을 고착시킬 수 있다. 참가자는 점점 더 무기력한 언어를 사용하게 되고, 감정 전환의 기회를 얻지 못한다. 이런 경우, 코치는 다른 감정 언어나 가능성을 여는 질문으로 흐름을 바꾸는 것이 효과적이다.

바람직한 대화로 전환

사례 참가자가 에너지를 느낄 수 있는 긍정 단어로 전환한다.

참가자 요즘 취업 문제로 미래가 너무 불안해요. 뭐 하나 제대로 되는 게 없어요.

코치 미래에 대해 많이 생각하고 계시군요. 그만큼 중요한 시기라고 느끼시나 봐요. 혹시 불안에서 벗어나 어떤 감정 상태에 있고 싶으신가요?

참가자 음. 여유로운 마음 상태요.

코치 여유로운 상태란 어떤 느낌일까요?

참가자 최선을 다하고 있다는 느낌으로, 저 자신에게 만족하면서 편안하게 잠도 잘 자는 상태요.

코치 그렇게 되려면 어떤 변화가 필요할까요?

참가자 사실 취업이 되면 다 괜찮아질 것 같아요.

코치 그만큼 일에 대해 진지하게 고민하고 계시는 거군요.

참가자 그렇죠.

코치 지금까지 준비하면서 "이건 잘하고 있어."라고 말할 수 있는 부분이 있다면 무엇일까요? (이하 생략)

어떤 단어는 그 자체로 감정을 자극한다. 참가자가 자기 기준이 엄격해서 자기를 무기력한 사람이라고 자기 비하식으로 표현하는 경우도 있다. 이럴 때 참가자가 사용한 단어를 그대로 사용하게 되면 불편해할 수 있다.

바람직하지 않은 대화

사례 에너지가 낮은 상태에 머문다.

참가자 요즘 저는 그냥 무기력한 사람 같아요. 아무것도 하기 싫고 의욕도 없고요.
코치 그럼 무기력한 상태에서 벗어나려면 뭘 해야 할까요?
참가자 잘 모르겠어요. 그냥 아무것도 하고 싶지 않아요.
코치 에너지를 많이 써서 고갈되고 감정도 소진되셨나 봐요. 그래도 무기력에서 벗어나 뭔가 하나는 해 보셔야 하지 않을까요?

코치가 '무기력'이라는 단어를 반복 사용하면 참가자가 자신을 무기력한 사람이라는 정체성에 고착시킬 수 있다. 참가자의 감정을 충분히 공감하거나 재해석하지 못한다. '고갈', '소진', '무기력' 등 낮은 에너지의 단어를 반복하여 감정 회복을 방해한다. 참가자는 더 움츠러들고 무기력감이 강화될 수 있다.

바람직한 대화로 전환

사례 참가자의 감정 상태가 바닥에 놓여 감정을 하소연하는 경우 정체성 전환을 여는 질문으로 에너지가 올라가도록 단어부터 바꾼다.

참가자 요즘 저는 그냥 무기력한 사람 같아요. 아무것도 하기 싫고 기운도 없고요.

코치 요즘 많이 힘든가 봐요. 그런 감정을 느낄 만큼 자신에게 기대하거나 부담을 느낀 부분도 있지 않으셨을까요?

참가자 그런 것 같아요. 열심히 하긴 했는데 결과가 없고, 그래서 점점 의욕도 없어지고요.

코치 그 말씀을 들으니 지금은 잠시 방향을 찾고 있는 과정일 수도 있겠네요. 자신을 돌아보고 재정비하는 시간처럼요. 어떻게 들리세요?

참가자 그렇게 생각하니까 조금 위안이 되네요.

코치 무기력한 사람처럼 느껴진다고 하셨는데, 앞으로 어떤 모습으로 변화되면 좋겠다는 바람이 있으세요?

참가자 뭐든지 막 열정적이지 않아도 괜찮으니까, 꾸준히 움직이는 사람이 되고 싶어요. 너무 흔들리지 않고요.

코치 '꾸준히 움직이는 사람' 참 멋진 이미지네요. 그 모습에 가까워지기 위해 지금 이 순간 작게라도 해 볼 수 있는 일이 있다면 무엇이 떠오르세요?

다음과 같은 성찰 질문을 활용한다.

성찰 질문
- 평소 내가 자주 사용하는 단어 중, 나 또는 타인의 에너지를 떨

어뜨리는 단어는 무엇인가요?
- 그 단어를 어떻게 바꾸어 표현하면 에너지를 더 높일 수 있을까요?
- 주변에서 소통이 원활하고 호감이 높은 사람은 어떤 언어적 특징을 가지고 있나요? 그 사람은 누구인가요?

질문의 활용

코칭은 정보를 전달하거나 지식을 가르치는 일이 아니다. 참가자가 스스로 답을 찾도록 돕는 과정이기에, 코칭에서 가장 중요한 도구는 '질문'이다. 좋은 질문은 크게 두 가지 특징을 가진다. 하나는 감정의 에너지를 높이는 질문, 다른 하나는 생각을 열어 주는 질문이다. 기(氣 –에너지)가 살아나야 사고도 확장된다. 앞서 '경청 스킬'에서도 언급했듯이, 코치가 참가자의 감정, 의도, 존재를 인정하는 표현을 질문 형식으로 하는 것이 좋다. 질문은 단정적인 인상을 주지 않으면서도 상대방의 내면을 열어 주는 힘을 가지기 때문에, 듣는 사람이 더 편안하고 수용적인 태도를 갖게 된다.

생각을 열어 주는 질문이란?

생각을 열어 주는 질문은 의식을 더 넓고, 깊고, 멀고, 높은 차원으로 확장하도록 돕는 질문이며 관점을 달리하는 질문이다.

"싫어요."라고 말할 때 "그 안에서 좋은 점은 무엇일까요?", "없어요."라고 말할 때 "그 대신 지금 가진 것은 무엇인가요?", "경험해 봐서 알아요."라고 말할 때 "정말 그런지 무엇을 보면 알 수 있을까요?", "그 말을 그 사람에게 직접 전한다면 뭐라고 반응할까요?"라고 질문해 보자. 이처럼 질문의 방향이 바뀌면 참가자의 인식은 즉각적으로 전환될 수 있다.

고통의 의미를 질문으로 확장하기
누구나 살면서 어려움을 겪는다. 고통은 피할 수 없지만, 그것을 감내하고 의미를 찾는 사람들도 많다. 예를 들어 고통에서 의미를 제거해 보자. 고통 속에서 아무런 의미도 찾지 못하면 그 고통은 그대로 남아 우리를 짓누른다. 그러나 고통 속에서 의미를 발견할 수록 그 무게는 점점 가벼워진다.

어느 날 한 참가자가 말했다 "몸이 아파서 이제는 내가 해 오던 봉사 활동도 못하고, 가족에게 짐이 되니 절망스럽습니다." 그에게 코치는 이렇게 물었다. "지금 겪는 고통이 다른 사람에게 어떤 의미가 될 수 있을까요?" 처음에 그는 그 질문의 의미를 이해하지 못했다. 코치는 다시 물었다. "이 고통을 이겨 내는 모습을 다른 환자들이 본다면, 그들에게 어떤 희망이 될 수 있을까요?" 그제야 그는 자신의 고통이 다른 사람에게 위로가 될 수 있다는 가능성을 떠올리고 그 안에서 새로운 의미와 생기를 되찾았다.

인식 전환을 여는 질문
코칭에서 가장 중요한 일 중 하나는 참가자가 자신의 인식을 전환하도록 돕는 것이다. 대부분 참가자가 이슈를 제기할 때는 아직 인식 전환이 일어나지 않은 상태다. 그들은 상황을 '문제'로 인식하고 있으며, 대개 불편한 감정이나 스트레스를 표현한다. 이때 코치가 도와야 할 방향은 그 감정이 해소되고, 욕구가 충족되는 방향, 다시 말해 감정 에너지가 회복되는 쪽이다. 사람은 자신이 원하는 것이 이루어질 때, 그것을 '좋은 것(善 −선)'으로 인식한다. 따라서 문제가 해결될 수 있다는 가능성을 열어 주는 질문이 효과적이다.

만일 참가자가 무의식적으로 자신을 수동적인 존재로 표현하는 경우, 그 언어 안에는 인식 전환의 단서가 숨어 있다. 예를 들어 참가자가 "우리 아이가 자꾸 나를 화나게 만들어요."라고 한다면 이 말에는 어딘가 어색한 점이 있다. 아이가 의도적으로 화를 내게 하려고 했을 리는 없기 때문이다. 이때 질문을 통해 새로운 관점으로 바라보도록 돕는다.

질문의 차이

마릴리 아담스는 『질문의 기술』에서 "새로운 사고는 새로운 질문에서 시작된다."라고 말하며 질문의 힘을 강조했다. 그녀는 질문을 두 가지로 나누었다. 하나는 '심판자의 질문'이고 다른 하나는 '학습자의 질문'이다. 유감스럽게도 배우지 않고도 익숙한 것이 심판자의 질문이다. 심판자의 질문은 자신이나 상대방의 에너지를 떨어뜨린다. 반면 학습자의 질문은 성장할 기회를 제공하기 때문에 유용하다. 앞으로 우리가 자주 사용해야 할 질문은 바로 학습자의 질문이다. 심판자의 질문은 상황을 악화시키고, 학습자의 질문은 해결책을 찾도록 돕기 때문이다.

표 14 **심판자의 질문과 학습자의 질문**

심판자의 질문	학습자의 질문
누구의 잘못인가?	나는 무엇을 배울 수 있을까?
왜 나는 실패하는 걸까?	지금 내가 선택할 수 있는 것은 무엇일까?
왜 저 사람은 저렇게 행동할까?	저 사람이 원하는 것은 무엇일까?
나는 왜 항상 이런 문제를 겪을까?	이 상황에서 내가 얻는 기회는 무엇일까?

답보다 강력한 질문

기회를 찾는 질문

"이 문제 속에 기회는 없을까?" 강력한 질문은 국면을 전환하는 힘을 갖고 있다. 문제라고 생각했던 상황에서 기회의 가능성을 찾는 순간 참가자의 감정은 달라진다. '음'의 상태에서 '양'의 상태로 사고의 방향이 전환되면, 이전에 불편하게만 느껴졌던 감정이 기회를 발견하면서 순화되기 때문이다.

사례 문제 그 자체에 초점을 맞추기보다 문제 안에 내포된 배움과 가능성에 주목한다.

참가자 구성원들이 회의 중에 발언도 안 하고 너무 수동적이에요. 시켜야만 겨우 움직여요.

코치 이런 문제를 잘 다루는 경험이 팀장님께는 어떤 도움이 될까요?

참가자 소통이나 동기 부여, 리더십에 대해 더 공부하게 되는 계기가 되겠네요. 제가 어떤 리더 역량을 키워야 할지 알게 되었어요.

코치 앞으로 더 큰 조직을 맡게 될 수도 있다는 점에서 보면, 지금 이 경험이 미리 조직 관리를 연습해 보는 기회가 될 수 있겠네요.

참가자가 인식하고 있는 문제보다는 문제에 내포된 기회를 인식할 수 있는 질문이다. 감정 에너지를 전환하고 미래의 성장을 도모하는 관점 전환을 유도한다.

미래로 나아가는 질문

코칭 대화의 중요한 특징 중 하나는 과거보다 미래를 향한다는 점이다. 참가자의 감정 에너지가 살아나고 해결책을 주도적으로 찾게 되는 미래로 나아가는 질문을 살펴보자.

사례 과거의 원인을 탐색하기보다 미래에 이루고 싶은 모습을 기준으로 사고 방향을 전환한다.

참가자 함께 일하는 사람이 너무 비협조적이라 매번 답답해요. 정말 같이 일하고 싶지 않아요.

코치 앞으로 어떤 모습이 되면 좋겠다고 생각하시나요?

참가자 서로 아쉬울 때는 협조도 잘 하고, 팀워크가 잘 맞는 관계면 좋겠어요.

코치 만약 그런 팀워크가 이루어졌다고 가정하면 기분이 어떨까요?

참가자 앓던 이가 빠진 것처럼 시원할 것 같아요.

코치 그렇다면 그 팀워크가 살아났다고 느낄 때, 어떤 요소가 가장 큰 역할을 했을 것 같나요?

현재의 불만 원인을 과거에서만 찾고 있으면, 감정은 계속 수동적인 상태에 머무르게 된다. 그러나 문제가 해결된 미래의 시점에서 되짚어 보는 질문을 던지면, 참가자는 더 주체적이고 창조적인 해결책을 찾게 된다.

공생적 질문

공생적 질문은 '나'만이 아니라 '우리 모두'를 위한 방향을 모색하는 질문이다. 사람은 누구나 자신의 욕망을 실현하며 살고 싶어 하지만, 타인의 욕망과의 충돌로 인해 갈등이 생긴다. 이때 서로의 관점을 인정하고, 공통의 욕망(원원 가능성)을 찾아보는 것이 중요하다. 이것이 앞에서 말한 '집기양단'이다. 실제로 많은 경우,

갈등은 욕망 자체의 차이보다 욕망을 실현하는 방식의 차이에서 비롯된다. 그러므로 충돌이 발생했을 때, 코치는 "서로의 공통된 바람은 무엇일까?"를 묻는 방식으로 인식을 전환할 수 있다.

공생적 욕망을 찾아내는 질문
사례 코칭의 핵심 원칙인 공감-질문-재정의-미래지향적 탐색이 실현된 대화

참가자 아들이 요즘 너무 거칠게 행동해서 친구들에게 사고라도 칠까 봐 걱정이에요.

코치 어머님께서 바라시는 건 어떤 모습인가요?

참가자 아들이 친구들과 좋은 관계를 맺으면서 잘 지내는 거예요.

코치 아드님의 친구 관계가 어머님께 특별히 중요하게 느껴지는 이유는 무엇일까요?

참가자 제가 어릴 때 친구들 사이에서 따돌림을 당한 적이 있거든요. 그때 마음고생이 정말 심했어요.

코치 아, 그런 경험이 있으셨군요. 그래서 더더욱 아드님을 잘 보살펴 주고 싶은 마음이 크신 거군요.

참가자 맞아요.

코치 그렇다면 어머님은 아드님이 어떻게 되기를 바라나요?

참가자 친구들과 잘 지내고, 그 속에서 아들이 행복해졌으면 좋겠어요.

코치 아드님은 어머님을 어떻게 바라보고 있을까요?

참가자 제가 무슨 말을 해도 자꾸 간섭한다고만 받아들이는 것 같아요.

코치 그런 반응을 들으셨을 때, 어머님께서는 어떤 기분이 드시나요?

참가자 처음엔 안타깝다가 나중에는 제 말을 안 듣고 제멋대로 행동하면 미운 마음도 들어요.

코치 어머님 말씀을 듣다 보니, 걱정에서 벗어나고 싶고 아드님 역시 간섭으로 느끼지 않기를 바라시는 마음이 전해져요.

참가자 네, 맞아요. 정말 그래요.

코치 그렇다면 아드님이 어머님의 말에서 존중과 따뜻함을 느끼도록 어머님의 말씀이나 행동에 어떤 변화가 생긴다면 그런 바람에 조금 더 가까워질 수 있을까요?

마음의 병과 불행은 우리가 가질 수 없는 것에 대한 지나친 사랑에서 비롯된다. 즉 사랑하지 않는 것에는 상처받지도 않는다. 이 말은 우리가 집착하거나 갈등을 느끼는 대상은 사실 우리에게 매우 중요한 욕망의 일부라는 것이다. 그렇기 때문에 코칭에서는 개인적 욕망을 넘어서는 공생적 욕망을 찾아낼 수 있는 질문이 필요하다.

사람은 본성상 타인이 자신의 의향대로 움직여 주기를 바란다. 그런데 문제는 모든 사람이 자기 뜻대로 살기를 원한다는 것이다. 우리는 서로가 서로에게 장애물이 된다. 엄마는 아들에게 장애가 되고, 아들은 엄마에게 장애가 된다. 또한 사람은 본능적으로 타인의 인정과 사랑을 갈구한다. 하지만 원하는 만큼 인정받지 못하거나 사랑이 기대만큼 돌아오지 않으면, 상대를 '방해하는 존재', '싫은 존재', '심지어 악한 존재'로 인식하게 된다. 그래서 누군가를 향해 "밉다.", "나쁘다.", "싫다."라고 말할 때, 그 이면에는 종종 받고 싶은 사랑과 좌절된 감정이 숨어 있다.

맹자의 통찰 – '역자교지'와 '부자지간 불책선'

『맹자』에서는 '역자교지(易子敎之)'라는 표현이 등장한다. '자기 자식은 가르치기 어려우니 서로 자식을 바꿔서 가르친다.'라는 뜻이다. 이와 함께 '부자지간 불책선(父子之間 不責善)'이라는 말도 있다. '부모와 자식 사이는 선을 책망하지 않는다.'라는 뜻인데, 얼핏 들으면 이상하게 느껴진다. '선을 책망하지 않는다니, 불선을 책망하는 게 아니라?' 그러나 여기엔 깊은 의미가 담겨 있다.

부모가 보기에 자식의 행동이 불선(좋지 않음)처럼 보일지라도 자식 입장에서는 그것이 선(좋은 것)일 수 있다는 뜻이다. 예를 들어 아이가 찢어진 청바지를 입겠다고 고집을 부릴 때, 부모는 '품위 없다.'라며 반대하지만 아이에게는 자신의 개성을 표현하고 자율성을 주장하는 자기다운 선택, 곧 자신의 선이다.

아이가 "엄마 미워!"라고 말할 때, 그 말은 엄마를 정말 미워해서라기보다 '엄마에게 더 사랑받고 싶다.' 혹은 '내가 주는 사랑이 받아들여지지 않아 서운하다.'라는 표현일 가능성이 높다. 이처럼 감정적으로 튀어나온 말이나 부정적인 행동 이면에는 대개 선한 의도나 상처받은 기대가 숨어 있다. 예를 들어 아들은 자신의 방식대로 살고 싶어 하고, 엄마는 엄마의 책임을 다하고 싶다. 이 두 욕망은 충돌하기 쉽다. 그러나 양쪽 모두 나름의 선한 의도를 갖고 있다. 따라서 이럴 땐 공생적 욕망에 주목해야 한다. 양쪽 모두를 충족시킬 방법을 한 차원 높게(執其兩端 －집기양단)을 재설계하는 것이 필요하다.

관점 전환을 돕는 '의도 질문'

앞서 경청에서 '의도 듣기'가 중요한 기술이라고 말한 바 있다. 사람은 종종 불평하거나 바람직하지 않은 행동을 보이지만, 그 이면에는 자기 나름의 선한 의도가 숨겨져 있다. 그 의도가 말이나 행동으로 분명히 드러나지 않기에, 겉으로 보기엔 부정적으로 보이기 쉽다.

하지만 코치나 부모, 리더가 그 의도를 선하게 들어 주고 상대가 스스로 그것을 깨달을 수 있도록 질문한다면, 관점의 전환이 일어나고 감정 에너지도 회복된다. 때로는 선한 의도가 처음부터 분명하지 않더라도 그렇게 믿고 들어 주는 것만으로 상대는 자연스럽게 긍정적인 방향으로 반응하게 된다.

의도를 듣는 경청

누구나 선한 의도를 지니고 있기에 의도를 듣는 경청은 매우 효과적인 대화 방법이다. 사람들은 종종 불평하거나 부정적인 행동을 보이지만 그 겉모습만 보고 판단해서는 안 된다. 그 이유는 그러한 말과 행동의 이면에는 대부분 나름의 '선한 의도'가 숨겨져 있기 때문이다.

하지만 그 의도가 말이나 태도에 분명하게 드러나지 않으면 오히려 부정적인 사람으로 오해받기 쉽다. 설령 상대에게 아직 명확한 선한 의도가 없었다 하더라도 그를 선하게 보고 들어 주는 태도만으로도 상대는 긍정적으로 반응하게 된다. 그리고 그렇게 자신의 감정과 의도를 스스로 인식하게 되었을 때, 그 사람을 더 성숙하고 긍정적인 방향으로 변화할 수 있다.

사례 **직장인 A의 불평**

상황 "상사가 내 노력을 알아주지 않아. 이렇게 열심히 하는 게 무슨 의미가 있어요?"라며 동료에게 불만을 토로한다.

동료 그렇게 불만이 생긴다는 건 네가 그 일에 큰 애정을 품고 있다는 뜻이 아닐까?

A 뭐, 그렇지. 나도 잘하고 싶고 또 잘한 만큼 인정도 받고 싶어서 그런 거야.

동료 하지만 혹시 그 노력의 진짜 이유는 인정받기 위해서라기보다 스스로 자부심을 느끼고 싶기 때문은 아닐까?

A 그런 면도 있네. 중요한 건 내가 내 일을 내가 어떻게 보느

냐 이거네.

동료 맞아. 상사의 인정도 물론 의미 있지만, 결국은 네가 자신을 어떻게 인정하느냐가 더 중요하지.

불만 속에 숨은 '자신 일을 소중하게 여기는 마음'을 확인해 주자. 이 대화는 참가자가 외부 인정에만 머물던 시선을 자기 내면의 동기와 자부심으로 이동시키는 데 초점이 있다. A는 불편한 감정에서 벗어나 자신에게 더 집중할 힘을 얻었다.

사례 **부하 직원의 보고 지체**

상황 B는 보고서를 제출할 때마다 마감일을 넘기곤 한다. 하지만 단순한 게으름이 아니라, 완벽하게 하려다 보니 시간이 지체되는 것이다.

상사 보고서 제출이 늦어진 건 아쉽지만, 네가 그만큼 정성을 들였다는 걸 알아. 결과물에 신경 많이 썼더라.

B 네, 좀 더 완벽하게 하고 싶어서요. 그러다 보니 시간이 지체됐어요.

상사 그렇구나. 네가 꼼꼼하고 신중한 성격이라서 그렇겠지. 그건 분명히 중요한 장점이야.

B 그렇긴 한데 마감 기한을 못 지킨 건 문제인 것 같아요.

상사 맞아. 신중함도 중요하지만 마감을 지키는 건 신뢰의 표현이니 두 가지를 모두 지킬 방법이 있을까?

B   완벽하게 다 마치려고 하기보다 90% 정도 완성된 상태에서 먼저 제출하는 연습을 해 볼게요.

'완벽하게 하고 싶은 마음'이라는 긍정적인 의도를 인정해 주었더니, B는 자기 태도를 긍정적으로 받아들이면서도 현실적인 개선책을 찾을 힘을 얻었다. 이 대화는 완벽주의 성향의 B에게 스스로 인식 전환과 실천 아이디어를 끌어내도록 유도한 좋은 예시다.

사례 **친구의 불평**
상황 친구 C는 "나는 항상 운이 없어서 안 풀리는 것 같아."라며 불평한다.

친구 그렇게 생각할 정도면 너는 정말 원하는 게 많은 사람이구나!
C   응? 그게 무슨 말이야?
친구 운이 없다고 느낀다는 건, 네가 바라는 게 크고 그것을 잘 해내고 싶다는 간절함이 있다는 뜻이잖아.
C   어? 그런가? 맞아, 나는 하고 싶은 게 많아.
친구 그런 열정이 있다는 게 정말 멋지다! 혹시 '운'이 아니라 네가 더 전략적으로 접근할 방법은 없을까?
C   운을 탓하지 말고 할 수 있는 걸 찾아보는 게 좋겠네!

'운이 없다.'라는 불평 속에서도 친구 C의 '목표를 이루고 싶은 강한 열정'을 발견해 주자 C는 더 적극적인 태도로 바뀌었다.

사례 **아이의 투정**

상황 초등학생 D가 "숙제 너무 하기 싫어!"라며 엄마에게 짜증을 낸다.

엄마 숙제가 싫을 정도면 네가 다른 것에 재미를 느끼고 있는 거네?

D 응, 숙제보다 운동하고 싶어!

엄마 맞아. 네가 재미있는 걸 찾는 능력이 뛰어난 거야! 그런데 재미있는 걸 더 오래 즐기려면 마음 편하게 숙제를 빨리 끝내는 게 좋지 않을까? 어때?

D 빨리 끝내면 더 오래 놀 수 있겠네!

엄마 그럼 우리가 숙제를 더 빨리 끝낼 방법이 있을지 같이 찾아볼까?

아이가 불편한 마음속에서도 '즐거움을 찾으려는 능력'이 있다는 걸 인정하자 D는 숙제를 더 빨리 끝내려는 동기가 커졌다.

사례 **동료의 부정적인 태도**

상황 E는 업무 실수로 자신감을 잃고, "난 원래 안 되는 사람이야."라며 좌절하고 있다.

동료 그렇게 말하는 걸 보니 너는 사실 더 잘하고 싶은 마음이 큰 거구나?

E   응, 솔직히 나도 잘하고 싶어.

동료 잘하고 싶은 마음이 크다는 건 네가 성장하고 싶다는 뜻 아니겠니? 그 열정이 있다면 지금 하는 실수도 성장의 과정이 아닐까?

E   그렇게 생각하니 조금 위로가 되네. 나도 더 배워서 잘하고 싶어.

동료 좋아! 그렇다면 이번 실수에서 배운 한 가지를 말해 볼래?

E   실수를 줄이기 위해서 나만의 업무 체크리스트를 만들어야겠어!

E에게 자신을 부정하는 감정 속에서도 '성장하고 싶은 열망'이 있음을 인정해 주자 E는 다시 도전할 힘을 얻었다.

선한 의도를 인정하면 변화의 문이 열린다

누군가 부정적인 말을 하거나 바람직하지 않은 행동을 보일 때, 그 이면의 선한 의도를 찾아 주는 것은 강력한 힘을 가진다. 보이는 것을 볼 줄 알고 말하지 않은 것까지 들을 줄 안다면 사람의 마음도 얻고 말도 통하는 말을 하게 된다.

상대방의 불만을 듣고 그 속에 있는 긍정적인 의도를 찾자. 이를 인정해 주면 상대는 자신을 더 긍정적인 방향으로 바라보게 된다. 질문을 통해 스스로 해결책을 찾도록 돕자. 이러한 대화법을 활용하면 상대방도 자신도 감정이 소진되지 않으면서도 서로 성숙한 대화를 나눌 수 있다.

자존감 관련 부정적 패턴 끊기

불편한 감정 상태는 부정적 인식을 강화하고, 이러한 인식이 다시 불편한 감정을 지속시키는 악순환을 만든다. 부정적 패턴을 끊기 위해서는 효과적인 질문을 통해 새로운 시각을 발견하고 인식을 전환하는 과정이 필요하다.

긍정적 인식으로 전환하는 단계별 대화

- 감정 확인과 악순환 인식
- 인식 전환을 위한 질문하기
- 새로운 시각 발견하기

사례 '나는 무능력해.'라는 인식을 변화시키는 대화

상황 A는 직장에서 중요한 발표를 맡았다. 하지만 발표 도중 몇 차례 실수하면서 스스로를 "완벽하지 못하다"고 평가했고, 이후 "나는 무능력하다"라는 부정적 인식을 갖게 되었다. 자책은 멈추지 않았고, 감정적으로 위축되어있는 상태다.

- 감정 확인과 악순환 인식

　코치 발표를 마치고 어떤 감정을 느꼈나요?

　A 너무 부끄럽고 속상해요. 제가 발표 능력은 많이 부족한 것

같아요.

코치 속상함과 부족함을 느꼈군요. 그런 감정이 들 때 자신에 대해 어떤 생각이 들었나요?

A 저는 발표는 정말 못하는 사람이에요. 뭔가를 맡아서 하면 항상 이렇게 실수를 하는 것 같아요. (불편한 감정이 자기 비난으로 이어지며 '나는 무능력하다.'라는 고정된 인식이 강화됨)

- 인식 전환을 위한 질문하기

    코치 오늘 발표에서 실수했다고 해서 항상 실수하는 사람이라고 단정 지을 수 있을까요?

    A (잠시 생각하며) 그렇지는 않겠죠.

    코치 오늘 발표와 관련하여 잘한 점도 있지 않았을까요?

    A (망설이며) 자료 준비는 철저히 했고, 중요한 핵심 내용은 전달한 것 같아요. (자신의 강점도 인식하기 시작함)

- 새로운 시각 발견하기

    코치 오늘 실수가 있었다면 그 실수를 통해 배운 점이 있나요?

    A 다음에는 더 침착하게 시작해야겠다는 걸 배웠어요. 그리고 연습할 때 실제 발표 환경을 더 고려해야겠어요.

    코치 그렇다면 오늘의 발표 경험이 어떤 의미가 될 수 있을까요?

    A 단순한 실패가 아니라 앞으로 더 나아지기 위한 과정 중 하

나라는 생각이 드네요. (무능력이라는 인식에서 '성장 과정 중 하나'라는 인식으로 변화함)

코치 좋은 발견을 해냈군요. 그것이 이번 과정을 통해 얻은 성과라고 생각이 드는데 어때요?

사례 '사람들은 나를 싫어할 거야.'라는 부정적 인식을 변화시키는 대화
상황 B는 새로운 직장에 입사한 후 동료들과 잘 어울리지 못한다고 느꼈다. 그들은 친해 보이는데 자신은 소외된다고 생각하면서 부정적 인식이 생겼다.

- 감정 확인과 악순환 인식

  B 요즘 아무도 저를 좋아하지 않는 것 같아요.

  코치 그렇군요. 직장 생활 중에 특히 어떤 감정이 자주 드세요?

  B 외롭고 위축돼요. 다들 친한데 저만 혼자인 것 같아요.

  코치 그런 기분이 들 때 어떤 생각이 떠오르셨나요?

  B 아무도 저한테 관심이 없고, 그냥 저를 싫어하는 것 같다는 생각이요. ('나를 싫어한다.'라는 고정된 인식 상태)

- 인식 전환을 위한 질문하기

  코치 혹시 동료들이 B 님을 좋아하지 않는다는 걸 확실히 알 수 있는 어떤 구체적인 증거가 있었을까요?

  B (잠시 생각하고) 아니요, 누가 그렇게 말한 적은 없어요.

  코치 동료들이 친해 보이는 건 혹시 다른 이유일 수도 있을까요?

B   저보다 먼저 입사해서 서로 익숙한 걸 수도 있겠네요. (다른 가능성을 고려하기 시작함)

• 새로운 시각 발견하기
코치   지금까지 동료들과 가까워지기 위해 시도해 본 게 있을까요?
B   딱히 없어요. 먼저 말 걸기가 좀 어렵더라고요.
코치   만약 B 님이 먼저 말을 걸어 본다면 지금 상황이 조금 달라질 수도 있을까요?
B   사실 다가가고 싶었는데 용기가 안 났어요.
코치   그런데 만약 다른 사람이 먼저 B 님에게 말을 건다면 싫은 내색을 하실까요?
B   (웃으며) 아뇨, 전혀요.
코치   다른 사람들도 B 님과 비슷하지 않을까요? 먼저 다가오면 오히려 반가워할 수도 있겠네요.
B   그러네요. 다음엔 제가 먼저 인사를 건네야겠어요.

'아무도 나를 좋아하지 않는다.'는 고정관념에서 '내가 먼저 다가가면 관계가 변할 수 있다.'라는 인식으로 전환되었다.

사례 "나는 실패자야."라는 인식을 변화시키는 대화
상황 C는 사업 실패를 자신에 대한 부정적 인식으로 연결 짓고 무기력감과 우울감, 자존감 저하를 겪고 있다.

- 감정 확인과 악순환 인식

  코치 요즘 어떤 감정을 자주 느끼세요?

  C 무기력하고 자신감이 없어요. 그냥 저는 실패자 같아요.

  코치 사업을 잘 키우고 싶었던 마음이 컸던 만큼 실망도 많이 되셨겠네요.

  C 네, 너무 힘들어요. 이걸 내가 정말 해낼 수 있을까 싶어요. (한 번의 실패를 '나는 실패자'라는 정체성으로 일반화)

- 인식 전환을 위한 질문하기

  코치 사업하는 사람들 모두 처음부터 완벽하게 성공할까요?

  C 그렇진 않죠. 다들 우여곡절이 있겠죠.

  코치 그럼 C 님은 그동안 해 온 일 중에 처음부터 완벽하게 성공했던 적이 있었나요?

  C 아뇨. 항상 처음엔 부족했고 하면서 배워 나갔어요.

  코치 그렇다면 이번 사업도 시행착오를 겪는 배움의 한 과정으로 볼 수 있지 않을까요?

  C (잠시 생각하며) 맞아요. 그렇게 생각해 보니 덜 괴롭네요. (실패를 '성장 과정의 일부'로 받아들이기 시작함)

- 새로운 시각 발견하기

  코치 이번 경험을 통해 배우신 점이 있다면 어떤 게 떠오르세요?

  C 시장 조사를 좀 더 철저히 해야겠다는 걸 느꼈어요. 그리고

　　　　고객이 진짜 원하는 게 뭔지도 더 잘 파악해야겠고요.
코치　그렇다면 이 경험은 단순한 실패가 아니라 다음 기회를 위한 준비 과정이었을 수도 있겠네요.
C　네, 그렇게 느껴져요. 다음에는 분명 더 잘할 수 있을 것 같아요. ('나는 실패자다.'라는 인식에서 '나는 계속 배우고 성장하는 중이다.'라는 인식으로 전환됨)

그림 25　원래의 나와 대화용 질문

현실의 나
- 나는 소질이 없어!
- 나는 해도 안 되나 봐!
- 내게는 무리야!

원래의 나
❶ 그럼 어떻게 되기를 바라나?
❷ 그렇게 되기 위해 무엇에 집중하면 좋을까?
❸ 왜 그렇게 생각하나?
❹ 실행
❺ 결과가 어땠나?

자기 인식이 부정적으로 굳어지면 감정 또한 무기력하게 가라앉는다. 이때 코치는 감정을 단순히 받아주는 것을 넘어, 부정적 믿음을 빠진 '현실의 나'가 '원래의 나' 시점에서 자신을 객관적으로 관찰하도록 돕는 것이 필요하다.

좋은 질문은 '나는 왜 이럴까?'라는 자기 비난의 고리를 '이 경험으로 나는 무엇을 배우고 있는가?'라는 자기 성찰의 시야로 전환시켜 준다.

성찰 질문
- 내가 믿고 있는 생각이 정말 사실인가?
- 다른 시각에서 보면 어떻게 보일까?
- 이 경험을 통해 내가 배울 수 있는 것은 무엇일까?
- 이 경험은 삶에 어떤 의미일까?

핵심 단어를 활용한 질문

앞서 PART 1에서 이야기한 것과 같이 우리는 고유한 관념으로 세상을 판단하고 인식한다. 핵심 단어를 잘 활용하여 상황에 맞는 명확하고 깊이 있는 질문을 만들어 내면 좋겠다.

표 15 **핵심 단어에 따른 의미와 질문의 예**

핵심 단어	의미	질문(예)
본말사고 (本末思考)	본을 먼저 생각하자. 본=본성, 본질, 본심, 존재 (Who)가 먼저이고, 이슈(How)는 나중이다.	그렇게 생각하는 자신은 어떤 사람인가요? 그 사람은 어떤 사람인가요?
종시사고 (終始思考)	끝 그림을 먼저 생각하자. (끝 그림=원하는 모습) 되고 싶고, 갖고 싶고, 하고 싶은 모습.	그래서 어떻게 되기를 바라나요? 이 시간에 어떤 결과를 얻으면 만족할까요?
음양사고 (陰陽思考)	음 속에 양이 있고 양 속에 음이 있다. 단점이 장점이 되기도 한다. 문제가 기회가 된다.	그 사람과 같이 일해서 좋은 점이 있다면 무엇인가요? 이런 일이 생겨서 좋은 점이 있다면 무엇이 떠오르나요?
양선사고 (揚善思考)	모든 행동에는 선한 의도가 있다. 그렇게 한/하려는 좋은 이유가 있다.	잘 해내고 싶으셨던 것 아닌가요? 잘 해결되도록 도움을 주고 싶으셨나 봐요?
양단사고 (兩端思考)	취사선택이 아니라 최상의 원하는 것을 찾아보자. 일거양득.	손쉬우면서도 효과가 가장 큰 것은 어떤 것인가요?
택선사고 (擇善思考)	우리 감정은 선택이 아닌 택선이다. 사람들은 늘 좋아하는 것만 택한다. 사람들은 좋아하는 것을 좋아한다.	그렇게 하면 무엇이 좋아지나요? 자신의 삶에 어떤 도움이 되나요?

성찰 질문

- "세상이 왜 이래?" 원래 세상이 어떠해야 정상이라는 말인가?
- "사람이 어떻게 그럴 수가 있어?"라는 말은 사람은 원래 어떠해야 바람직하다는 말인가?
- 화가 날 때 어떤 질문을 하면 나아질 수 있을까?
- 화가 나거나 슬프거나 불안하다는 것은 무엇을 알기 때문에 그런 감정이 생기는 걸까?
- 화가 나거나 슬프거나 불안한 것은 무엇을 모르기 때문에 일까?

- 상대가 화를 내거나 슬퍼하거나 불안해할 때는 어떻게 대하면 좋을까?
- 화를 내거나 슬퍼하거나 불안할 때 다른 사람이 나에게 어떻게 대해 주면 좋을까?
- "내가 왜 이렇게 화가 나지?" 하고 묻는다면 그 화는 나에게 무엇이라 말할 것 같은가?

PART 4 감정 코칭 사례

철학이 살아 있는
감정 대화 실전

PART 4에서는 철학과 문학 속 다양한 작품의 인물들이 등장했던 극적인 상황들을, 코칭 형식의 대화로 재구성했다. 이 주제들은 삶의 본질적인 질문과 맞닿아 있는 심오한 내용으로, 일상 대화에서는 자주 다뤄지지 않지만 인간 존재에 깊은 통찰을 주는 이야기다. 이런 주제들은 코칭으로 다루기 까다로울수록 코칭적 사고와 대화법을 연습하는 데 훌륭한 자원이 된다고 생각한다.

돌이켜보면 원작을 통해 얻었던 감동과 깨달음은 내 관념과 인식의 틀을 확장하는 데 큰 도움이 되었다. 독자 여러분에게도 이 사례들이 인식 전환의 계기가 되고, 통찰을 익히는 데 유익한 자료가 되기를 바란다. 특히 앞이 보이지 않는 절망적인 상황에서도 직관과 통찰을 발휘해 생각의 전환을 이루어 가는 과정을 따라가다 보면, 사고의 폭과 깊이가 자연스럽게 확장되는 것을 경험한다. 작품 속 인물들이 펼치는 철학적 사유가 감정 코칭과 어떻게 연결되는지 살펴보면, 코칭 대화의 새로운 가능성을 발견할 수 있다. PART 4에 소개된 여섯 가지 가상 코칭 대화는 모두 같은 구조의 5단계로 구성했으며, 대화의 일관성과 흐름을 고려해 설계했다.

1단계: 감정 탐색과 욕망 확인
2단계: 기존 신념에 도전
3단계: 새로운 의미 찾기
4단계: 새로운 시각 확장
5단계: 통합과 마무리

Chapter 25 '끝'이라는 극단적 생각 바꾸기

상황 이 장면은 플라톤의 『국가』에 등장하는 소크라테스의 대화를 바탕으로, 소크라테스를 코치로 설정한 가상의 코칭 장면을 연출한 것이다. 소크라테스와 대화하는 인물 '다비드'는 중학생 정도로 상상하면 이해에 도움이 된다.

코칭 대화

다비드 세상이 싫어졌어요.

소크라테스 그 말은 세상은 좋아야 정상이라는 뜻처럼 들리는데……. 무슨 의미일까?

다비드 아무도 나에게 관심 없고, 친구들이 나만 따돌려요. (눈물 흘림)

소크라테스 그동안 마음고생이 많았겠구나. 정말 힘들었겠다. (공감)

다비드 (울먹이며) 네, 너무 힘들어요.

소크라테스 (잠시 침묵 후) 그렇다면 앞으로 어떻게 되면 좋을까? (과거보다 미래에 초점 맞춤)

다비드 차라리 죽는 게 나아요. 살아 봐야 아무 의미가 없잖아요?

소크라테스 얼마나 힘들었으면 그런 생각까지 했을까……. 참 안타깝구나. (공감)

다비드 더는 버틸 힘이 없어요.

소크라테스 하나 물어봐도 될까? 왜 죽는 게 좋다고 생각하니? ('좋다'는 관점으로 물어 심리적 저항 최소화)

다비드 그래야 이런 고민이나 고통에서 벗어날 수 있으니까요.

- 감정 탐색과 욕망 확인 −죽고 싶은 마음속 욕망은 무엇일까?

소크라테스 그래, 오죽했으면 그런 생각을 했겠니. 그런데 그 말은 어쩌면 친구들과 잘 소통하고, 좋은 관계를 맺고 싶다는 것처럼 들리는데, 내가 잘 이해한 걸까? (상대의 말 속에 담긴 숨은 의도를 확인함. 문제를 뒤집으면 과제가 되며 코칭 대화의 주제나 목표가 됨)

다비드 맞아요.

소크라테스 그럼 소통을 잘하고 좋은 관계를 맺는 방법에 대해 나와 이야기 나눠 보는 건 어떨까?

다비드 정말 그렇게 될 수 있을까요?

소크라테스 물론이지. 그건 네가 어떻게 생각하느냐에 따라 달렸어. 나도 도와줄 수 있고. (지지와 격려로 에너지 상승을 도모)

다비드 그래요?

소크라테스 내가 보기엔 너는 착하면서도 살짝 이기적인 것 같구나. (긍정 모드로 전환된 것을 확인했기에 약간 도발적 질문으로 기존 관념을 깨트림)

다비드 제가요?

소크라테스 몰랐구나. 하나만 물어볼게. 아까 고통이 없는 게 좋다고 했잖니?

다비드 네.

• 기존 신념에 도전 —죽음은 내 마음대로 선택해도 되는가?

소크라테스 만약 집에서 키우는 개나 고양이가 살기 싫다고 자기 맘대로 죽는다면 괜찮을까?

다비드 그건 안 되죠.

소크라테스 그렇다면 주인의 마음은 어떨까? (복잡한 상황에서 비유나 은유가 강력할 때가 있음)

다비드 너무 슬플 거예요. 가족이잖아요.

소크라테스 왜 그렇게 느낄까? (감정 이면의 이성을 확인함)

다비드 주인으로선 자기가 뭘 잘못했나 자책할 거예요.

소크라테스 만약 네가 그런 선택을 한다면 부모님이나 하느님은 어떤 마음일까?

다비드 아…… 제 얘기였네요.

소크라테스 너의 부모님은 네가 어떻게 되기를 바랄까? (다른 관점에서 생각해 볼 기회 제공)

다비드 제가 생각을 잘못했네요.

소크라테스 금세 알아차리는 걸 보니 정말 생각이 깊은 학생이구나. (존재를 인정하여 에너지를 높여 주면 생각을 더 잘하게 됨)

다비드 저도 앞으로 더 잘 생각하고 싶어요.

• 새로운 의미 찾기 – 고통은 쓸모없는 걸까?

소크라테스 지금 겪고 있는 이 괴로운 시간이 정말 아무 쓸모가 없을까?

다비드 아니요, 제가 이겨 내면 누군가에게 힘이 될 수 있을 것 같아요.

소크라테스 와, 어떻게 그런 생각을 했니? 정말 지혜로워 보이는구나. 그럼 이 어려움을 극복할 방법을 안다면 어떻게 될까?

• 새로운 시각 확장 – 아는 것이 힘이다

다비드 너무 좋지요. 결국은 이겨 내는 방법을 몰라서 힘든 거였네요.

소크라테스 나도 그렇게 생각해. 너는 처음 겪는 일이지만 이런 걸 잘 다루는 사람은 누구일까? (의식을 확장하고 관점을 전환하도록 함)

다비드 선생님이요.

소크라테스 좋아하고 신뢰하는 선생님에게 상의하면 어떨까?

다비드 아, 그런 방법도 있네요. 선생님은 제 말을 잘 들어 주실 것 같아요. 당장 해결되지는 않더라도 큰 힘이 될 거예요.

- 통합과 마무리 −자신감 회복과 실행 계획

    소크라테스 목소리가 커진 걸 보니 자신감이 생긴 것 같구나?

    다비드 네, 혼자가 아니란 생각이 드니까 힘이 나요. 고맙습니다.

    소크라테스 그럼 지금 무엇부터 해 보면 좋을까?

    다비드 제 생각을 정리해서 선생님께 먼저 말씀드려 볼게요.

    소크라테스 언제쯤이면 좋을까? 나도 듣고 싶구나.

    다비드 이번 주 안에 해 볼게요. 그리고 결과는 꼭 말씀드릴게요!

죽고 싶을 만큼 힘들다고 느끼는 순간 쉽게 떠오르는 생각은 "차라리 죽는 게 낫겠다."라는 것이다. 그러나 이 감정을 뒤집어 보면, 결국 사람은 좋은 것을 선택하고 좋은 것을 추구하고 싶은 존재라는 의미이기도 하다. 소크라테스는 비유와 질문을 통해 극단적인 생각에서 벗어나 지금의 고통이 성숙을 위한 디딤돌이 될 수 있음을 일깨워 준다. 더 큰 일을 할 사람에게는 더 큰 시련이 주는 법이라고 『맹자』도 일러준다.

하늘이 장차 이 사람에게 큰일을 맡기려 한다면 (天將降大任於斯人也 −천장강대임어사인야)

반드시 먼저 그 뜻을 단단히 세우기까지 괴로움을 주고 (必先勞其心志 −필선노기심지)

그 육신을 피곤하게 하고 (苦其筋骨 -고기근골)

그 몸을 굶주리게 하고 (餓其體膚 -아기체부)

그 몸을 궁핍하게 한다. (窮乏其身 -궁핍기신)

그가 하려는 바를 힘들고 어지럽게 하는 것은 (行拂亂其所爲 -행불란기소위)

마음을 쓰는 중에도 흔들리지 않을 참된 성품을 기르게 하고 (是故動心忍性 -시고동심인성)

불가능하다던 일도 능히 해낼 수 있도록 키우기 위함이다. (增益其所不能 -증익기소불능)

성찰 질문

- 삶에서 마주하는 시련은 내게 어떤 의미인가?
- 지금 내가 겪고 있는 이 시련을 가장 친한 친구가 겪고 있다면, 어떤 말을 해 주고 싶은가?
- '시련은 있어도 실패는 없다.'라는 말이 있다. 나는 실패를 어떻게 정의하고 싶은가?

Chapter 26 감정의 늪에서 빠져나오기

상황 『어린 왕자』에 등장하는 술꾼은 감정적 고리를 끊지 못한 인물이다. 반복되는 사고와 행동의 패턴에 갇혀 버린 그를, 이 장면에서는 어린 왕자가 코치로서 대화하며 변화의 실마리를 찾아간다. 원작 속 대화는 다음과 같은 구조를 반복한다.

코칭대화

어린 왕자 거기서 뭘 하고 있나요?

술꾼 술을 마시고 있지.

어린 왕자 술을 왜 마셔요?

술꾼 잊기 위해서야.

어린 왕자 무엇을요?

술꾼 부끄러운 걸 잊기 위해서야.

어린 왕자 뭐가 부끄러운데요?

술꾼 술 마신다는 게 부끄러워!

· 감정 탐색과 욕망 확인 −부끄러움을 잊고 싶다

술꾼 내가 술을 끊을 수 있을까?

어린 왕자 정말 술을 끊고 싶은 마음이 있으세요? (목표, 욕망, Goal, Get, 종(終), 결과 확인)

술꾼 술을 확실히 끊을 방법만 알 수 있다면……. 도와줄 수 있겠니?

어린 왕자 술을 마시면 뭐가 좋은가요?

술꾼 다 잊을 수 있어.

어린 왕자 다 잊으면 뭐가 좋아지죠?

술꾼 부끄러움이 사라지거든.

어린 왕자 부끄러움이 사라지면 어떤 점이 나아질까요?

• 기존 신념에 도전 – 어떤 사람으로 살고 싶은가?

술꾼 나 자신에게 떳떳해질 수 있어.

어린 왕자 그렇게 되면 무엇을 해 보고 싶으세요?

술꾼 사업에 실패한 뒤 이렇게 되었지만 다시 도전해 보고 싶어.

어린 왕자 그렇게 되면 무엇이 좋아질까요?

술꾼 가족에게 책임 있는 가장이 될 수 있을 거야.

어린 왕자 가족들이 그런 모습을 보면 어떤 반응을 보일까요?

술꾼 무척 좋아하겠지.

어린 왕자 얼마나요?

술꾼 아주 많이. 지금껏 내가 너무 형편없었으니까.

어린 왕자 그 모습을 보면 어떤 기분이 들 것 같아요?

술꾼 기분이 무척 좋아질 거야.

어린 왕자 지금 표정이 아주 밝아졌어요.

술꾼 그런가? 오랜만에 웃게 되네.

어린 왕자 무엇이 웃게 만들었나요?

술꾼 대답하다 보니 저절로 그렇게 됐어.

어린 왕자 왜 그랬을까요?

술꾼 좋은 걸 떠올리니까 기분도 좋아진 것 같아.

어린 왕자 아까는 부끄러움을 잊고 싶어 술을 마신다고 했는데, 지금은 어때요?

술꾼 술 없이도 부끄러움에서 벗어날 방법을 알게 된 것 같아.

어린 왕자 정말 멋지시네요.

• 새로운 의미 찾기 − 생각을 잘하는 법이 궁금하다

술꾼 나도 너처럼 생각을 잘할 수 있을까?

어린 왕자 제가 생각을 잘한다고 느낀 이유가 있나요?

술꾼 넌 계속 좋은 걸 묻더라. 보통 사람들은 "왜 그랬어요?"라고만 묻거든. 그러면 또 과거 얘기를 해야 하고, 그러면 억울하고 괴롭고……

어린 왕자 그렇군요.

술꾼 또 내 행동을 지적하거든. 술 마시는 건 나쁜 거라고.

어린 왕자 좋으니까 마시는 거겠죠. 이치적으로는 이해가 돼요.

술꾼 그래?

어린 왕자 아까 말씀하신 대로 부끄러움을 잊고 떳떳해지기 위해 마신다고 하셨는데 아직 그게 되진 않았잖아요.

술꾼 맞아.

어린 왕자 그렇다면 이제 알게 되었으니 가족에게 떳떳해지기 위한 다른 방법을 찾아야 하지 않을까요?

술꾼 네 말이 맞아.

- 새로운 시각 확장 – 자기 보호 본능으로서의 감정

어린 왕자 저는 나쁜 사람은 없다고 생각해요. 아저씨도 좋은 분이잖아요.

술꾼 그렇게 말해 주니 고맙다.

어린 왕자 저랑 친한 장미도 가시가 있어요. 순수하고 여려서 가시가 필요했거든요.

술꾼 그랬구나.

어린 왕자 사람들은 그 가시를 남을 찌르기 위한 무기로 오해하지만, 사실은 자신을 지키려는 것이었어요.

술꾼 너 참 따뜻한 아이구나.

어린 왕자 장미에 가시가 필요했던 것처럼, 아저씨에게도 술이 필요했을 거예요. 하지만 지금 대화를 나눠 보니 아저씨는 사업 경험도 있고, 가족도 있고, 다시 이겨 낼 힘도 있어요. 약한 분은 아닌 것 같아요.

술꾼 생각해 보니 그렇구나. 누가 날 약하다고 하면 나도 모르게 반발하겠지.

어린 왕자 아저씨는 자신을 약하다고 여겨서 그렇게 행동했을지도 몰라요.

술꾼 그런지도 모르겠네.

어린 왕자 만약 아저씨가 약하지 않다면 어떤 분일까요?

술꾼 나 자신을 챙길 줄 아는 사람, 가족을 챙길 줄 아는 사람, 그런 모습이 떠오르네.

어린 왕자 정말 훌륭하세요. 처음에 술을 끊고 싶다고 말씀하셨을 때 그 말이 진심이었네요.

• 통합과 마무리 — 구체적인 실행 방법을 설계하다

어린 왕자 아저씨가 술을 끊는 가장 효과적인 방법은 무엇일까요?

술꾼 내가 주로 술 마시던 장소엔 가지 않고 혼자 있는 시간을 줄여야겠어.

어린 왕자 좋은 방법이네요. 시간과 공간을 어떻게 바꿔 볼 수 있을까요?

술꾼 술 마시지 않는 사람들과 어울리고 생산적인 활동을 하면서 시간을 보내야겠어.

어린 왕자 그렇게 하려면 누구의 도움이 필요할까요?

술꾼 주민센터 복지사나 공무원에게 도움을 요청할 수 있을 거야.

어린 왕자 지금의 마음가짐을 꾸준히 유지하려면 어떻게 해야 할까요?

술꾼 내가 혼자가 아니라는 걸 기억하고, 가족의 얼굴을 떠올리며 나 자신을 잘 챙길게.

'부끄러움'은 자신을 부족한 존재로 여길 때 마음속에 뿌리를 내린다. 술꾼은 이 부끄러움을 지우기 위해 술을 마셨지만, 결국 고통의 순환을 반복할 뿐이었다. 그러나 연속된 긍정적 질문은 회피 동기(부끄러움 회피)와 접근 동기(책임 있는 가장이 되고 싶은 욕망)를 자각하게 하고, 내면의 진짜 욕망을 확인하게 한다.

자신의 정체성을 다시 발견하고 더 나은 사고법을 익히게 하며, 구체적인 실행 전략을 스스로 세우게 한다. 이 사례는 감정에 빠져 헤매던 이가 자기 욕망과 책임감을 되찾아 가는 전환의 대화를 잘 보여 준다.

성찰 질문

- '내가 되고 싶은 나'는 어떤 모습인가? 그렇게 생각하는 좋은 이유는 무엇인가?
- 지금 가장 갖고 싶은 능력은 무엇이며, 그 이유는 무엇인가?
- 정말 하고 싶은 일은 무엇이며, 그것이 중요한 이유는 무엇인가?

Chapter 27 죽음을 피하려는 마음이 우리를 더 괴롭힐 때

상황 소크라테스의 친구 크리톤은 그가 억울한 판결로 사형을 선고받고, 죽음을 앞두고 있다는 사실에 깊은 절망과 분노를 느낀다. 소크라테스를 설득해 탈옥시키려 했지만 그는 끝내 거부한다. 이 장면은 역사적 사실을 바탕으로 크리톤이 코치와의 대화를 통해 자기감정을 돌아보고, 소크라테스의 선택을 받아들이게 되는 과정을 재구성한 가상의 코칭 대화다.

코칭 대화

- 감정 탐색과 욕망 확인 −살려야 한다는 절박함

    크리톤 코치님, 저는 너무나 절박합니다. 소크라테스가 곧 독배를 마시고 죽게 됩니다. 어떻게든 그를 설득해 도망치게 하고 싶지만 그는 단호히 거부합니다. 도대체 어떻게 해야 하나요?

    코치 선생님은 지금 소크라테스를 살리고 싶다는 마음이 크시군요. 어떻게 되기를 바라시나요?

    크리톤 그가 살아남는 것입니다! 그가 불의한 판결로 죽어서는 안 됩니다. 반드시 탈출시켜야 합니다.

    코치 그의 생존이 선생님께 왜 그토록 중요한가요?

    크리톤 그는 위대한 철학자입니다. 그의 죽음은 아테네의 손실이자, 철학의 손실입니다. 그리고 저는 개인적으로도 그를 잃고 싶지 않습니다.

코치 아테네와 선생님 모두에게 큰 손실이라는 생각이시군요. 그런데 혹시 소크라테스가 죽음을 받아들이는 데 어떤 이유가 있다고 생각해 보신 적이 있나요?

크리톤 (잠시 생각 후) 그는 "불의에 굴복해 사느니 정의를 위해 죽겠다."라고 말했습니다. 하지만 저는 그가 고집을 부리고 있다고 생각했어요.

• 기존 신념에 도전 −탈옥이 진정한 해결일까?

코치 만약 그를 설득해 탈옥시킨다면, 선생님이 바라는 결과가 이루어질까요?

크리톤 물론이죠. 그는 살아남아 철학을 계속 가르칠 수 있을 겁니다.

코치 하지만 소크라테스는 그렇게 생각할까요?

크리톤 (침묵) 아니오. 그는 법과 정의를 지키는 것이 철학자의 본분이라고 믿고 있습니다.

코치 그가 도망친다면 결국 자신의 신념을 버리는 것이 되지 않을까요?

크리톤 (잠시 생각 후) 하지만 생명이 더 중요하지 않습니까? 살아야 철학도 가르칠 수 있지요.

코치 그가 말한 철학자의 역할은 무엇이었나요?

크리톤 그는 '영혼을 가꾸는 것'이라 했습니다. 진리를 추구하고 정의를 실천하는 것. 무엇보다 불의에 맞서는 것이 철학자라 했지요.

코치   그렇다면 그의 선택은 철학자답다고 할 수 있을까요?

크리톤   (천천히) 그렇습니다. 그는 가르침과 행동을 일치시키려 하는 거죠.

- 새로운 의미 찾기 – 무엇이 진정한 생명인가?

코치   소크라테스는 죽음을 두려워하지 않는 듯 보입니다.

크리톤   맞습니다. 그는 죽음을 '영혼이 육체로부터 해방되는 과정'이라 했습니다.

코치   '해방'! 그 표현이 인상 깊네요. 영혼이 육체로부터 해방되면 어떤 변화가 생길까요?

크리톤   아, 영혼이 더 가벼워질지도요. 육체의 짐에서 벗어나 오직 진리에만 집중할 수 있는 상태겠군요.

코치   그 말은 그가 죽는다고 해서 '완전히 사라지는' 것이 아니라는 뜻으로 들립니다.

크리톤   (깊은 생각) 그의 철학이 계속 이어진다면, 그는 어떤 의미에서 살아 있는 것일지도 모르겠군요.

코치   도망치지 않고 죽음을 선택하는 것이 오히려 그의 철학을 더욱 강렬하게 남기는 길 아닐까요?

크리톤   (눈을 크게 뜨며) 맞습니다. 만약 그가 도망쳤다면 사람들은 그를 비겁하게 여겼을 겁니다. 그의 철학 역시 신뢰를 잃었겠죠. 하지만 죽음을 통해 철학을 실천한다면, 그의 가르침은 강렬한 메시지로 영원히 기억되겠군요.

• 새로운 시각 확장 －그의 선택을 존중하며
코치 처음에는 그를 어떻게든 살리고 싶으셨는데, 지금은 그의 선택이 어떻게 느껴지시나요?
크리톤 이제는 조금 알 것 같습니다. 그는 단지 목숨을 지키려 철학을 한 것이 아니었어요. 철학을 실천하기 위해 생을 택했고, 죽음을 통해 오히려 자신과 철학을 살려 낸 거군요.
코치 그렇다면 지금 선생님께서 하실 수 있는 일은 무엇일까요?
크리톤 그를 설득하려 애쓰기보다는 그의 마지막 순간을 함께하고, 그의 철학을 기억하며 전하는 것입니다.
코치 정말 값진 성찰이셨습니다. 소크라테스가 그 말을 들었다면 뭐라 했을까요?
크리톤 '내 뜻을 알아줘서 고맙다. 나는 평안하게 떠날 수 있겠다.'라고 말했을 겁니다.

• 통합과 마무리 －소크라테스의 뜻을 받아들이는 친구
코치 오늘 이 시간을 통해 얻은 가장 큰 깨달음은 무엇인가요?
크리톤 이제야 이해했습니다. 그는 죽음이 나쁜 것도 아니고, 죽음이 끝도 아니라는 거예요. 그는 철학을 '말'이 아닌 '삶과 죽음'으로 실천하면서 그 자체로 영생을 얻은 것이군요.
코치 선생님께서는 삶에서 어떤 것을 실천하고 싶으신가요?

크리톤 저는 이제 그 곁으로 가야겠습니다. 그가 평안히 떠날 수 있도록. 그리고 그의 철학을 기억하고 전할 것입니다.

크리톤은 처음엔 소크라테스를 무조건 살려야 한다는 절박함에 사로잡혀 있었다. 하지만 코칭을 통해 소크라테스의 죽음이 단순한 끝이 아니라 그의 철학과 존재가 더욱 빛나는 시작임을 깨닫게 되었다. 죽음을 '피할 것'으로만 여긴 관념에서 벗어나, 죽음조차 '영생의 시작'이라고 새롭게 인식했다. 소크라테스가 죽음을 두려워하지 않는다면, 그럴 만한 이유가 있을 것이라는 인과 관계적 접근이 의식을 확장하고 인식을 전환한 것이다.

성찰 질문

- 내 주변에 '삶의 철학이 뚜렷한 사람'은 어떤 점이 특별하게 느껴지나요?
- 누군가 나에게 "당신은 철학이 있는 사람입니다."라고 말한다면, 무엇 때문일까요?
- 나는 어떤 철학을 지니고 살고 싶은가요? 그것이 왜 내게 중요한가요?

Chapter 28 남은 시간이 선물로 바뀌는 순간

상황 만일 시한부 삶을 선고받은 사람이 죽음에 대한 두려움과 상실감을 겪고 있다면, 코칭은 어떻게 접근할 수 있을까? 이처럼 쉽지 않은 주제일수록 누구나 언젠가는 마주하게 될 삶의 과정으로서 주목할 필요가 있다. 이 가상의 코칭 사례는 그러한 상황에 대한 하나의 탐색이자, 각자 자신만의 코칭 접근법을 그려보는 데 도움이 될 수 있다.

코칭 대화

- 감정 탐색과 욕망 확인 −죽음에 대한 두려움과 상실감

    참가자 시한부 판정을 받았습니다. 몇 달 후면 이 세상에 없을 겁니다. 너무 무섭고…… 도저히 받아들일 수가 없어요.

    코치 마음이 얼마나 무거우실지 짐작됩니다. 지금 이 순간 가장 크게 다가오는 감정은 무엇인가요?

    참가자 공포요. 그리고 깊은 슬픔입니다. 아직 하고 싶은 일도 많고, 가족들과 더 오래 함께하고 싶은데 너무 허무하게 끝나 버릴 것 같아요.

    코치 그런데도 이렇게 코칭을 요청하신 걸 보면, 이 시간을 의미 있게 보내고자 하시는 의지가 전해지네요.

    참가자 맞아요. 남은 시간을 그냥 흘려보내며 죽음을 맞이하고 싶지는 않거든요.

    코치 선생님께 '죽음'은 어떤 의미인가요?

참가자 끝이에요. 모든 것의 끝. 내가 존재했던 흔적도 사라질 테고, 시간이 지나면 사람들도 나를 잊겠죠.

코치 '끝'이라는 점이 가장 두렵게 느껴지시는군요?

참가자 네. 내가 사라진다는 것, 그리고 사랑하는 사람들과 더는 함께할 수 없다는 것이요.

- 기존 신념에 도전 —죽음은 정말 '끝'일까?

코치 만약 죽음이 '끝'이 아니라면 어떨까요?

참가자 (잠시 멈칫하며) 그럴 수도 있을까요? 사실 저는 죽음 이후의 세계를 믿지 않아요.

코치 죽음 이후의 세계를 떠나 선생님이 살아온 시간과 남은 시간을 포함한 '삶 전체'를 본다면, 삶이 끝났다고 해서 모든 것이 사라지는 걸까요?

참가자 (조심스럽게) 완전히 사라지진 않겠죠. 제 가족들 기억 속엔 남아 있겠네요.

코치 그렇다면 선생님의 삶 이후에도 계속 남게 될 것은 무엇일까요?

참가자 제 가족들, 아이들, 제가 했던 일들, 그리고 제가 사랑했던 사람들요.

코치 남은 시간 동안 그 기억들 속에 어떤 모습을 남기고 싶으신가요?

참가자 (조용히 생각하며) 제가 부족한 사람이긴 했지만, 이왕이면 좋은 기억을 남기고 싶어요. 이제부터는 약한 모습보다는 의연한 모습을 보여 주고 싶고, 저를 통해 가족들이 더 단단하게 살아가길 바랍니다. 전하고 싶은 말을 남기고, 더 많은 사랑을 표현해야겠어요.

• 새로운 의미 찾기 ―아직 할 수 있는 것은 무엇일까?

코치 지금 선생님께 주어진 시간은 '끝'이 아니라, 삶과 이후를 잇는 하나의 '과정'일 수 있지 않을까요?

참가자 과정이라……. 저는 지금까지 그저 끝을 기다린다고만 생각했어요. 그렇게 보니 조금 다르게 느껴지네요.

코치 만약 이 시간이 '끝을 준비하는 시간'이 아니라 '삶을 완성하는 시간'이라면, 무엇을 해 보고 싶으세요?

참가자 (한참 생각하다가) 아이들에게 편지를 쓰고 싶어요. 제가 얼마나 사랑했는지, 그리고 어떻게 살아가면 좋을지 전하고 싶어요.

코치 정말 사려 깊은 선택이네요. 또 떠오르는 것이 있을까요?

참가자 (조금 미소 지으며) 배우자와 더 많은 시간을 보내고 싶어요. 마지막까지 함께 웃고 싶습니다.

코치 그렇다면 남은 시간은 단순히 '죽음을 기다리는 시간'이 아니라 '사랑을 전하는 시간'이 될 수 있겠군요. 선생님의 이야기를 들으며 저 역시 저에게 주어진 시간이 얼마나 귀한지 새삼 느끼게 됩니다.

- 새로운 시각 확장 －죽음에 대한 인식 전환

  참가자 저는 죽음을 오직 무섭고 두려운 것으로만 여겨 왔어요. 그런데 아직 할 수 있는 일이 꽤 많다는 걸 이제야 알겠네요.

  코치 지금, 선생님께 죽음은 어떤 의미로 다가오나요?

  참가자 여전히 두렵긴 하지만 이제는 '열매 맺기'라는 표현이 떠오르네요. 씨앗이 땅에 떨어져야 열매를 맺듯이, 누구나 죽지만 어떤 열매를 남기느냐가 중요하다는 생각이 들어요.

  코치 깊이 있는 비유네요. 선생님은 어떤 열매를 남기고 싶으신가요?

  참가자 (고개를 끄덕이며) 제 열매는 사랑입니다. 떠난 뒤에도 그 사랑이 이어지길 바랍니다. 그리고 남은 시간 동안 제가 어떻게 살아가느냐에 따라 그 사랑의 깊이도 달라지겠지요.

- 통합과 마무리 －남은 시간을 충실히 살아가기로 결심

  코치 참 아름다운 말씀입니다. 선생님께서 이제 해 볼 수 있는 일은 무엇일까요?

  참가자 저는 남은 시간 동안 사랑하는 사람들에게 더 많은 것을 주고 싶어요. 그리고 제가 사라진 후에도 기억에 남을 만한 무언가를 해 보고 싶어요.

  코치 그렇다면 지금 바로 무엇부터 시작할 수 있을까요?

  참가자 아이들에게 편지를 쓰겠어요. 그리고 오늘, 아내와 다정한 시간을 보내고 싶습니다.

코치 훌륭한 출발이네요. 선생님은 여전히 삶을 선택할 수 있고, 선생님이 남기신 사랑은 영원히 사람들의 기억 속에 남을 것입니다.

참가자 감사합니다. 이제 죽음을 두려워하기보다 남은 시간을 온전히 살아 내고 싶어요.

참가자는 처음에는 죽음을 '모든 것의 끝'으로 받아들였지만, 코칭을 통해 죽음이 삶을 완성하는 '과정'이라는 새로운 관점으로 전환했다. 두려움에 머물렀던 감정에서 벗어나, 남은 시간 동안 어떤 의미를 남길 수 있을지를 고민하면서 삶의 방향을 재설계한 것이다. 죽음을 앞둔 순간에도 삶의 본질은 여전히 사랑하고 연결하는 것임을 깨닫는 감정 코칭의 대표적 사례.

성찰 질문

- '죽음은 끝이 아니다.'라는 관점에서 지금 내가 가장 소중히 여겨야 할 것은 무엇인가?
- 만일 새로운 삶이 주어진다면 어떤 삶을 살고 싶은가? 왜 그렇게 생각하는가?
- 과거는 바꿀 수 없지만 지금의 선택은 미래의 나에게 어떤 영향을 줄 수 있을까?
- 지금 이 순간 가장 바꾸고 싶은 나의 태도나 행동은 무엇인가?

Chapter 29 무너진 자리에서 발견한 새로운 길

상황 중세 로마의 집정관이자 마지막 스콜라 철학자인 보에티우스는 억울한 누명을 쓰고 사형을 선고받아 감옥에 갇힌 절망적인 상황이다. 그는 감옥 안에서 가상의 인물인 '철학의 여신'과 대화하는 과정을 책으로 엮어 『철학의 위안』을 남겼다.

실제로는 내면의 독백이지만 두 인물이 대화를 주고받는 형식으로 쓰여 있다. 이 내용을 바탕으로 철학의 여신이 코치 역할을 맡아 날카로운 질문을 던지고, 보에티우스가 참가자로서 점차 깨달음에 이르는 과정을 코칭의 단계로 재구성했다.

코칭 대화

- 감정 탐색과 욕망 확인 －상실에 대한 감정의 소용돌이

  보에티우스 나는 한때 로마의 최고위 관직에 있었소. 정의를 지키려 했을 뿐인데, 지금은 이 어두운 감옥에 갇혀 처형을 기다리고 있소. 내 인생이 이렇게 허망하게 끝나야 한단 말이오?

  철학의 여신 지금 느끼는 감정을 한 단어로 표현하면 무엇일까요?

  보에티우스 분노와 억울함, 그리고 깊은 슬픔과 배신감이오.

  철학의 여신 격정적인 감정의 소용돌이 속에 계시는군요. 만약 그 감정들이 말을 한다면 선생님께 뭐라고 말할 것 같나요?

  보에티우스 내가 부당한 처우를 받았다고 말할 겁니다. 나는 국가

를 위해 충성을 다했지만 권력자들의 음모로 희생된 셈이지요. 이렇게 죽게 된다는 게 억울하고, 너무 불행하기 짝이 없소.

- 기존 신념에 도전 – 행복의 기준은 무엇인가?

  철학의 여신 이전에는 어떤 것이 선생님을 행복하게 했나요?

  보에티우스 나는 원로원 의원으로서 정의를 실현했고, 많은 이의 존경을 받았소. 그것이 나의 행복이었지요.

  철학의 여신 그런데 감옥에 갇히자 그 모든 것이 사라졌군요. 그렇다면 선생님이 의지하던 행복은 얼마나 단단한 것이었을까요?

  보에티우스 (침묵) 결국 내가 붙잡고 있던 것은 사라질 수 있는 것들이었군요.

  철학의 여신 그럼 변화하지 않는 진짜 행복의 기준이 있을까요?

  보에티우스 (생각에 잠긴다) 내가 가진 것, 내가 이룬 것은 모두 외적인 것이었소. 그것들은 운명의 장난으로 쉽게 사라졌소. 그러나 내 안에 있는 것은······.

- 운명과 자유의 관계 – 누구의 통제 속에 있는가?

  철학의 여신 선생님은 운명이 자신을 배신했다고 말씀하시지만, 정말 그럴까요?

  보에티우스 설마 내게 자유의지가 없다는 말을 하고 싶은 거요?

철학의 여신 오히려 그 반대입니다. 선생님은 여전히 선택할 수 있어요. 지금 이 상황을 어떻게 바라볼 것인지, 그리고 여기서 무엇을 배울 것인지 말입니다.

보에티우스 (깊은 생각) 나는 그저 운명이 나를 이곳으로 끌고 왔다고만 생각했소. 그런데 지금 보니…… 내 생각을 선택할 자유는 나에게 있군요.

철학의 여신 선생님이 불행하다고 느끼는 이유는 감옥이라는 환경 때문인가요, 아니면 그것을 불행이라 해석했기 때문인가요?

보에티우스 (긴 한숨) 내가 스스로 불행을 선택하고 있었군요.

• 새로운 의미 찾기 - 진정한 행복은 무엇인가?

철학의 여신 만약 감옥에 갇히지 않았다면 지금의 이 깨달음을 얻을 수 있었을까요?

보에티우스 아니오. 나는 여전히 명예나 외적 평판에 집착하며 그것이 내 삶의 중심이라 믿었을 것이오.

철학의 여신 그렇다면 지금 선생님이 가진 가장 소중한 것은 무엇인가요?

보에티우스 (천천히) 내 안의 지혜요. 그것은 아무도 빼앗아 갈 수 없소. 그것이야말로 변하지 않는 것이오.

철학의 여신 지혜로운 말씀입니다. 저 역시 진정한 행복은 외부의 조건이 아닌 내면의 덕과 깨달음에서 온다고 믿어요.

- 통합과 마무리 —새로운 시각으로 세상을 바라보다

보에티우스 이제야 알겠소. 운명은 언제든 변할 수 있고 외적인 조건은 사라질 수 있지만, 내가 그것을 어떻게 받아들이느냐가 진짜 중요하다는 것을요.

철학의 여신 그럼 지금 이 감옥은 선생님께 어떤 의미가 되셨나요?

보에티우스 (미소를 머금으며) 더는 저주받은 장소가 아니오. 오히려 내 영혼이 자유로워진 공간이오.

보에티우스는 감옥이라는 환경에 갇혀 있지만, 더는 그 안에 갇힌 희생자가 아니다. 그는 진정한 자유는 외적 조건이 아니라 내면의 선택에 달려 있다는 깨달음을 통해 철학자로서의 완성에 이른다. 실제로 보에티우스는 이 감옥 안에서 '철학의 여신'과의 상상 속 대화를 통해 자신에게 질문하고 답하며, 『철학의 위안』이라는 불후의 철학서를 남겼다. 이것은 셀프 코칭의 대표적 사례다.

성찰 질문

- 절망의 순간을 지나 새로운 시각을 얻을 수 있었던 결정적 계기는 무엇이었는가?
- 인생의 절망은 나에게 어떤 의미를 지니는가?
- 내가 내면의 대화를 하고 싶을 때, 어떤 인물을 파트너로 삼고 싶은가? (예: 예수님, 부처님, 공자님, 하느님 등)

Chapter 30 잃어버린 것 속에서 다시 살아갈 힘 찾기

상황 한 사람이 자식의 죽음과 파산이라는 깊은 상실을 경험했다. 코칭을 통해 자신의 운명을 새롭게 바라보고, 삶의 의미를 다시 찾아가는 여정을 다룬다.

코칭 대화

- 감정 탐색과 욕망 확인 – 모든 것이 무너진 절망감

  참가자 저는 이제 끝났습니다. 제 삶은 완전히 무너졌어요. 자식을 잃었고, 사기로 인해 전 재산도 날렸습니다. 저는 이제 아무것도 없습니다.

  코치 정말 견디기 힘든 시간을 겪고 계시는군요. 지금 이 순간 가장 크게 느껴지는 감정은 무엇인가요?

  참가자 분노와 슬픔, 그리고 깊은 허무함입니다. 왜 이런 일이 저에게 일어난 걸까요? 저는 아무 잘못도 하지 않았는데…….

  코치 지금 선생님께 닥친 일들이 너무도 가혹하게 느껴집니다. 그 안에서 큰 부당함과 억울함을 느끼고 계신 것 같아요.

  참가자 맞아요. 저는 그저 성실히 살아왔을 뿐인데, 왜 제게 이런 고통이 주어지는 걸까요? 운명이 저를 저주하는 것 같아요.

- 기존 신념에 도전 – 왜 나에게 이런 일이?

  코치 "운명이 저를 저주하는 것 같아요."라는 말씀이 참 아프

게 들립니다. 혹시 이 모든 일이 운명의 시험이라는 생각은 해 보신 적 있으신가요?

참가자 시험이라고요? 이렇게 잔혹한 시험을 견디라는 건가요?

코치 만약 선생님이 이 이야기를 누군가에게 들려주신다면, 그 사람은 선생님을 어떻게 바라볼까요?

참가자 (잠시 생각하다가) 아마 너무도 가혹한 시련을 겪은 사람이라고 말하겠죠. 하지만 저는 이제 아무것도 남지 않았습니다. 살아야 할 이유조차 모르겠어요.

코치 그렇다면 지금의 선생님은 더는 잃을 것이 없는 분이시군요.

참가자 그런가요? 그렇군요.

코치 모든 것을 잃었을 때조차 운명이 빼앗을 수 없는 것이 있다면, 그것은 무엇일까요?

참가자 (깊은 한숨) 모르겠어요. 저는 가진 게 아무것도 없는데요.

코치 정말 아무것도 없으신가요?

참가자 (곰곰이 생각하며) 제가 가진 건 제 기억들, 제가 살아온 시간, 마음속에 남아 있는 사랑, 그리고 지식이나 경험 같은 것들입니다.

· 새로운 의미 찾기 – 무엇이 진정한 자산인가?

코치 선생님께는 여전히 남아 있는 것이 있다는 말씀이시군요.

참가자 그렇죠. 하지만 그걸로는 살아갈 용기가 생기지 않아요.

코치 이해합니다. 만약 자녀분이 살아 있다면 선생님이 어떻게 살아가길 바랐을까요?

참가자 (눈시울을 붉히며) 행복하길 바랐겠죠. 절망에 빠져 허우적대는 모습을 원하진 않았을 거예요.

코치 그렇다면 지금 선생님이 할 수 있는 일은 무엇일까요?

참가자 (긴 침묵) 아이가 바랐을 삶을 살아 보는 것. 그게 제가 할 수 있는 일일지도 모르겠네요.

코치 꼭 '살아야 한다.'는 의무가 아니라, '어떤 방식으로 살아갈 것인가.'에 대한 선택이 아닐까요? 선생님은 여전히 선택할 수 있는 존재입니다.

- 새로운 시각 확장 – 고통을 바라보는 시각

참가자 하지만 아직도 너무 아픕니다. 이 고통은 정말 사라질 수 있을까요?

코치 고통은 마음의 상태에 따라 지속하기도, 희미해지기도 하는 것 같아요. 고통 속에서 어떤 의미를 발견할 수 있다면요.

참가자 의미를요?

코치 네, 이 고통이 선생님께 알려주는 게 있다면 그것은 무엇일까요?

참가자 (눈물을 닦으며) 잃고 나서야 사랑이 얼마나 소중한지를 뼈저리게 깨달았어요.

코치 그렇다면 앞으로 남은 시간 동안 그 사랑을 어떻게 표현하고 싶으신가요?

참가자 (조용히) 사랑하는 사람들에게 그 사랑을 전하고 싶어요. 그리고 저처럼 아픔을 겪는 사람들에게도 위로가 되고 싶습니다.

코치 이제 선생님은 어떤 선택을 하실 수 있을까요?

참가자 저는 이제 남은 삶을 원망과 절망에 쓰고 싶지 않아요. 그보다는 제 아이가 바랐던 삶을 살아 보고 싶습니다.

코치 그 결정을 하시기까지 어떤 변화가 선생님 안에서 일어났나요?

참가자 처음엔 분노와 절망뿐이었어요. 그런데 아직도 내 안에 사랑이 남아 있다는 걸 깨달았어요. 이제 그 사랑을 잃은 것에 허비하지 않고, 남아 있는 것들을 지키는 데 쓰고 싶어요.

• 통합과 마무리 – 한 걸음 내딛기

코치 그렇다면 지금 당장 선생님이 할 수 있는 첫걸음은 무엇일까요?

참가자 사랑하는 사람들에게 제가 얼마나 그들을 소중히 여기는지 전하고 싶어요. 그리고 저처럼 아픈 사람들에게 작은 위로나 힘이 될 방법을 찾아보고 싶습니다.

코치 참 귀한 생각이십니다. 지금 혹독한 시련을 겪고 있지만, 그 시련을 통해 누군가에게 삶의 가치와 의미를 선물할 수 있을 겁니다.

참가자 감사합니다. 이제 저는 원망이나 고통에 머무르기보다 남은 시간 속에서 의미를 찾아 살겠습니다.

코치 생각이 참 아름다우십니다.

참가자 생각해 보니 남들에게 나눠도 내 안에서 사라지지 않는 것들을 많이 가지고 있었네요. 비록 물질적으로는 가난하지만, 저는 여전히 누군가에게 용기를 주고 위로하고 격려할 수 있는 사람이네요. 그런 내가 있다는 것이 감사하네요.

참가자는 처음에는 절망과 상실감에 짓눌려 삶의 의미를 잃은 상태였지만, 코칭 대화를 통해 운명에 대한 관점을 전환하고, 자신 안에 남아 있는 사랑과 기억, 지혜를 자산으로 재발견하며 다시 삶을 선택하게 되었다.

이 코칭의 핵심은 '모든 것을 잃었다.'라는 인식에서 벗어나 여전히 남아 있는 것들을 통해 삶의 방향성을 재구성하고, 스스로 의미 있는 존재로 살아가기로 결단하게 하는 데 있다.

성찰 질문

- 내가 누군가에게 선물 같은 존재가 되려면 필요한 변화는 무엇일까?
- 함께 보내는 시간이 누군가에게 소중한 기억으로 남기 위해, 나

는 무엇을 더 챙기고 실천할 수 있을까?
- 지금 이 자리를 떠난 후, 나는 어떤 사람으로 기억되고 싶은가?

PART 4에서 다룬 파산, 억울한 불명예, 병, 죽음과 같은 주제들은 내게 깊은 통찰과 깨달음을 안겨 주었다. 그 덕분에 나의 의식은 한층 밝아졌고, 이제는 그런 상황이 다시 찾아오더라도 감당해 낼 수 있으리라는 자신감이 생겼다.

맹자는 이렇게 말했다.

"자신을 해치는 자와는 말을 함께 할 수 없고,
자신을 버리는 자와는 함께 일을 할 수 없다."

자신을 해치는 짓을 자포(自暴)라고 하며, 자신을 버리는 것을 자기(自棄)이라고 한다. 이런 깨달음 덕에 앞으로 나는 자포자기를 하지 않을 것이다. 그리고 바란다. 다른 이들 또한 막다른 생각과 불편한 감정에서 조금 더 자유로워질 수 있기를. 이런 고백을 할 수 있는 나 역시 누군가로부터 받은 선한 영향 덕분임을 안다. 진심으로 감사하고, 또 감사하다.

마치며

연결이 만든 배움과 성장에 감사하며

저는 '사람은 연결을 통해 성장한다.'라는 말을 참 좋아합니다. 강의나 코칭을 하면서 사람들과 연결되는 느낌을 받을 때마다 마음이 따뜻해지고 기분이 좋아집니다. 제가 그들의 성장을 돕는다고 생각할 수 있지만, 사실 그 과정에서 오히려 제가 더 성장하고 있음을 느낍니다. 저를 성장시킨 것은 결국 사람들이었습니다. 직접 만나거나, 혹은 책이나 작품을 통해 만난 이들이 저의 스승이 되어주셨습니다.

『논어』에서 "세 사람이 길을 가면 그중 반드시 나의 스승이 있다(三人行必有我師 -삼인행필유아사)."라고 한 말처럼, 모든 사람에게는 배울 점이 있다고 믿습니다. 본받을 수도 있고, 반면교사로 삼아 고쳐 배울 수도 있습니다. 배우고자 하는 마음만 있다면 언제나 배울 기회는 많다고 생각합니다. 코칭을 통해 만난 모든 분도 저에게는 소중한 스승입니다. 그분들 덕분에 제가 직접 겪어 보지 못한 다양한 이슈를 다루고, 또 그만큼 많은 배움을 얻고 있습니다.

『논어』에 나오는 "옛것을 익혀 새것을 안다(溫故而知新 -온고이지신)."라는 말은 '스승이 될 수 있는 사람'의 조건을 말합니다. 저 역시 이 말을 곱씹으며 스승님들로부터 받은 배움을 소중히 여기고 있습니다.

저의 성장에 직접적인 영향을 주신 두 분의 스승님이 있습니다. 두 분 덕분에 저는 철학을 철학답게 공부할 수 있었고, '삶'을 대하는 방식과 '앎'을 다루는 태도도 많이 달라졌습니다.

한 분은 국민대학교 문화교차학과 박사과정에서 저를 가르쳐 주신 전헌 교수님입니다. 전헌 교수님은 서울대학교에서 철학을 공부하신 후, 미국 서던메소디스트대학교와 프린스턴신학교에서 신학을 공부하셨습니다. 이후 뉴욕주립대 교수를 거쳐 성균관대학교 유학동양학부에서 12년 동안 강의를 하셨습니다. 전옥숙 퇴계학 박사님은 전헌 교수님의 누님인데, 세계은행 김용 전 총재의 어머니이기도 합니다. 전 교수님은 원래 엔지니어가 꿈이었다고 합니다. 그런데 미국 유학을 마치고 귀국한 누님의 책을 넘겨 보다가 철학에 매료되어 진로를 바꾸셨다고 들었습니다. 교수님께서는 늘 '다 좋은 세상'과 '감정과학'의 중요성을 강조합니다.

저에게 깊은 울림을 준 전헌 교수님의 일화가 하나 있습니다. 교수님이 여덟 살이던 해, 6.25 전쟁이 발발하면서 어머니께서 실종되었다고 합니다. 처음에는 무척 불안했지만 어느 순간부터는 마음이 차분해졌다고 합니다. "어머니가 눈에 보이지 않는다고 없는 것이 아니다. 어딘가 좋은 곳에 계실 거야."라고 생각하며, 슬픔에 잠기기보다는 오히려 평온함을 유지했다고 합니다. 아이가 놀 때 손을 감췄다 다시 보여 주며 "손 있다, 손 없다." 하고 놀듯이, 어머니의 부재도 단지 '지금 보이지 않을 뿐'이라고 여겼다고 합니다. 이런 생각의 방식은 상실을 다르게 받아들이는 데 큰 도움이 된다는 점에서 저에게도 큰 깨달음을 주었습니다. 누구나 이런 식으로 생각한다면 상실에 대한 두려움이 그렇게 크게 다가오지는 않을 것입니다. 설사 사람이 죽는다 하더라도 형태를 달리할 뿐 우주 어디엔가 있다고 생각하게 됩니다.

또 하나의 일화는 전헌 교수님이 성균관대학교에 계실 때의 이야기입니다. 아버지께서 돌아가셨을 때 유학 상례에 밝은 분이 문상 와서 "얼마나 괴로우십니까?"라고 위로의 말을 건넸더니, 교수님께서 "괴로울 줄 알았는데 오히려 기쁩니다."라고 답했다고 합니다. 그 말씀에는 놀라운 통찰이 담겨 있었습니다. 병으로 고통스러운 시간을 오래 보내는 것보다 이제는 편안히 영혼을 돌볼 수 있는 상태가 되셨기에 기쁘다고 느낀다는 것입니다. 저 역시 그 말에 깊이 공감했습니다. 교수님은 또 아버지가 돌아가신 후 오히려 살아 계실 때보다 더 자주 만나고, 더 조심스럽게 마음을 대하게 된다고 말씀했습니다.

전헌 교수님은 "슬픔은 상처를 주지 않는다."라고 말씀하십니다. 다툼조차도 미움이 아닌 사랑의 표현이라고 하십니다. 미워서 없애 버리려는 것이 아니라, 오히려 애착이 있는 관계에서 나타나는 '미운 정'이라는 것이지요.

두 번째 스승님은 조중빈 교수님입니다. 20여 년 전 국민대학교에서 문화교차학과를 처음 창설하신 분입니다. 서울대학교와 미국 일리노이대학교에서 정치학을 공부했고, 안식년 기간에 미국에서 전헌 교수님을 만나 인생의 방향을 바꾸었습니다. 그동안 자신이 공부해 온 방향이 헛 공부처럼 느껴졌고, 이제는 세상에 도움이 되는 공부를 해야겠다는 사명감으로 삶의 궤적을 새롭게 바꾸었다고 했습니다.

조중빈 교수님은 기득권을 내려놓고, 낮은 자세로 새롭게 공부를 시작하셨습니다. 유학 고전을 감정과학의 시선으로 다시 읽어 내며 『안심 논어』, 『자명대학』, 『자동중용』이라는 제목의 책을 펴냈습니다. 교수님이 늘 강조하시는 단어는 '완전자'와 '나다움'입니다.

박사과정에서 조중빈 교수님의 수업을 들으며 인상 깊었던 점이 있습니다. 어떤 갈등 상황을 다룰 때 교수님은 반드시 '자신의 이야기'를 사례로 들어 달라고 합니다. 그래야 그 상황을 정확히 공유할 수 있고, 구체적으로 앎을 다룰 수 있기 때문입니다. 심지어 박사 논문 서론에도 '자신의 이야기'를 쓰라고 합니다. 연구자의 배경에서 연구가 비롯되기에, 연구자는 자신을 주어로 써야 한다는 것입니다. 이 관점은 정말 파격적이면서도 철학적입니다. "'나'를 뺀 객관은 없다."라는 교수님의 말이 가슴에 깊이 와닿았습니다.

조중빈 교수님과 학생들 사이에서는 관점 차이로 열띤 논의가 벌어지기도 했습니다. 저는 늘 놀랐습니다. 교수님은 코칭을 전혀 배우지 않으셨음에도, 대화 전개 방식이나 표현이 매우 '코칭적'이었기 때문입니다. 사람을 존중하고 앎을 다루는 그 방식은 코치의 태도와 너무도 닮아 있었습니다. 저는 그 경험을 통해 고전 속 철학이 현대의 코칭과 본질적으로 다르지 않다는 점을 확인했습니다. 다만 '한계를 말하는 경험철학'은 코칭과는 거리가 있어 보였기에, 코칭처럼 흐름을 타는 철학이 필요하다는 것도 함께 느꼈습니다.

저 역시 『대학』과 『중용』을 바탕으로 '고전 속에 담긴 코칭의 원리'라는 제목으로 박사학위를 받았습니다. 그 이유는 고전 유학서 안에 코칭의 원리가 가득 담겨 있음을 발견했기 때문입니다. 고전은 말 그대로 오늘날까지도 생명력을 간직한 책입니다. 고전 속에 담긴 지혜야말로 현대 코칭이 활용할 수 있는 보물 같은 자산이라 믿습니다.

마지막으로 고전 원문을 감정과학 관점에서 어떻게 읽는지를 예시로 보여 드립니다. 일반적인 『논어』 해석과 조중빈 교수님의 『안심 논어』가 어떻게 다른 관점으로 읽히는지를 학이편 8장을 예로 들어 비교해 보겠습니다.

군자 부중즉불위 학즉불고 무우불여기자(君子 不重則不威 學則不固 無友不如己者).

일반적으로 "군자는 무게가 없으면 위엄이 없고, 배워도 견고하지 않으며, 자기보다 못한 사람을 친구로 삼지 않는다."라고 풀이합니다. 하지만 조중빈 교수님은 『안심 논어』에서 "나는 무게를 잡지 않아 거드름 피우지 않고, 배우는 사람이라 고집스럽지 않다. 나답지 않은 것과 친구 하지 않는다."라고 풀이했습니다. 『안심 논어』에서는 '군자'를 '나'로 읽으라고 권합니다. 독자가 주체적으로 책을 읽을 수 있도록 돕기 위함입니다. 『안심 논어』는 행동 지침이나 교정보다, 존재 방식과 정체성 중심으로 자신을 인식하게 합니다. 그렇기에 더욱 생생하고 의미 있게 다가옵니다. 이러한 철학적 사유와 코칭적 접근이야말로 사람의 감정을 일깨우고, 다시 살아나게 하는 좋은 방편임을 실감합니다.

  이 책 『오정근의 감정 코칭 —왜 감정은 롤러코스터처럼 출렁이는가?』로 저와 독자 여러분이 연결되어 감사합니다. 연결이 만든 배움과 성장이 감사합니다. 나와 다른 사람의 감정이 롤러코스터처럼 출렁일 때, 우리는 코칭적 접근으로 인식 전환의 힘을 얻을 수 있습니다. 독자 여러분이 걷는 삶의 여정에 철학과 코칭이 작은 등불이 되기를 바랍니다.

오정근

그림 순서

그림 1 인간 정신의 기원	41
그림 2 정신과 관념	42
그림 3 타당한 관념과 타당하지 않은 관념	48
그림 4 상호 인식의 갭 발생 원인	58
그림 5 관념과 인식	59
그림 6 인간의 정신과 인식	64
그림 7 정신과 감정의 작용	70
그림 8 지각과 인식	95
그림 9 대인과 소인의 차이	98
그림 10 관념과 인식의 작용	126
그림 11 「성학십도」의 「대학도」에 담긴 주체성과 관계성	146
그림 12 감정 지능 다섯 가지 요소	187
그림 13 감정 지능 요소별 키워드	188
그림 14 자극-인식-반응 프로세스	192
그림 15 욕망에 다른 감정의 생성	202
그림 16 행복의 공식	203
그림 17 매슬로 욕구 5단계	205
그림 18 일곱 가지 감정	216
그림 19 창덕궁 돈화문의 잡상	243
그림 20 3중 고리 학습 모델	251
그림 21 감정 코칭 대화의 단계별 접근법	276
그림 22 감정 코칭 대화와 세부 항목	283
그림 23 인식에 따른 감정 상태	292
그림 24 행복에 이르는 길	293
그림 25 원래의 나와 대화용 질문	336

표 순서

표 1 앎의 대상과 사유 방법	46
표 2 타당한 관념으로 이해하기	51
표 3 관념에 따른 사고방식과 행동 방식	131
표 4 사고를 촉진하는 핵심 단어	133
표 5 인의예지	169
표 6 일곱 가지 감정	171
표 7 우리들의 천성과 본성	173
표 8 집중(경)을 챙기는 방법	176
표 9 『성학십도』 마음 공부 핵심 정리	176
표 10 감정 관련 단어 비교	185
표 11 매슬로 욕구 5단계 생각 유형	206
표 12 욕구 단계별 감정 예시	207
표 13 감정의 강도에 따른 감정 상태 구분	218
표 14 심판자의 질문과 학습자의 질문	319
표 15 핵심 단어에 따른 의미와 질문의 예	338

오정근의 감정 코칭

초판 1쇄 인쇄 2025년 7월 24일
초판 1쇄 발행 2025년 7월 31일

글	오정근
펴낸곳	(주)거북이북스
펴낸이	강인선
등록	2008년 1월 29일(제395-3870000251002008000002호)
주소	10543 경기도 고양시 덕양구 청초로 66 덕은 리버워크 A동 309호
전화	02.713.8895
팩스	02.706.8893
홈페이지	www.gobook2.com
이메일	gobookibooks@naver.com
편집	오원영, 류현수
디자인	김그림
디지털콘텐츠	이승연
경영지원	이혜련
인쇄	(주)지에스테크

ISBN 979-11-94888-70-3   03190

이 책에 실린 글과 그림은 저작권자와 맺은 계약에 따라
일부 또는 전부를 무단으로 싣거나 복제할 수 없습니다.